묘법연화경 妙法蓮華經

묘법연화경
妙法蓮華經

정왜 역

차 례

제 1 권

1. 서품 序 品 7
2. 방편품 方便品 39

제 2 권

3. 비유품 譬喻品 79
4. 신해품 信解品 135

제 3 권

5. 약초유품 藥草喻品 163
6. 수기품 授記品 179
7. 화성유품 化城喻品 195

제 4 권

8. 오백제자수기품 五百弟子授記品 239
9. 수학무학인기품 授學無學人記品 257
10. 법사품 法師品 267
11. 견보탑품 見寶塔品 283
12. 제바달다품 提婆達多品 303
13. 권지품 勸持品 317

제 5 권

  14. 안락행품 安樂行品 327

  15. 종지용출품 從地涌出品 355

  16. 여래수량품 如來壽量品 375

  17. 분별공덕품 分別功德品 391

제 6 권

  18. 수희공덕품 隨喜功德品 411

  19. 법사공덕품 法師功德品 421

  20. 상불경보살품 常不輕菩薩品 445

  21. 여래신력품 如來神力品 457

  22. 촉루품 囑累品 467

  23. 약왕보살본사품 藥王菩薩本事品 471

제 7 권

  24. 묘음보살품 妙音菩薩品 487

  25. 관세음보살보문품 觀世音菩薩普門品 499

  26. 다라니품 陀羅尼品 515

  27. 묘장엄왕본사품 妙莊嚴王本事品 523

  28. 보현보살권발품 普賢菩薩勸發品 535

묘법연화경 妙法蓮華經

제1권 第一卷

1 서품 一 序品

1절 이와같이 나는 들었습니다.

2절 한때에 부처님께서 왕사성 기사굴산 가운데에 더불어 큰 비구대중 일만 이천 명과 함께 계셨습니다.

3절 모두 다 아라한들로서 모든 번뇌가 이미 다하여 다시는 번뇌가 없었으며, 이익됨을 체득하여서 모든 있음으로부터의 속박이 다하여 마음의 자유로움을 얻은 자들이었습니다.

4절 그 이름들은 아야교진여, 마하가섭, 우루빈나가섭, 가야가섭, 나제가섭, 사리불, 대목건련, 마하가전연, 아누루타, 겁빈나, 교범바제, 이바다, 필릉가바차, 박구라, 마하구치라, 난타, 손타라난타, 부루나미다라니자, 수보리, 아난, 라후라 등 이와 같은 세상에 널리 알려진 큰 아라한들이었습니다.

5절 거듭하여 공부하여 가는 자들과 공부를 마친 자들인 이천 명과, 마하파사파제 비구니와 더불어 권속들 육천여 명과 함께하였으며, 라후라의 어머니인 야수다라 비구니도 또한 더불어서 그들의 권속들과 함께하였습니다.

6절 보살 마하살 팔만인이 모두 다 위없이 높고 바른 완전한 깨달음에서 더 이상 물러남이 없는 자들이었으며, 모두 다라니를 얻어서 말을 잘하는 변재를 즐기며 물러남이 없는 법의 수레 바퀴를 굴리어 헤아릴 수 없는 백천의 모든 부처님들께 공양을 올렸으며, 그 모든 부처님들의 처소에서 갖가지 덕의 씨앗을 심어서 항상 모든 부처님들의 칭찬을 받았습니다.

7절 자비의 몸을 닦고 부처님의 지혜에 훌륭히 들어갔으며, 큰 지혜를 통달하여 피안에 이르렀기 때문에, 그들의 명성은 헤아릴 수 없는 세계에 두루 알려져서 능히 무수한 백천의 중생들을 제도하는 이들이었습니다.

8절 그들의 이름은 문수사리보살, 관세음보살, 득대세보살, 상정진보살, 불휴식보살, 보장보살, 약왕보살, 용시보살, 보월보살, 월광보살, 만월보살, 대력보살, 무량력보살, 월삼계보살, 발타바라보살, 미륵보살, 보적보살, 도사보살 등 이와 같은 보살마하살 팔만인도 함께하였습니다.

9절 이때 석제환인과 더불어 그의 권속 이만 천자들과 함께하였으며, 명월천자, 보향천자, 보광천자, 사대천왕들과 더불어 그들의 권속 일만 천자들과 함께하였습니다.

10절 자재천자, 대자재천자도 더불어 그들의 권속 삼만 천자들과 함께하였으며, 사바세계의 주인인 범천왕, 시기대범천왕, 광명대범천왕도 더불어 그들의 권속 일만 이천 천자들과 함께하였습니다.

11절 또 여덟 용왕이 있으니 난타용왕, 발난타용왕, 사가라용왕, 화수길용왕, 덕차가용왕, 아나바달다용왕, 마

나사용왕, 우발라용왕 등이 각기 더불어 약 백천의 권
속들과 함께하였습니다.

12절 또 네 긴나라왕이 있으니 법긴나라왕, 묘법긴나라왕,
대법긴나라왕, 지법긴나라왕 등이 각기 더불어 약 백
천의 권속들과 함께하였습니다.

13절 또 네 건달바왕이 있으니 락건달바왕, 락음건달바왕,
미건달바왕, 미음건달바왕이 각기 더불어 약 백천의
권속들과 함께하였습니다.

14절 또 넷의 아수라왕이 있으니 바치아수라왕, 거라건타
아수라왕, 비마질다라아수라왕, 나후아수라왕이 각기
더불어 약 백천의 권속들과 함께하였습니다.

15절 또 네 가루라왕이 있으니, 대위덕가루라왕, 대신가루
라왕, 대만가루라왕, 여의가루라왕이 각기 더불어 약
백천의 권속들과 함께하였습니다.

16절 또 위제희의 아들 아사세왕도 더불어 백천의 권속들
과 함께하였으며, 각기 부처님의 발에 예를 올리고 물
러 나와 한쪽으로 가서 앉았습니다.

17절 이때 세존께서는 사부대중에게 둘러싸여 온갖 공양과
공경과 존중과 찬탄을 받으셨으며, 여러 보살들을 위
하여 대승경을 펼쳐서 말씀하시니 그 이름은 무량의
경이었으며, 보살을 가르치는 법이며, 부처님께서 늘
염두에 두시고 보호하시는 것이었습니다.

18절 부처님께서 이 무량의경을 다 펼쳐서 말씀하시고 나

서 가부좌로 앉으시어 무량의처인 삼매에 들어가시어 몸과 마음이 움직이지 않으셨습니다.

19절 이때에 하늘에서 만다라꽃, 큰 만다라꽃, 만수사꽃, 마하만수사꽃들이 부처님 위와 또 여러 대중들에게 흩 뿌려지니 널리 부처님의 세계가 여섯 가지로 진동하였습니다.

20절 이때에 법회에 함께 있던 비구, 비구니, 우바새, 우바이, 천, 용, 야차, 건달바, 아수라, 가루라, 긴나라, 마후라가, 사람인 것, 사람 아닌 것과 또 여러 작은왕들과, 전륜성왕 등 모든 대중들이 일찍이 없었던 일을 얻음이라 환희하여 합장하고 한 마음으로 부처님을 우러러 보았습니다.

21절 이때에 부처님께서 미간의 백호상에서 광명을 놓으시니, 동방으로 일만 팔천 세계에 두루 두루 비추지 아니하는 곳이 없었으며, 아래로는 아비지옥까지 다다르고 위로는 유정천까지 이르렀습니다.

22절 이 세계에서 그 국토의 육도중생들을 모두 다 볼 수가 있었으며, 또 그 세계에 현재 여러 부처님께서 계시는 것을 볼 수도 있고, 또 여러 부처님께서 펼쳐서 말씀하시는 경전의 법도 다 들을 수가 있었습니다.

23절 아울러 그곳의 여러 비구, 비구니, 우바새, 우바이들이 모두 수행하고 도를 얻음도 볼 수가 있었습니다.

24절 거듭하여 여러 보살 마하살들이 가지가지의 인연과,

가지가지의 믿고 이해함과, 가지가지의 모습으로 보살도를 행하는 것도 볼 수가 있었습니다.

25절 거듭하여 여러 부처님께서 열반에 드신 것을 볼 수가 있었으며, 거듭하여 여러 부처님들께서 위없는 열반에 드신 후에 부처님의 사리로써 일곱 가지 보배로 탑을 세우는 것도 볼 수가 있었습니다.

26절 이때에 미륵보살은 이러한 생각을 하였습니다.

27절 '지금 세존께서 신통 변화의 모습을 보이시는데 어떠한 인연으로 이러한 상서로움이 있는가? 지금 세상에서 가장 존귀하신 부처님께서는 삼매에 드시었는데 이것은 가히 생각으로는 헤아릴 수 없으며 희유한 일이다. 마땅히 누구에게 물어보아야 할 것인가? 누가 능히 답을 해 줄 것인가?'

28절 또다시 이러한 생각을 하였습니다.

29절 '문수사리보살은 법왕의 아들이다. 그는 일찍이 과거에 헤아릴 수 없는 많은 부처님을 친하고 가까이하여 공양을 올렸던 분이다. 반드시 응당 이러한 희유한 일을 보았을 것이다. 나는 지금 마땅히 물어보아야 하겠다.'

30절 이때에 비구, 비구니, 우바새, 우바이와 모든 천용, 귀신들도 모두 다 같이 이러한 생각을 하였습니다.

31절 '이 부처님의 광명과 신통한 일을 지금 마땅히 누구에게 물어보아야 할 것인가?'

32절 이때에 미륵보살이 자기의 품은 의혹과 또 사부대중을 관찰하고 비구, 비구니, 우바새, 우바이와 모든 천 용, 귀신들과 모인 대중들의 의문을 풀기 위하여 문수사리보살에게 물었습니다.

33절 "어떠한 인연으로 이와 같은 상서롭고 신통한 일이 있으며, 큰 광명을 놓아 동방으로 일만 팔천 국토를 비추어서 그 부처님 세계의 장엄을 모두 볼 수 있게 하십니까."

2장

1절 이때에 미륵보살은 이 뜻을 거듭 펴고자 게송으로 말하였습니다.

2절 문수사리보살이여,
부처님께서는 어떠한 까닭으로
미간 백호에
큰 광명을 놓아 널리 비추시옵니까?

3절 만다라 꽃과
만수사 꽃을 비 내리듯 하여
전단향기의 바람이 불어
가히 중생들의 마음을 기쁘게 하십니까?

4절 이와 같은 인연으로
땅은 모두 깨끗하고 장엄하였고
이 세계는
여섯 가지로 진동합니다.

5절　지금 사부대중들은

　　　모두 함께 환희하여

　　　몸과 마음은 상쾌하고

　　　일찍이 없었던 일을 얻게 되었습니다.

6절　미간 백호의 광명은

　　　동방으로 향하여 비추어

　　　일만 팔천 국토가

　　　모두 금빛과 같습니다.

7절　아래로는 아비지옥에 이르고

　　　위로는 유정천까지 이르러

　　　모든 세계에 있는

　　　육도 중생들이

　　　태어나고 죽는 곳과

　　　선악의 업을 짓는 인연과

　　　좋고 나쁜 과보를 받는 것

　　　이러한 것들을 남김없이 보여 주십니다.

8절　또 모든 부처님의

　　　성스러운 주인이시며 스승으로써

　　　경전을 펼쳐서 말씀하시는데

　　　미묘하기가 제일인 것을 보여 주십니다.

9절　그 음성이 청정하고

　　　부드럽고 유연한 소리로

　　　모든 보살들을 가르치는데

억만으로 헤아릴 수가 없습니다.

10절 신비한 소리는 깊고도 미묘하여
사람들로 하여금 듣고 싶게 하시며
각자의 세계에서
바른 진리를 강설하시는데,
갖가지의 인연과
헤아릴 수 없는 비유로써
불법을 밝게 비추시어
중생들을 깨닫게 하여 주십니다.

11절 만약 어떤 사람이 괴로움을 만나
늙고 병들고 죽는 것을 싫어하면
위없는 해탈의 도리를 펼쳐서 말씀하시어
모든 괴로움을 없애도록 하여 주십니다.

12절 만약 어떤 사람이 복이 있어서
일찍이 부처님께 공양하고
뜻이 있어 훌륭한 법을 구하면
인연 따라 깨닫는 법을 펼쳐서 말씀하여 주십니다.

13절 만약 어떤 부처님의 제자가
가지가지의 방법으로 수행하여
최상의 지혜를 구하고자 한다면
청정한 가르침을 펼쳐서 말씀하여 주십니다.

14절 문수사리보살이여,
내가 여기 있으면서

보고 듣는 일이 이와 같으며
또 천억가지나 되는 사실들이며.
이와같이 많은 것을
지금 대강 펼쳐서 말씀드리겠습니다.

15절　내가 저 세계를 보니
항하강의 모래알처럼 많은 보살들이
가지가지 인연으로
부처님의 도를 구합니다.

16절　혹은 어떤 이는 보시를 행하는데
금과 은과 산호와
진주와 마니보배와
자거와 마노와
금강 같은 많은 보배와
또 노비와 수레들과
보배로 꾸민 연을
기쁘게 보시하였습니다.

17절　부처님의 도에 회향하여,
대승법을 얻기를 원하여서
삼계에서 제일가는
모든 부처님의 찬탄을 받았습니다.

18절　혹은 어떤 보살들은
네 마리의 말이 끄는 보배 수레와
난간 있고 화려하게 꾸민

일산을 보시합니다.

19절   거듭하여 보니 어떤 보살들은
몸의 살과 손발과
처자까지도 보시하여
최상의 도를 구합니다.

20절   또 보니 어떤 보살들은
머리와 눈과 신체를
흔쾌히 내어주고
부처님의 지혜를 구합니다.

21절   문수사리보살이여,
내가 보니 여러 임금들이
부처님께 나아가서
위없는 도를 물을 때
좋은 국토와 궁전과
신하들과 후비들을 다 버리고
머리와 수염 모두 깎고
법복을 입습니다.

22절   또 보니 어떤 보살들은
비구의 모습을 하고는
고요한 곳에 홀로 앉아
경전 읽기를 좋아합니다.

23절   또 보니 어떤 보살들은
용맹정진하며

깊은 산에 들어가서
부처님의 도를 사유합니다,

24절 또 보니 어떤 욕심을 떠난 이는
늘 한적한 곳에 있으면서
선정을 깊이 닦아서
다섯 가지 신통을 얻습니다.

25절 또 보니 어떤 보살들은
선정에 들어가서 합장하고
천만 가지 게송으로
모든 부처님을 찬탄합니다.

26절 거듭하여 보니 어떤 보살들은
지혜는 깊고 뜻은 견고하여
능히 부처님께 법을 물어
모두 다 듣고 기억합니다.

27절 또 보니 어떤 부처님 제자는
선정과 지혜가 구족하여
헤아릴 수 없는 비유로써
대중들을 위하여 법을 강설하며,
기쁜 마음으로 법을 펼쳐서 말하여
많은 보살들을 교화하여
마군의 무리들을 물리치고
법의 북을 울립니다.

28절 또 보니 어떤 보살은

고요히 선정에 들어
천신들과 용들이 공경하여도
기뻐하지 아니합니다.

29절 또 보니 어떤 보살은
숲속에 있으면서 광명을 놓아
지옥의 고통에서 벗어나게 하여
부처님의 도에 들어가게 합니다.

30절 또 보니 어떤 부처님의 제자는
지금까지 잠을 자지 아니하고
숲속에서 거닐면서
부지런히 부처님의 도를 구합니다.

31절 또는 보니 어떤 이는 계행을 잘 지켜
위의가 결점이 없는 것이
맑은 보배 구슬과 같이하여
부처님의 도를 구합니다.

32절 또 보니 어떤 부처님의 제자는
인욕의 힘에 머물러서
잘난 체하거나 교만한 자가
나쁜 말로 꾸짖고 몽둥이로 때릴지라도
그것을 모두 다 능히 견디어
부처님의 도를 구합니다.

33절 또 보니 어떤 보살은
온갖 희롱과 농담과

어리석은 무리들을 떠나서
지혜로운 이들을 친하고 가까이하여
일심으로 산란함을 제거하고
숲속에서 생각을 집중하여
억천만년 동안 부처님의 도를 구합니다.

34절 또 보니 어떤 보살은
맛있는 반찬과 좋은 음식과
백 가지의 탕약으로
부처님과 승가에 보시합니다.

35절 또 보니 훌륭한 옷으로써
값이 천만금 나가거나
혹은 값을 매길 수도 없는 옷들을
부처님과 승가에 보시합니다.

36절 또 보니 천만억 가지의
전단향나무로 만든 값진 집과
아름다운 이부자리를
부처님과 승가에 보시합니다.

37절 또 보니 아름다운 동산에
꽃과 과일이 풍성한 숲과
흐르는 샘물과 목욕할 연못들을
부처님과 승가에 보시합니다.

38절 또 보니 이와 같은 보시로
가지가지 미묘하게

기뻐하며 싫어함이 없이
위없는 도를 구합니다.

39절 또 보니 어떤 보살은
적멸한 법을 펼쳐서 말하여
갖가지의 가르침으로
무수한 중생들을 교화합니다.

40절 또 보니 어떤 보살은
모든 법의 성품을 관찰하여
두 가지 모습이 없는 것이
마치 허공과 같게 합니다.

41절 또 보니 어떤 부처님의 제자는
마음에 아무런 집착이 없어서
이 미묘한 지혜로써
위없는 도를 구합니다.

42절 문수사리보살이여,
또 보니 어떤 보살들은
부처님께서 세상을 떠나신 후에
사리에 공양합니다.

43절 또 보니 어떤 부처님의 제자들은
수없이 많은 탑을 쌓아서
무수한 항하강의 모래만큼
국토를 장엄합니다.

44절 또 보니 높고 묘한 보배 탑이

높이는 오천 유순이고
세로와 가로가 똑같이
이천 유순입니다.

45절 또 보니 그 많은 탑마다
천 개의 깃대와 깃발이 휘날리고,
이슬처럼 반짝이는 구슬 휘장과
보배 풍경이 어울려서 울립니다.

46절 또 보니 모든 천신들과 용과 신들과
사람과 사람 아닌 자들이
향과 꽃과 온갖 풍류로써
항상 공양합니다.

47절 문수사리보살이여,
또 보니 모든 부처님의 제자들이
사리에 공양하느라고
훌륭하게 탑을 꾸밉니다.

48절 또 보니 국토는 저절로
빼어나게 아름답고 미묘해서
마치 천상의 나무의 왕에
그 꽃이 활짝 핀 듯합니다.

49절 또 보니 부처님께서 한줄기 빛을 놓으셔서
저와 여기 모인 대중들은
이 국토의 세계가
가지가지 뛰어나고 미묘함을 봅니다.

50절　모든 부처님의 신통력과
지혜가 희유하여
한줄기 맑은 광명을 놓으시어
헤아릴 수 없는 세계를 비추시니
저희들은 그것을 보고
일찍이 없었던 일을 얻었습니다.

51절　부처님의 아들이신 문수보살이시여,
원하건대 저희들의 의심을 풀어 주기를
사부대중들이 흠모하고 우러르니
인자하신 마음으로 저와 모두를 살펴주옵소서.

52절　세존께서는 어떠한 까닭으로
이러한 광명을 놓으십니까?
부처님의 아들이시여, 답하여 주소서.
의문을 풀어주시고 기쁘게 하여 주옵소서.

53절　어떠한 이익을 주시고자
이러한 광명을 놓으십니까?
부처님께서 계신 도량에서
얻은 바 미묘한 법을
펼쳐서 말씀하시고자 하며
마땅히 수기를 주시고자 하시는 것입니까?

54절　모든 부처님의 세계가
온갖 보배로 장엄함을 보며
또 여러 부처님을 뵈옵게 되오니

작은 인연이 아닌가 하옵니다.

55절 문수사리보살이여, 마땅히 아실 것입니다.
사부대중과 용과 신들에게
어지신 분이시여, 자세히 살피시어
어떠한 것들인지 펼쳐서 말씀하여 주옵소서.

3장

1절 이때 문수사리보살이 미륵보살마하살과 또 여러 보살
들에게 말씀하셨습니다.

2절

1행 "선남자들이여, 나의 생각으로 헤아려 보면 지금 부
처님 세존께서 큰 법을 펼쳐서 말씀하시고자, 큰 법의
비를 내리시며, 큰 법의 소라를 부시며, 큰 법의 북을
치시며, 큰 법의 뜻을 펼쳐주시리라 여겨집니다."

2행 "여러 선남자들이여, 내가 과거에 여러 부처님이 계
신 곳에서 일찍이 이런 상서로움을 본 적이 있었으며,
그때도 이러한 광명을 놓으시고는 곧 큰 법을 펼쳐서
말씀하셨습니다."

3행 "이러한 까닭으로 마땅히 아십시오. 지금 부처님께서
광명을 나타내심도 또한 거듭하여 이와 같아서 모든
중생들과 모든 세상 사람들이 믿기 어려운 법을 모두
듣고 알게 하시고자 이러한 상서로움을 나타내신 것
입니다."

4행 "모든 선남자들이여, 과거에 헤아릴 수 없고 끝이 없

고 가히 생각으로는 헤아릴 수 없는 아승지겁 전 이
때에 부처님께서 계셨는데, 명호는 일월등명여래, 응
공, 정변지, 명행족, 선서, 세간해, 무상사, 조어장부,
천인사, 불세존이셨습니다."

5행 "바른 법을 펼쳐서 말씀하시니 처음도 훌륭하고 중간
도 훌륭하고 끝도 훌륭하였으며, 그 이치는 깊고 끝이
없고, 그 말씀은 능숙하고 미묘하며, 순수하고 복잡하
지 않았으며, 맑고 깨끗한 범행의 모양을 갖추었습니
다."

6행 "법문을 듣고 깨달음을 구하고자 하는 자를 위하여서
는 응당 네 가지 진리를 알맞게 펼쳐서 말씀하시어,
태어나고, 늙어가고, 병들고, 죽음에서 벗어나서 마
침내는 위없는 해탈을 이루게 하셨습니다."

7행 "스스로 법을 알아 깨달음을 성취하고자 하는 자에게
는 응당 열두 가지의 인연 법을 펼쳐서 말씀하셨습니
다."

8행 "여러 보살들을 위해서는 응당 여섯 가지 바라밀다를
펼쳐서 말씀하시어 위없이 높고 바른 완전한 깨달음
을 얻게 하여서 모든 것을 아는 지혜를 이루도록 하였
습니다."

9행 "다음에 또 부처님께서 계시었으니 또한 명호가 일월
등명이시고, 그 다음에 또 부처님께서 계시었으니 역
시 명호가 일월등명이셨습니다."

10행 "이와같이 이만 부처님께서 계시었는데 모두 다 동일한 글자로 명호가 일월등명이셨고, 또한 성도 똑같이 파라타이셨습니다."

11행 "미륵보살이시여, 마땅히 아십시오. 첫 부처님께서나 나중 부처님께서 모두 다 같아서 명호가 일월등명이시고, 열 가지 명호가 구족하셨고, 가히 펼쳐서 말씀하시는 법문도 처음과 중간과 끝이 모두 다 훌륭하셨습니다."

12행 "그 최후의 부처님께서 출가하시기 전에 여덟 명의 왕자들이 있었으니, 첫째의 이름은 유의며, 둘째의 이름은 선의며, 셋째의 이름은 무량의며, 넷째의 이름은 보의며, 다섯째의 이름은 증의며, 여섯째의 이름은 제의의며, 일곱째의 이름은 향의며, 여덟째의 이름은 법의였습니다. 이 여덟 명의 왕자들은 위엄과 덕이 자유자재하여 각각 사천하를 다스렸습니다."

13행 "이들의 모든 왕자들이 아버지가 출가하여 위없이 높고 바른 완전한 깨달음을 얻었음을 듣고는 모두 왕위를 버리고 또한 따라서 출가하여 대승의 뜻을 일으켰으며, 항상 범행을 닦아 모두 법의 스승이 되었으며, 천만 부처님께서 계신 데서 여러 가지 선한 근본을 심었습니다."

14행 "이때에 일월등명부처님께서 대승경을 펼쳐서 말씀하셨으니 이름이 무량의였으며, 보살들을 가르치는 법이며, 부처님께서 마음에 간직하시고 아끼시는 바였습니다. 이 경을 펼쳐서 말씀하시고는 곧 대중들 가운데서 결가부좌하시고 무량의처라는 삼매에 들어가시어 몸도 마음도 움직이지 아니하였습니다."

15행 "이때에 하늘에서 만다라꽃, 큰 만다라꽃, 만수사꽃, 큰 만수사꽃이 비 오듯 내리어, 부처님의 위와 여러 대중들에게 흩뿌리자 두루 부처님의 세계가 여섯 가지로 진동하였습니다."

16행 "이때 법회에 모여 있던 비구, 비구니, 우바새, 우바이, 천신, 용, 야차, 건달바, 아수라, 가루라, 긴나라, 마후라가, 사람과 사람 아닌 이와 여러 소왕과 전륜성왕 등 여러 대중들이 일찍이 없던 일을 만나 환희하여 합장하고 일심으로 부처님을 바라보았습니다."

17행 "이때 여래께서 미간의 백호상에서 광명을 놓아 동방의 만 팔천 부처님의 나라를 비추시어 두루하지 않은 데가 없는 것이 마치 지금 보는 이 모든 부처님의 나라와 같았습니다."

18행 "미륵보살이시여, 마땅히 아십시오. 이때 모인 가운데 이십억 보살들이 있어서 법문 듣기를 즐거워하였으며, 그 여러 보살들이 이 광명이 부처님의 나라에 널리 비추어짐을 보고 일찍이 없었던 일을 얻고는 이 광명의 인연을 알고자 하였습니다."

19행 "이때 한 보살이 있었는데 명호가 묘광이었으며, 팔

백 제자를 거느리고 있었습니다. 이때 일월등명부처
님께서 삼매에서 일어나 묘광보살로 인하여 대승경을
펼쳐서 말씀하셨으니 이름이 묘법연화였으며, 보살들
을 가르치는 법이며 부처님께서 보호하시고 생각하시
는 바였습니다."

20행 "육십소겁 동안을 자리에서 일어나지 아니하시었고,
그때 듣는 이들도 또한 한곳에 앉아서, 육십소겁 동안
몸과 마음을 움직이지 아니하고, 부처님의 말씀을 들
었는데 마치 밥 한끼 먹는 시간과 같았습니다. 이때
대중 가운데 한 사람도 몸이나 마음에 권태로움을 일
으키는 이가 없었습니다."

21행 "일월등명부처님께서 육십소겁 동안에 이 법화경을
펼쳐서 말씀하시고는 곧 범천과 마군과 사문과 바라
문과 천신과 사람과 아수라들의 대중 가운데서 이와
같이 말씀하셨습니다."

22행 "'여래는 오늘 밤중에 마땅히 남음이 없는 위없는 열
반에 들 것이니라.'"

23행 "이때에 한 보살이 있었는데 명호가 덕장보살이었으
며, 일월등명부처님께서 곧 그에게 수기를 주시면서
여러 비구들에게 말씀하셨습니다."

24행 "'이 덕장보살이 이다음에 마땅히 부처를 이루어 명호
를 정신다타아가도아라하삼먁삼불타라 하리라.'"

25행 "부처님께서 수기를 주시어 마치시고는 그날 밤중에

남음이 없는 위없는 열반에 드시었습니다."

26행 "부처님께서 세상을 떠나신 후에 묘광보살이 묘법연화경을 가지고 팔천소겁 동안 사람들에게 펼쳐서 말하였습니다."

27행 "일월등명부처님의 여덟 명의 왕자들이 모두 묘광보살을 스승으로 삼았으며, 묘광보살은 그들로 하여금 교화하여 위없이 높고 바른 완전한 깨달음을 견고하게 하였습니다."

28행 "그 모든 왕자들이 헤아릴 수 없는 백천만억 부처님께 공양하고 나서 모두 부처님의 도를 이루었는데 그 맨 나중에 부처를 이룬 부처님의 명호가 연등이었습니다."

29행 "팔백 제자 가운데 한 사람이 있는데 이름을 구명이라 하였는데 이익을 탐하였으므로, 비록 거듭하여 여러 경전을 읽기는 하였지만 뜻을 분명하게 알지 못하고 많이 잊어버리는 까닭으로 구명이라 이름하였습니다."

30행 "이 사람도 또한 여러 가지 선근을 심은 인연으로 헤아릴 수 없는 백천만억의 많은 부처님을 만나서 공양하고 공경하며, 존중하고 찬탄하였습니다."

31행 "미륵보살이시여, 마땅히 아십시오. 이때의 묘광보살은 딴 사람이 아니라 곧 나의 몸이며, 구명보살은 그대의 몸이었습니다."

"이제 이 상서로움을 보니 근본과 다르지 아니합니다. 그러므로 생각하고 헤아려 보니 오늘 여래께서 마땅히 대승경을 펼쳐서 말씀하시리니 이름은 묘법연화이며 보살들을 가르치는 법이며 부처님께서 보호하고 생각하시는 바입니다."

4장

1절 이때 문수사리보살이 대중 가운데에서 이 뜻을 거듭 펴고자 게송으로 펼쳐서 말하였습니다.

2절 "내가 생각하여 보니 지나간 세상
헤아릴 수 없고 무수한 겁 전에
부처님께서 계셨으니 사람들 가운데 존귀하였으며
명호가 일월등명부처님이었습니다.

3절 세존께서 법을 펼쳐서 말씀하시어
헤아릴 수 없는 중생들을 제도하고
헤아릴 수 없는 보살들을
부처님의 지혜에 들어가게 하였습니다.

4절 부처님께서 출가하시기 전에
여덟 명의 왕자들을 두었는데
큰 성인이 출가함을 보고
또한 따라서 범행을 닦았습니다.

5절 이때에 부처님께서 대승경을 펼쳐서 말씀하시니
경의 이름은 무량의이었고,
여러 대중 가운데서

32행

제1권 第一卷

30

널리 분별하여 주셨습니다.

6절 　부처님께서 이 경을 펼쳐서 말씀하시고 나서
　　　곧 그 법의 자리 위에서
　　　가부좌를 하시고 삼매에 드시니
　　　그 이름이 무량의처였습니다.

7절 　하늘에는 만다라의 꽃비가 내리고
　　　하늘의 북은 저절로 울리며,
　　　모든 천신과 용과 신들도
　　　사람 가운데 가장 존귀하신 분께 공양하였습니다.

8절 　일체의 모든 부처님 나라는
　　　곧 이때에 크게 진동하고
　　　부처님께서 미간에서 광명을 놓아
　　　여러 가지 희유한 일들을 나타내시었습니다.

9절 　그 광명은 동방으로
　　　일만 팔천 부처님 나라로
　　　일체 중생들이 보였는데
　　　나고 죽는 업의 과보를 받는 곳이었습니다.

10절 　또 보니 모든 부처님 나라에
　　　온갖 보배로 장엄하였는데
　　　유리빛 파리빛들을
　　　이 부처님의 광명으로 말미암아 비추었습니다.

11절 　또 보니 모든 천신과 사람과
　　　용신과 야차의 무리들과

건달바와 긴나라들이
각기 그 부처님께 공양하였습니다.

12절 또 보니 모든 여래께서
자연히 부처님의 도를 이루시니
몸의 빛은 황금산과 같으며
단정하고 장엄하고 매우 미묘하였습니다.

13절 깨끗한 유리병 속의
진금의 모습이 나타난 것과 같이
세존께서 대중들과 계시면서
깊은 법의 이치를 널리 펼쳐서 말씀하셨습니다.

14절 낱낱 모든 부처님의 국토마다
헤아릴 수 없는 성문 대중들이
부처님의 광명이 비추는 바로 인하여
저 대중을 모두 다 보게 되었습니다.

15절 혹은 어떤 비구가 있는데
산림 속에 머무르면서
정진하고 청정한 계행 지키기를
비유하건대 밝은 구슬을 보호함과 같았습니다.

16절 또 보니 많은 보살들이
보시하고 인욕의 행을 하는
그 수효가 항하강의 모래 수와 같았고
모두 부처님의 광명이 비춤으로 인하였습니다.

17절 또 보니 많은 보살들이

여러 가지 선정에 깊이 들어가
몸과 마음이 고요하여 움직이지 아니하고
위없는 도를 구하였습니다.

18절 또 보니 많은 보살들이
법의 적멸한 모습을 알고
제각기 그 국토에서
법을 펼쳐서 말하여 부처님의 도를 구하였습니다.

19절 이때 사부대중들은
일월등명부처님을 뵈니
큰 신통의 힘으로 나투심에
그 마음이 모두 매우 기뻤습니다.

20절 제각기 스스로 서로 물었습니다.
"어떠한 인연으로 이와 같은 일이 있는가."

21절 천신과 인간들이 받드는 세존께서
마침 삼매에서 일어나셔서
묘광보살을 찬탄하시었습니다.

22절 "그대는 세상의 눈이니,
일체가 귀의하고 믿으리니
능히 법장을 받들어 지니거라.
내가 펼쳐서 말한 이와 같은 법을
오직 그대만이 능히 깨달아 아는구나."

23절 세존께서 찬탄하셔서
묘광보살로 하여금 기쁘게 하고

33

이 법화경을 펼쳐서 말씀하실 때

육십소겁 동안

그 자리에서 일어나지 아니하시고

말씀하신 바는 최상의 묘한 법이었으며,

이 묘광보살이

모두 다 능히 받아 지녔습니다.

24절 부처님께서 이 법화경을 펼쳐서 말씀하시어

대중들로 하여금 기쁘게 하셨으며

곧 이날에 깊이

하늘과 인간 대중들에게 말씀하셨습니다.

25절 모든 법의 실상의 도리를

이미 너희들에게 펼쳐서 말하였느니라.

나는 이제 오늘 밤에

마땅히 위없는 해탈에 들어갈 것이니

그대들은 일심으로 정진하여

마땅히 방일하지 말아라.

모든 부처님은 매우 만나기 어려워서

억겁에 겨우 한 번 만나느니라.

26절 세존의 여러 제자들은

부처님께서 위없는 해탈에 드신다는 말씀을 듣고

제각기 슬프고 괴로워하는 마음을 품었으며

'부처님께서 이 세상에서 떠나가심이 이렇게 빠르신가'

거룩하신 법의 왕께서

헤아릴 수 없는 대중들을 위로하시었습니다.

27절 "내가 만약 세상을 떠나더라도
너희들은 근심하고 두려워하지 말라.
이 덕장보살이
모든 번뇌에서 벗어나서 그대로의 참모습을
마음에 통달을 얻어 이미 마쳤고
이다음에 마땅히 부처를 이루어
명호를 정신이라 하고
또한 헤아릴 수 없는 대중들을 제도할 것이니라."

28절 부처님께서 이날 밤에 세상을 떠나시니
땔감이 다 타고 불이 꺼지는 것과 같았으며
모든 사리를 나누어
헤아릴 수 없는 탑을 세웠습니다.

29절 비구와 비구니 등
그 수가 항하강의 모래 수와 같았고
거듭하여 몇 갑절 더 정진하여
더할 나위없는 도를 구하였습니다.

30절 이 묘광보살이
부처님의 법의 창고를 받들고 가져서
팔십 소겁 동안
널리 법화경을 펼쳤습니다.

31절 이 모든 여덟 명의 왕자들은
묘광보살의 교화를 받고

더할 나위없는 도를 견고하게 하고
마땅히 무수한 부처님을 뵈었습니다.

32절 많은 부처님께 공양을 마치고
가르침을 따라 큰 도를 행하여
서로 잇달아 부처를 이루고
차례차례로 수기를 하였습니다.

33절 최후의 하늘 가운데 하늘로써
명호가 연등 부처님으로
모든 신선들의 진리의 스승으로서
헤아릴 수 없는 중생들을 제도하였습니다.

34절 이 묘광보살에게
이때 한 제자가 있었는데
마음은 항상 게으르고 나태하며
명예와 이익만 탐착하였습니다.

35절 명예와 이익 구하기를 싫어할 줄 모르고
많은 귀족들의 집에만 드나들었으며,
익히고 외우는 것은 버려두어서
모두 잊어버리고 통달하지 못하였으므로
이와 같은 인연 때문에
이름을 구명이라 하였습니다.

36절 다만 여러 가지 착한 업의 행을 하여
무수한 부처님을 친견하게 됨을 얻어
여러 부처님께 공양하며

큰 도를 따라서 행하고
여섯 가지 바라밀을 갖추어서
지금 석가모니 부처님을 친견한 것입니다.

37절 "이다음에 마땅히 부처를 이루어
그 명호를 미륵이라 부르리라.
널리 여러 수많은 중생들을 제도하여
그 수효는 헤아릴 수가 없으리라."

38절 그 부처님께서 세상을 떠나신 후에
게으르고 나태하게 살던 자가 그대이며,
묘광보살은
지금의 곧 저의 몸입니다.

39절 내가 일월등명부처님을 뵈었을 적에
본래의 광명인 상서로움도 이와같았습니다.
이와같이 지금의 부처님을 앎으로써
법화경을 펼쳐서 말씀하시고자 함을 알겠습니다.

40절 지금의 이 모습도 본래의 상서로움과 같으니
이것은 모든 부처님들의 방편으로써
이제 부처님께서 광명을 놓아
실상의 도리를 드러내어 도울 것입니다.

41절 모든 사람들은 이제 마땅히 알고
합장하고 한결같은 마음으로 기다리십시오.
부처님께서 마땅히 법의 비를 내리시어
도를 구하는 자들을 충족하게 할 것입니다.

42절　모든 삼승을 구하는 사람들에게도
　　　만약 어떠한 의심을 가지고 있더라도
　　　부처님께서는 마땅히 제거하고 끊어지게 하여
　　　모두로 하여금 남음이 없게 하여 주실 것입니다.

묘법연화경 妙法蓮華經

제1권 第一卷

2 방편품 二 方便品

1절 이때 세존께서 삼매에서 천천히 일어나시어 사리불에게 말씀하셨습니다.

2절

1행 "모든 부처님의 지혜는 매우 깊고 헤아릴 수 없으며, 그 지혜의 문은 이해하기도 어렵고 들어가기도 어려워서 일체 성문들이나 벽지불들은 능히 알기가 어렵느니라."

2행 "그 까닭이 무엇인가 하면 부처님은 일찍이 백천만억의 무수한 많은 부처님을 친견하고 가까이하여 많은 부처님의 헤아릴 수 없는 도리와 법도를 모두 수행하고 용맹하게 정진하였으므로 그 명성이 널리 퍼졌으며, 깊고 깊은 일찍이 없었던 법을 성취하여 알맞게 펼쳐서 말씀하신 것이므로 그 뜻을 알기 어려우니라."

3행 "사리불이여, 내가 성불한 뒤로 갖가지의 인연과 갖가지의 비유로써 여러 가지 가르침을 널리 말하며 수 없는 방편으로 중생들을 인도하여 온갖 집착을 떠나게 하였으니, 그 까닭이 무엇인가 하면 여래는 방편 바라밀과 지견 바라밀을 모두 구족하였기 때문이니라."

4행 "사리불이여, 여래의 지견은 넓고 크고 심원하여 헤아릴 수 없는 걸림 없음과 두려움 없는 힘과 선정과 해탈과 삼매로 끝이 없는 곳까지 깊이 들어가 일체의 일찍이 없는 법을 성취하였느니라."

5행 "사리불이여, 여래는 능히 가지가지로 분별하여 모든 법을 능숙하게 펼쳐서 말씀하시므로 말씀이 부드러워 가히 대중의 마음을 기쁘게 하느니라."

6행 "사리불이여, 요긴한 것을 말하자면 헤아릴 수 없고 끝이 없는 일찍이 있지 않았던 법을 부처님께서 모두 성취하였느니라"

7행 "그만두어라. 사리불이여, 굳이 거듭하여 말할 필요가 없느니라. 그 까닭이 무엇인가 하면 부처님께서 성취한 제일이며 희유하고 알기 어려운 법은, 오직 부처님과 더불어 부처님들만이 이에 능히 모든 법의 실상을 철저히 깨달았기 때문이니라."

8행 "이른바 모든 법의 이와 같은 모양과, 이와 같은 성품과, 이와 같은 본체와, 이와 같은 힘과, 이와 같은 작용과, 이와 같은 원인과, 이와 같은 인연과, 이와 같은 결과와, 이와 같은 갚음과, 이와 같은 근본과 결말과 궁극의 마침 등이니라."

2장

1절 이때 세존께서 거듭 이 뜻을 펴시고자 게송으로 펼쳐서 말씀하셨습니다.

2절 세상의 영웅으로 가히 헤아릴 수가 없어
여러 천신과 이 세상 사람과

일체 살아있는 종류의 중생들은
능히 부처님을 아는 자가 없느니라.

3절 부처님의 힘이나 두려움이 없음과
해탈과 여러 가지 삼매와,
부처님의 모든 여러 가지 법들을
능히 측량할 수 있는 자가 없느니라.

4절 본래부터 무수한 부처님이
구족하게 모든 도를 행하였으나
매우 깊고 미묘한 그 법은
보기도 어렵고 가히 알기도 어려우니라.

5절 헤아릴 수 없는 억겁의 오랜 세월에
이와 같은 모든 도를 닦아 행하고
도량에서 이룬 그 결과를
나는 이미 모두 알고 보느니라.

6절 이와같이 크나큰 과보인
가지가지 성품과 모양과 뜻을
나와 더불어 시방세계의 부처님만이
이에 능히 이 일을 아느니라.

7절 이 법은 가히 보여 줄 수도 없고
말로도 형용할 수 없는 적멸이므로
다른 여러 종류의 중생들로는
능히 이해하여 얻을 수가 없느니라.

8절 여러 보살 대중들은

믿는 힘이 견고한 자들만이 알 것이며
여러 부처님의 여러 제자들이
일찍이 많은 부처님께 공양을 올리었느니라.

9절　일체 번뇌가 모두 다하여
멈추어 최후의 몸으로 태어난
이와 같은 많은 사람들의
그 힘으로서도 감당할 수가 없느니라.

10절　가령 이 세상에 가득 차고
모두 사리불과 같아서
생각을 다하여 함께 헤아린다 하더라도
능히 부처님의 지혜는 측량할 수가 없느니라.

11절　참으로 시방의 세계에 가득 차고
모두 다 사리불과 같고
그 밖에 모든 제자들도
또한 시방세계에 가득하여서,
온갖 생각을 함께 다하여 헤아려도
또한 다시 능히 알지 못하느니라.

12절　벽지불의 영특한 지혜로써
번뇌가 다하여 최후의 몸에 있는 사람이
또한 시방세계에 가득히 차고
그 수효가 대나무 숲과 같아서
이런 자들이 모두 한마음이 되어
헤아릴 수 없는 억 겁 동안

부처님의 실다운 지혜를 생각하고자 하더라도
능히 아주 적은 부분도 알지 못하느니라.

13절 처음 마음으로 발심한 보살들이
수없이 많은 부처님께 공양하고
모든 이치를 분명히 요달하였으며
또 능히 잘 법을 펼쳐서 말하며
벼와 삼과 대나무와 갈대처럼
시방의 여러 세계에 가득하게 차서
한결같은 마음과 묘한 지혜로
항하강의 모래처럼 많은 겁 동안
함께 모두 헤아린다 하여도
능히 부처님의 지혜는 알지 못하리라.

14절 불퇴전의 지위에 오른 많은 보살들로서
그 수가 항하강의 모래와 같아서
한마음으로 함께 생각하여 찾는다 하여도
또한 다시 지혜는 능히 알 수가 없느니라.

15절 또 다시 사리불에게 말하노니
번뇌가 다한 가히 헤아릴 수 없는
매우 깊고 미묘한 법을
내가 이제 구족하게 얻었으므로
오직 나만이 이 모양을 알고
시방의 부처님도 또한 그러하느니라.

16절 사리불이여, 마땅히 알아라.

모든 부처님의 말씀은 다르지 않나니
부처님께서 말씀하신 법에
마땅히 큰 믿음과 힘을 내어라.
세존의 법이 오랜 세월이 지난 후에도
요긴하게 마땅히 진실하게 말하여질 것이니라.

17절 이르노니 여러 성문 대중과
그리고 인연 따라 깨달음을 구하는 수행자들에게
내가 괴로움의 속박을 벗어나서
위없는 해탈을 얻도록 하는 것은
부처님의 방편의 힘으로써
삼승의 교법을 가르치는 것이니
중생들이 가는 데마다 집착하므로
그들로 하여금 이끌어서 나오게 하는 것이니라.

3장

1절 이때 대중 가운데에 여러 성문이 있었는데 번뇌가 다한 아라한인 아야교진여 등 천이백 명과 처음으로 발심하여 성문, 벽지불의 마음을 낸 비구, 비구니, 우바새, 우바이가 각기 이와 같은 생각을 하였습니다.

2절 '지금 세존께서 어떠한 까닭으로 은근하게 방편을 찬탄하시며 말씀하시기를 부처님의 얻은 바의 법은 매우 깊어서 이해하기 어려우며, 말씀하시는 바의 뜻도 알기 어려워서 모든 성문이나 벽지불로서는 능히 미칠 수 없다고 하시는가.'

3절 '부처님께서 펼쳐서 말씀하신 하나의 해탈의 이치는 우리들도 또한 그 법을 얻어서 위없는 해탈에 이르렀는데, 이제 그 말씀하신 뜻을 알 수가 없구나.'

4절 이때 사리불이 사부대중들의 의심을 알아차리고, 자신도 또한 분명히 알지 못하여 부처님께 말씀을 드렸습니다.

5절

1행 "세존이시여, 어떠한 인연으로 은근하게 칭찬하고 찬탄하시며 모든 부처님의 제일 방편이신 매우 깊고 미묘하여 이해하기 어려운 법이라고 하십니까? 제가 예전부터 일찍이 부처님께서 이와같이 펼쳐서 말씀하시는 것을 듣지 못하였으며, 지금 사부대중들이 모두 다 함께 궁금해하고 있으니 오직 원하건대 세존께서 이 일에 대하여 다시 알기 쉽게 펼치셔서 말씀하여 주십시오."

2행 "세존께서는 어떠한 까닭으로 은근히 찬탄하시며 매우 깊고 미묘하여 이해하기 어려운 법이라고 하십니까?"

4장

1절 이때에 사리불이 이 뜻을 거듭 펴려고 게송으로 펼쳐서 말씀하셨습니다.

2절 "태양같이 밝은 지혜를 지니신 거룩하신 세존께서 오랜만에 이 법을 펼쳐서 말씀하시기를

'힘과 두려움 없음과 삼매와
선정과 해탈 등의
가히 생각으로는 헤아릴 수 없는 법을
이와같이 얻었다고 스스로 말씀하시느니라.

3절 '얻은 바의 법의 도량을
능히 물어보려는 자가 없고
나의 뜻은 가히 측량하기 어려워서
또한 능히 묻는 자가 없음이라.'

4절 물음이 없어도 스스로 펼쳐서 말씀하시며
수행하던 길을 찬탄하시기를
'매우 깊고 미묘한 지혜는
모든 부처님들께서 얻으신 바이니라.'

5절 번뇌가 없는 모든 아라한들과
또 위없는 해탈을 구하려는 자들이
지금 모두 의심의 그물에 걸리었으니
부처님께서는 무슨 까닭에 이러한 말씀을 하십니까?

6절 그 연각을 구하는 자들과
비구와 비구니와
모든 하늘 귀신 용들과
또 건달바들이
서로 보고 의심을 풀지 못하여
양족존만을 우러러보고 있습니다.

7절 이 일이 어떠한 것인지

47

2 방편품 一 方便品

원하건대 부처님께서는 풀어 펼쳐서 말씀하여 주십시
오.

여러 성문 대중 가운데

부처님께서는 저를 제일이라고 말씀하셨지만

제가 지금 자신의 지혜로도

의심과 미혹으로 능히 뚜렷하게 모르겠습니다.

8절　이것이 궁극의 법입니까?

이것이 행하여야 할 길입니까?

부처님의 말씀 듣고 귀의한 제자들은

합장하고 우러러 기다리고 있습니다.

바라옵건대 미묘한 음성으로써

지금 바로 사실대로 펼쳐서 말씀하여 주십시오.

9절　모든 천신과 용과 신의 대중들이

그 수효가 항하강의 모래와 같고

부처를 구하는 많은 보살들도

큰 수의 팔만여 명이 있습니다.

또 여러 만억의 세계에서

전륜성왕들이 이르러

합장하고 공경하는 마음으로

구족한 도리를 듣고자 합니다.”

5장

1절　이때 부처님께서 사리불에게 말씀하셨습니다.

“그만두어라, 그만두어라, 더 이상 말할 것이 없느니

라. 만약 이 일을 말한다면 일체 세간과 모든 천신들과 사람들이 모두 마땅히 놀라고 의심하리라."

2절 사리불이 거듭 부처님께 말씀을 드렸습니다.

3절 "세존이시여, 오직 원하오니 펼쳐서 말씀하여 주십시오. 오직 원하오니 말씀하여 주십시오. 그 까닭이 무엇인가 하면 이 회상에 있는 무수한 백천만억 아승지 중생들은 일찍이 여러 부처님을 친견하여 모두 근본이 영리하며 지혜가 명철하여 부처님의 말씀을 들으면 곧 능히 공경하고 믿을 것입니다."

6장

1절 이때 사리불이 이 뜻을 거듭 펴려고 게송으로 펼쳐서 말하였습니다.

2절 최고로 존귀하신 법왕이시여,
오직 원하건대 염려하지 마시고 펼쳐서 말씀하여 주십시오.
여기 모인 헤아릴 수 없는 여러 대중들은
능히 공경하고 믿을 것입니다.

7장

1절 부처님께서는 다시 사리불에게 그만두어라 하시었습니다.
"만약 이 일을 말한다면 일체 모든 세간의 천신과 사람과 아수라들이
모두 마땅히 놀라고 의심하며 매우 잘난체하고 교만

한 비구들이 장차 구렁텅이에 떨어지리라."

8장

1절 이때 세존께서 다시 게송으로 말씀하셨습니다.

2절 그만두어라, 그만두어라. 더 이상 말하지 말라.
나의 법은 미묘하여 생각하기 어려워
모든 잘난체하고 교만한 자들이
들으면 반드시 공경하지도 않고 믿지도 않을 것이니라.

9장

1절 이때 사리불이 거듭하여 부처님께 말씀을 드렸습니다.
"세존이시여, 오직 원하오니 펼쳐서 말씀하여 주십시오. 오직 원하오니 말씀하여 주십시오. 지금 이 모임에 있는 저와 같은 백천만억 대중들은 세세생생 이미일찍이 부처님의 교화를 받았으며, 이와 같은 사람들은 반드시 능히 공경하고 믿을 것이며, 생사의 긴긴밤에 편안하고 이익이 많을 것입니다."

10장

1절 이때 사리불이 이 뜻을 거듭 펴려고 게송으로 펼쳐서 말하였습니다.

2절 위없이 높은 세존이시여.
원하오니 제일가는 한 법을 펼쳐서 말씀하여 주소서.
저는 부처님의 장자입니다.
오직 분별하여 말씀하여 주소서.

3절   여기 모인 수없는 여러 대중들은
능히 이 법을 공경하고 믿을 것입니다.
부처님께서는 일찍이 여러 세상에서
이러한 이들을 교화하셨습니다.

4절   모두 다 한마음으로 합장하고서
부처님의 말씀을 듣고자 합니다.
우리들 천이백 대중과
그 밖에도 부처님의 도를 구하는 자들입니다.

5절   원하건대 여기 모인 대중들을 위하여
오직 베풀어 주셔서 분별하고 펼쳐서 말씀하여 주십시오.
이들은 이 법을 듣는다면
곧 큰 환희심을 일으킬 것입니다.

11장

1절   이때 세존께서 사리불에게 말씀하셨습니다.

2절   "그대가 이제 간절하게 세 번이나 청하였으니 어찌 말하지 않을 수 있겠는가. 그대는 이제 자세히 듣고 잘 생각하고 생각하여라. 내 마땅히 그대들을 위하여 분별하여 풀어서 말하리라."

3절   이 말씀을 하실 때에 법회 가운데에 있던 비구, 비구니, 우바새, 우바이들 오천 명이 곧 자리에서 일어나 부처님께 예배하고 물러갔습니다. 그 까닭이 무엇인가 하면 이 무리들은 죄의 뿌리가 깊고 매우 무거우며 또 잘난체하고 교만하여, 깨닫지 못하고도 깨달았노라 하는 ,이러한 허물이 있으므로 이곳에 머물러 있지 아니하였으며, 세존께서도 묵묵히 계시면서 말리지 아니하였습니다.

4절 이때 부처님께서 사리불에게 말씀하셨습니다.

5절 "이제 여기 있는 대중은 잎과 가지는 없고 오로지 올곧은 열매들만 있구나. 사리불이여, 이와 같은 잘난체하고 교만한 사람들은 물러가도 또한 좋다. 그대들은 이제 자세히 들어라. 마땅히 그대들을 위하여 펼쳐서 말하리라."

6절 사리불이 말하였습니다.

7절 "예, 세존이시여, 바라건대 듣고자 합니다."

8절 부처님께서 사리불에게 말씀하셨습니다.

9절

1행 "이와 같은 미묘한 법은 모든 부처님 여래가 때가 되어야 말씀하시느니라. 마치 우담발라꽃이때가 되어야 한 번 피어나는 것과 같으니라."

2행 "사리불이여, 그대들은 마땅히 부처님께서 펼쳐서 말씀한 법을 믿어라. 말이 결코 허망하지 아니하느니라."

3행 "사리불이여, 모든 부처님들께서 마땅한 대로 법을 펼쳐서 말씀하신 그 뜻을 이해하기 어려우니라.
그 까닭이 무엇인가 하면 내가 무수한 방편과 갖가지의 인연과 비유와 말로써 모든 법을 펼쳐서 말하느니라."

4행   "이 법은 생각하고 분별하는 것으로는 능히 이해할 수가 없으며, 오직 모든 부처님들만이 능히 아시느니라."

5행   "그 까닭이 무엇인가 하면 모든 부처님 세존은 오직 하나의 큰 일의 인연으로 세상에 출현하느니라."

6행   "사리불이여, 무엇을 모든 부처님 세존은 오직 하나의 큰 일의 인연으로써 세상에 출현한다 하는가."

7행   "모든 부처님 세존은 중생들로 하여금 부처님의 지견을 열어서 청정을 얻게 하기 위하여 세상에 출현하느니라."

8행   "중생들에게 부처님의 지견을 보여주기 위하여 세상에 출현하느니라."

9행   "중생들로 하여금 부처님의 지견을 깨닫게 하기 위하여 세상에 출현하느니라."

10행   "중생들로 하여금 부처님의 지견의 길에 들어가게 하기 위하여 세상에 출현하느니라."

11행   "사리불이여, 이것을 모든 부처님께서 오직 하나의 큰 일의 인연으로써 세상에 출현한 것이라 하느니라."

10절   부처님께서 사리불에게 말씀하셨습니다.

11절

1행   "모든 부처님 여래는 다만 보살들을 교화하고자 하기 때문에 모든 하는 일이 항상 한 가지 일을 위함이니, 오직 부처님의 지견을 중생들에게 보여주고 깨닫게 함이니라."

2행 "사리불이여. 여래는 다만 일불승으로써 중생들에게 법을 펼쳐서 말씀하시는 것이요, 이승이나 삼승의 다른 법은 없느니라."

3행 "사리불이여, 모든 시방세계의 모든 부처님들의 법도 또한 이와같느니라."

4행 "사리불이여, 과거의 모든 부처님들이 헤아릴 수 없고 수없는 방편과 갖가지의 인연과 비유와 말로써 중생들을 위하여 온갖 법을 펼쳐서 말씀하셨느니라.

5행 이 법은 모두 일불승을 위한 것이며, 이 모든 중생들이 여러 부처님께 법을 듣고는 필경에는 모두 다 일체의 위없는 지혜를 얻느니라."

6행 "사리불이여, 미래의 모든 부처님들도 마땅히 세상에 출현하시면 또한 헤아릴 수 없고 수없는 방편과 갖가지의 인연과 비유와 말로써 중생들을 위하여 온갖 법을 펼쳐서 말씀하실 것이니라."

7행 "이 법은 모두 일불승을 위한 것이며, 이 모든 중생들이 부처님께 법을 듣고는 필경에는 모두 다 일체의 위없는 지혜를 얻을 것이니라."

8행 "사리불이여, 현재 시방세계의 헤아릴 수 없는 백천만억 국토에 계시는 여러 부처님 세존께서 중생들의 많은 이익됨과 안락을 위하시느니라. 이 여러 부처님들도 또한 헤아릴 수 없고 수없는 방편과 갖가지의 인연과 비유와 말로써 중생들을 위하여 온갖 여러 가지 법을 펼쳐서 말씀하시느니라."

9행 "이 법은 모두 일불승을 위한 것이며, 이 모든 중생들이 부처님께 법을 듣고는 필경에는 모두 다 일체의 위없는 지혜를 얻느니라."

10행 "사리불이여, 이 모든 부처님은 다만 보살들만을 교화하여 부처님의 지견을 중생들에게 보여주려는 까닭이며, 부처님의 지견을 중생들이 깨닫게 하려는 까닭이며, 중생들로 하여금 부처님의 지견에 들어가게 하려는 까닭이니라."

11행 "사리불이여, 나도 지금 또한 다시 그와 같아서 여러 중생들이 가지가지 욕망이 있어 깊이 집착함을 알고 그 본 성품을 따라서 갖가지 인연과 비유와 말과 방편으로써 법을 펼쳐서 말하느니라."

12행 "사리불이여, 이와같이 하여 모두 일불승과 일체의 위없는 지혜를 얻게 하려는 까닭이니라."

13행 "사리불이여, 시방세계에는 오히려 이승도 없는데 하물며 삼승이 있겠는가."

14행 "사리불이여, 여러 부처님께서 다섯 가지 흐리고 나쁜 세상에 출현하였으니, 이른바 오랜 세월의 흐림, 번뇌의 흐림, 중생들의 흐림, 견해의 흐림, 수명의 흐림이니라."

15행 "이와같이 사리불이여, 오랜 세월이 흐리고 어지러운 시대에는 중생들의 번뇌가 많아 아끼고 탐하고 시기

질투하여 모두 나쁜 근성을 이루는 까닭으로 많은 부처님들이 방편의 힘으로써 일불승에서 분별하여 삼승을 펼쳐서 말하는 것이니라."

16행 "사리불이여, 만일 나의 제자로서 스스로 아라한과 벽지불을 얻었노라 하면서 여러 부처님 여래가 다만 보살들만을 교화하는 일을 듣지도 못하고 알지도 못한다면, 이는 부처님의 제자도 아니며 아라한도 아니고 벽지불도 아니니라."

17행 "또 사리불이여, 이 많은 비구, 비구니들이 스스로 이미 아라한의 경지를 얻어 최후의 몸이 되었으니, 마침내 위없는 해탈에 이르렀다 하고, 거듭하여 위없이 높고 바른 완전한 깨달음을 구할 뜻이 없다면 이런 무리들은 모두 잘난체하고 교만심이 높은 사람인 줄을 마땅히 알아야 하느니라. 그 까닭이 무엇인가 하면 만일 비구로서 진실로 아라한의 경지를 얻으려고 하면서 만약 이 법을 믿지 아니하고는 이 경지에 도달할 수가 없느니라."

18행 "부처님께서 세상을 떠나신 후에 현재 부처님께서 안 계실 때는 제외하느니라. 그 까닭이 무엇인가 하면 부처님께서 세상을 떠나신 후에는 이와 같은 법화경을 받아 지니고 읽고 외우고 뜻을 해석하는 이러한 사람을 만나기가 어려우니라. 만약 다른 부처님을 만난다 하여도 이 법 가운데서 곧 확연히 깨달음을 얻게 될 것이니라."

^{19행} "사리불이여, 그대들은 마땅히 한마음으로 믿고 이해하고 부처님의 말씀을 받아 지녀라. 모든 부처님 여래의 말씀은 허망하지 아니하며, 다른 법은 없고 오직 일불승뿐이니라."

12장

^{1절} 이때 세존께서 거듭 이 뜻을 펴시려고 게송으로 펼쳐서 말씀하셨습니다.

^{2절} 비구나 비구니가
잘난체하고 교만심을 품었거나
우바새로서 스스로가 잘났다고 하거나
우바이로서 믿지 않는 자들이 있었느니라.

^{3절} 이와 같은 사부대중들의
그 수효가 오천 명이며
자신의 그 허물은 보지 못하고
계율을 어김이 있었느니라.

^{4절} 자기의 허물을 감추려는
작은 지혜를 가진 이들은 떠나갔으며
무리들 가운데 술지게미나 쌀겨 같은 이들은
부처님의 위엄과 덕에 눌려 가버렸느니라.

^{5절} 이 사람들은 복덕이 적어서
이 법을 받아 지닐 수가 없었으며
여기 대중들은 이제 가지와 나뭇잎은 없고

오직 모두 충실한 열매만 있을 뿐이니라.

6절 사리불이여, 잘 들어라.
모든 부처님이 얻은 법은
헤아릴 수 없는 방편의 힘으로
중생들을 위하여 펼쳐서 말하는 것이니라.

7절 중생들의 마음에 생각하는 일과
갖가지로 행하는 도와
얼마간의 여러 가지 욕망의 성품과
전생에 지은 착하고 나쁜 업들이니라.

8절 부처님은 이미 모두 다 알고
여러 가지 인연과 비유와
언변과 방편의 힘으로
모두에게 기쁘게 하려 함이니라.

9절 혹은 경전으로 펼쳐서 말하고,
게송과, 과거의 인연들을 펼쳐서 말하고,
전생담과, 일찍이 있지 않았던 일들을 펼쳐서 말하고,
과거의 인연들을 펼쳐서 말하며,
비유와, 게송과,
교리문답으로 펼쳐서 말하느니라.

10절 둔한 근기들은 소승법을 좋아하고
나고 죽는 일을 탐하고 집착하여
여러 헤아릴 수 없는 부처님을 만나도
깊고 묘한 도는 행하지 아니하고

온갖 고통에 시달리기에
그들을 위하여 위없는 해탈을 펼쳐서 말하느니라.

11절 　내가 이러한 방편을 펼쳐서 말하는 것은
부처님의 지혜에 들어감을 얻게 하지만
일찍이 없었던 것을그대들에게 말하기를
마땅히 부처님의 도를 이루어 얻을 것이니라.

12절 　내가 일찍이 말을 하지 않은 것은
말을 할 때가 되지 않았기 때문이며
지금 바로 그 때가 되었으므로
결정의 대승법을 펼쳐서 말하는 것이니라.

13절 　나의 이 구부법은
중생들의 근기에 따라서 펼쳐서 말하여
대승법에 들어가는 근본으로
이 법화경을 펼쳐서 말하는 까닭이니라.

14절 　부처님 제자의 마음은 청정하고
부드럽고 또한 영리하여
헤아릴 수 없는 모든 부처님이 있는 곳에서
깊고도 묘한 도를 행하였느니라.

15절 　이와 같은 여러 부처님 제자들에게는
이러한 대승경을 펼쳐서 말하여 주고
나는 이와 같은 사람에게는 수기를 주어
오는 세상에 부처를 이룰 것이라 하느니라.

16절 　깊은 마음으로 부처님을 생각하고

깨끗한 계행을 닦아 지닌 까닭에
이와 같은 부처님의 말씀을 얻어 듣고
큰 기쁨이 몸에 충만할 것이니라.

17절 부처님은 저 마음의 작용을 알기에
대승을 펼쳐서 말하는 까닭이며,
성문이나 보살들까지도
내가 펼쳐서 말하는 법문을 듣고
한 게송만 기억하여도
모두 부처를 이룰 것을 의심이 없느니라.

18절 시방의 부처님 나라 가운데에는
오직 일승법만 있고
이승도 없고 또한 삼승도 없으며
부처님이 방편으로 펼쳐서 말한 것은 예외이니라.

19절 다만 거짓 이름을 빌려서
중생들을 인도하는 것이니
부처님의 지혜를 펼쳐서 말씀하기 위하여
여러 부처님들께서 세상에 출현하였느니라.

20절 오직 이 한 가지 사실만 진실이고
그 외의 다른 것들은 곧 진실이 아니며,
마침내 소승법으로써는
중생들을 제도하지 아니하며
부처님은 스스로 대승에 머물러 있고
그 얻은 법도 같느니라.

21절　선정과 지혜의 힘으로 장엄하여
　　　이로써 중생들을 제도하며
　　　스스로는 최상의 진리인
　　　대승의 평등한 법을 증득하였느니라.

22절　만일 소승법으로써 교화하여
　　　혼자만이 지닌다면
　　　나는 곧 인색하고 탐욕에 떨어지리니
　　　이 일은 옳지 못한 일이니라.

23절　만약 사람이 부처님을 믿고 귀의하면
　　　여래는 속이거나 기만하지 않으며
　　　또한 탐욕과 미워하는 생각도 없으니
　　　모든 나쁜 일을 끊어주기 때문이니라.

24절　그런 까닭으로 부처님은 시방세계에서
　　　홀로 두려움이 없고
　　　나는 상호로써 몸을 장엄하며
　　　광명으로써 세간을 비추며
　　　헤아릴 수 없는 대중들의 존경을 받고
　　　모든 존재의 참다운 모습을 펼쳐서 말해 주느니라.

25절　사리불이여, 마땅히 알아라.
　　　내가 본래 세운 서원은
　　　모든 중생들로 하여금
　　　나와 다를 것이 없게 하려는 것이니라.

26절　내가 옛날에 세운 서원과 같이

지금 이미 만족하여
일체 중생들을 교화하여
모두 부처의 도에 들게 하려는 것이니라.

27절 만약 내가 중생들을 만나면
모두 부처의 도로써 가르치건만
지혜가 없는 사람들은 잘못 알고
미혹하여 가르침을 받아들이지 않느니라.

28절 나는 이러한 중생들은
일찍이 선행의 근본을 심지 못한 줄을 아느니라.
굳게 다섯 가지의 욕락에 집착하여
어리석음과 애착으로 번뇌를 일으키는 까닭이니라.

29절 온갖 욕망의 인연으로
세 가지 나쁜 길에 떨어지고
여섯 갈래로 윤회하면서
온갖 고통을 모두 다 받느니라.

30절 태중에서 작은 형상으로 시작하여
세세생생 항상 더불어 자라서
덕이 적고 조금도 복이 없어서
온갖 괴로움에 시달리느니라.

31절 그릇된 견해의 **빽빽**한 숲에 들어가서
혹은 있음과 혹은 없음으로
이러한 온갖 견해에 의지하여
육십이 가지를 모두 갖추었느니라.

32절 깊이 허망한 법에 집착하여
     굳게 믿고 버리지 못하며
     아만과 스스로 자긍심이 높아서
     굽고 뒤틀린 마음은 진실하지 못하느니라.

33절 천만억 겁을 지내도록
     부처님의 명호도 듣지 못하고
     또한 바른 법도 듣지 못하나니
     이와 같은 사람들은 제도하기 어려우니라.

34절 그러므로 사리불이여,
     내가 방편으로 펼쳐서 말하여
     온갖 괴로움이 없어지는 길을 펼쳐서 말하여
     위없는 해탈을 보였으며
     내가 비록 위없는 해탈을 말했으나
     이것 또한 진실한 위없는 해탈은 아니니라.

35절 모든 법은 본래로부터
     언제나 저절로 적멸한 모습이니
     부처님 제자가 도를 행하여 마치면
     오는 세상에 부처가 될 것이니라.

36절 나에게 방편의 힘이 있어서
     삼승법을 열어 보였으나
     일체 모든 세존들은
     모두 일승법만을 펼쳐서 말씀하시었느니라.

37절 지금 모든 대중들은

모두 다 응당 의혹을 풀도록 하여라.
모든 부처님의 말은 다르지 않아서
오직 일불승뿐이고 이승은 없느니라.

38절 지나간 세상 수없는 겁에
헤아릴 수 없이 세상을 떠나신 부처님이
백천만억이라
그 숫자를 가히 헤아릴 수가 없느니라.

39절 이와 같은 여러 세존들이
갖가지의 인연과 비유와
수없이 많은 방편의 힘으로
온갖 법의 모양을 펼쳐서 말씀하셨느니라.

40절 이러한 모든 세존들이
모두 다 일승법을 설해서
헤아릴 수 없이 많은 중생들을 교화하여
부처님의 도에 들게 하였느니라.

41절 또 여러 거룩하신 성인들께서
일체 세간을 아나니
천신과 인간의 여러 중생들의
마음속의 욕망들을
다시 다른 방편으로
제일가는 도리를 드러내었느니라.

42절 만약 어떤 중생들이
모두 지난 세상에서 부처님을 만나서

만약 법을 듣고 보시를 행하며
혹은 계행을 갖고 인욕을 행하며
정진도 하고 선정과 지혜를 행하여
갖가지의 복과 지혜를 닦았다면
이와 같은 모든 사람들은
모두 다 부처님의 도를 이루었느니라.

43절 여러 부처님께서 세상을 떠나신 후에
만약 어떤 사람이 마음이 착하고 부드러우면
이와 같은 여러 중생들은
모두 다 부처님의 도를 이루었느니라.

44절 모든 부처님이 세상을 떠나신 후에
사리에 공양하는 사람이
만억 가지의 탑을 세울 때
금과 은과 파리와
자거와 더불어 마노와
매괴와 유리 구슬로
맑고 깨끗하고 아름답게 단장하고
모든 탑을 장중하게 꾸미었으며
혹은 석굴을 파서 사원을 짓기도 하고,
전단향과 침수향이나
침향 나무나 더불어 다른 재목이나
벽돌이나 기와 진흙 등으로
만약 넓은 벌판 가운데에

흙을 쌓아서 사원을 짓고
또는 아이들이 장난으로
모래를 쌓아 부처님의 탑을 만들었다면
이와 같은 모든 사람들은
모두 다 부처님의 도를 이루었느니라.

45절 만약 어떤 사람이 부처님을 위해서
여러 가지 형상을 조성하거나
여러 가지 형상들을 조각한 이들도
모두 다 부처님의 도를 이루었느니라.

46절 혹은 일곱 가지 보배나
놋쇠나 황동이나 백동이나
함석이나, 또는 납이나, 주석이나
철이나, 나무나, 또는 진흙으로 조성하며
혹은 아교나 옻칠과 천으로
부처님 형상을 조성하여 장엄하게 꾸몄다면
이러한 모든 사람들은
모두 다 부처님의 도를 이루었느니라.

47절 채색으로 부처님의 형상을 그려서
일백 가지 복이 장엄한 형상을 만들 때
스스로 하거나 만약 남을 시켜서 하였다면
모두 다 부처님의 도를 이루었느니라.

48절 내지 어린아이들이 소꿉장난으로
만약 풀이나 나무나 그리고 붓이나

혹은 손가락이나 손톱 따위로
부처님 형상을 그린다 하여도
이와 같은 모든 사람들이
점점 공덕이 쌓이며
큰 자비심을 갖추었다면
모두 다 부처님의 도를 이루었느니라.

49절 다만 여러 보살이 되어
헤아릴 수 없는 중생들을 제도하여 해탈케 하였느니라.

50절 만약에 어떤 사람이 탑이나 사원이나
보배 상호나 그림 상호에
꽃과 향과 깃발과 일산으로써
공경하는 마음이거나 공양하거나,
만약 남으로 하여금 풍악을 울리고
북을 치고 소라를 불고
퉁소와 피리와 거문고와 공후와
비파와 징과 요령 등
이러한 여러 가지 아름다운 음악으로
지극히 다하여 공양하였거나
혹은 환희한 마음으로
부처님의 공덕을 노래하고 부처님을 생각하고 칭송하거나,
내지 아주 작은 음성으로라도 공양하였다면

모두 다 부처의 도를 이루었느니라.

51절 만약 어떤 사람이 산란한 마음으로
내지 꽃 한 송이로써
부처님의 형상에 공양하여도
점점 무수한 부처님을 친견하였느니라.

52절 혹은 어떤 사람이 절을 하거나
혹은 다시 다만 합장만 하거나
내지 손만 한 번 들거나
혹은 다시 조금 머리만 숙여서
이러한 일로 부처님의 형상에 공양하면
점점 헤아릴 수 없는 부처님을 친견하고
스스로 최상의 도를 이루고는
널리 무수한 중생들을 제도하여
남음이 없는 위없는 해탈에 들게 하기를
나무가 다 타고 불이 꺼짐과 같았느니라.

53절 만약 어떤 사람이 마음이 산란할 때
탑이나 사원 안에 들어가서
한 번이라도 부처님께 귀의하였다면
모두 다 부처를 이루었느니라.

54절 지나간 세상의 부처님들이
현재 있을 때나 혹은 세상을 떠나신 후에라도
만약 이러한 법을 들으면
모두 다 부처를 이루었느니라.

55절　오는 세상의 여러 세존들도
　　　그 수효 헤아릴 수 없어
　　　이 모든 여래들도
　　　또한 방편으로 설법하시고
　　　일체 모든 여래께서도
　　　헤아릴 수 없는 방편으로
　　　모든 중생들을 제도하여
　　　번뇌가 없는 부처님의 지혜에 들어가게 할 것이니라.

56절　만약 이러한 법을 들은 자들은
　　　하나도 부처를 이루지 못할 자가 없을 것이니라.

57절　모든 부처님들의 근본 서원은
　　　내가 행하는 부처의 도와 똑같아서
　　　여러 중생들로 하여금
　　　또한 함께 이 도를 얻게 하고자 하는 것이니라.

58절　오는 세상의 모든 부처님들도
　　　비록 백천억의
　　　무수한 여러 가지 법문을 말씀하시더라도
　　　그 진실은 오직 일불승을 위한 것뿐일 것이니라.

59절　모든 부처님 양족존께서
　　　법은 항상 일정한 성품이 없음을 알지만
　　　부처님의 종자는 인연으로부터 생기므로
　　　이러한 까닭으로 일승을 설하시는 것이니라.

60절　이 법이 법의 자리에 머물러서

세간의 모양이 항상 있음을
도량에서 이미 알았지만
부처님께서 방편으로 말씀하시느니라.

61절 천신과, 사람의 공양을 받는
현재 시방의 부처님들도
그 수효가 항하강의 모래같이
세상에 나타나서
중생들이 안온할 수 있게
또한 이 법을 설하느니라.

62절 제일의 적멸을 아시지만
여러 가지 방편의 힘으로
비록 가지가지 길을 보이심도
그 진실은 일불승을 위하는 것이니라.

63절 중생들의 모든 행을 알고
마음속에 짓는 생각과
과거에 익힌 업과
욕심, 성질, 정진의 힘
그리고 모든 근기의 차별을 살펴서
가지가지 인연으로써
비유와 또한 말씀으로써
응당 방편을 따라 설하는 것이니라.

64절 이제 나도 또한 그와 같이
중생들이 안온할 수 있게

가지가지 법문으로써
베풀어 부처의 길을 보이나니
나는 지혜의 힘으로
중생들의 성품의 욕망을 알아서
방편으로 여러 가지 법을 설하여
모두로 하여금 기쁨을 얻게 하느니라.

65절 사리불아, 마땅히 알아라.
내가 부처의 눈으로 관하여서
육도 중생들을 보니
빈궁하고 복과 지혜가 없어
나고 죽음의 험한 길에 들어가서
뒤를 이어서 끊임없이 괴로워
깊이 오욕에 집착함이
검은 소가 꼬리 아낌과 같이
탐욕과 애욕으로 스스로 자기를 가려
눈멀고 어두워 보는 바가 없느니라.

66절 큰 능력 있으신 부처님께 도움을 구하지도 않고
또 고통스런 법을 끊으려 하지도 않으니
모든 삿된 견해에 깊이 빠져들어
고통으로써 고통을 버리려고 하니
이러한 중생들을 위하는 까닭으로
큰 자비심을 일으키느니라.

67절 내가 처음 도량에 앉아서

보리수 아래에서 관을 하고 또한 경행하며
이십일일을 지내면서
이와 같은 사유를 하였나니
내가 얻은 바의 지혜는
미묘하여 최고로 제일로써
중생들은 모든 근기가 둔하여
쾌락의 어리석음에 눈이 멀어있구나,
이와 같은 무리들을
어떻게 가히 제도할 수 있겠는가!

68절 이때, 모든 범왕과
그리고 모든 제석천
세상을 보호하는 사천왕과
그리고 대자재천과
더불어 그 밖에 여러 하늘의 대중들이
권속 백천만과
함께 공경하여 합장하고 예로써
법의 수레바퀴를 돌리기를 나에게 청하였느니라.

69절 나는 곧 스스로 사유하되
만약 단지 일불승만을 찬탄한다면
고해 속에 빠진 중생들은
능히 이 법을 믿을 수가 없기 때문에
법을 훼손하고 믿지 않는 까닭으로
삼악도에 떨어지리니

내가 차라리 법을 설하지 아니하고
세상을 떠나는 것이 낫지 않을까 하였느니라.

70절 깊이 생각하여 보니 옛 부처님의
행한 바 방편의 힘으로써
나도 이제 얻은 도를
또한 응당 삼승으로 설하리라.

71절 이와같이 사유를 하였을 때
시방의 부처님들이 모두 나투셔서
범음으로 나를 위로하여 이르되
석가모니여, 거룩하도다.

72절 제일의 인도하는 스승이여,
이러한 위없는 법을 얻어
모든 일체의 부처님을 따라서
방편의 힘을 쓰려 하는구나.

73절 우리들도 또한 모두 최고의
미묘한 제일의 법을 얻었지만
여러 중생들을 위하므로
분별하여 삼승을 설하려 하는구나.

74절 작은 지혜로 작은 법을 즐기며
자신이 부처됨을 믿지 아니하나니
이러한 까닭으로 방편으로써
여러 인연의 결과를 분별하여 설하고
비록 다시 삼승을 설하지만

다만 보살들을 교화하기 위함이니라.

75절 사리불아 마땅히 알아라.
나는 성스러운 스승들의
깊고 청정하고 미묘한 음성을 듣고
"모든 부처님께 귀의합니다" 외면서
또다시 이와같이 생각하되
나는 악한 세상에 태어났으니
모든 부처님들 설한 바대로
나도 또한 따라서 행할 것이니라.

76절 이렇게 사유하여 마치고
곧 녹야원에 나아가서
모든 법의 번뇌를 벗어난 모양을
가히 말로써 다 풀어서 할 수 없지만
방편의 힘으로써
다섯의 비구를 위하여 말하였느니라.

77절 이것을 이름하여 법의 수레바퀴를 굴린다 하며
다시 위없는 해탈의 소리라 하며
그러므로 아라한과
가르침과, 수행자로 나누는 이름이 되었느니라.

78절 오랜 시간 머나먼 옛 겁으로부터 내려오며
위없는 깨달음에 이르는 법을 보여주고 찬탄하고
태어나고 죽음의 괴로움이 영원히 다하도록
나는 항상 이와같이 말하였느니라.

79절 사리불아 마땅히 알아라.
     내가 부처님의 제자들을 보니,
     마음으로 부처님의 도를 구하는 자
     헤아릴 수 없는 천만억이었느니라.

80절 함께 공경하는 마음으로
     모두 부처님의 처소에 와서
     일찍이 여러 부처님들의
     방편의 설법을 들었느니라.

81절 내가 곧 이와같이 생각하되
     여래가 출현한 까닭은
     부처님의 지혜를 설하기 위함으로,
     지금이 바로 그 때이로다.

82절 사리불아 마땅히 알아라.
     작은 지혜의 우둔한 근기의 사람과
     바탕이 교만함에 빠진 자들은
     능히 이법을 믿지 않을 것이니라.

83절 이제 내가 기쁘게 두려움 없이
     여러 보살 수행자들에게
     바르게 방편으로써
     단지 위없는 도를 말하느니라.

84절 보살들은 이 법을 듣고
     의혹의 그물에서 모두 벗어나고
     천이백의 아라한들도

모두 또한 마땅히 부처를 이룰 것이니라.

85절 삼세의 모든 부처님의
법을 설하는 의식과 같이
나도 지금 또한 이와같이
분별없는 법을 말하느니라.

86절 모든 부처님께서 세상에 출현함은
아득하고 멀어서 만나기 어렵지만
바르게 세상에 출현하여
이 법을 말씀하심은 더욱더 어렵느니라.

87절 헤아릴 수 없고 수없는 겁에도
이 법 듣기 또한 어렵고
능히 이 법을 알아듣는 자
이런 사람 또한 만나기 어려우니라.

88절 비유하여 우담발라꽃을
일체가 모두 사랑하고 좋아하는 것은
하늘이나 인간세상에서 희유하여
때가 이르러야 한 번 피기 때문임과 같음이라.

89절 법을 듣고 환희하고 찬탄하는
말 한 번만 한다 하여도
곧 이미 공양을 올린 것이 되나니
모든 삼세의 부처님께
이런 사람은 심히 희유함이
우담발라보다도 더하느니라.

90절 너희는 의심하지 말 것이니
　　나는 모든 법의 왕으로서
　　모든 대중에게 널리 이르노니
　　다만 일승의 도를 가지고
　　모든 보살들을 교화하나니
　　성문의 제자는 없느니라.

91절 너희들 사리불과
　　성문과 보살들은
　　마땅히 알지니 이 묘한 법이
　　모든 부처님의 신묘하고 요긴한 것이니라.

92절 다섯 가지 흐린 악한 세계에선
　　다만 여러 가지 즐거움만을 탐하여
　　이와 같은 중생들은
　　부처님의 도를 구하려고 하지 아니할 것이니라.

93절 앞으로 오는 세상에 악인들이
　　부처가 말하는 일승을 들으면
　　미혹하여 믿어 받아들이지 아니하고
　　법을 헐어 악도에 떨어질 것이니라.

94절 부끄러워하고 참회하여 청정하여져서
　　부처님의 도를 구하려는 뜻이 있는 자에게는
　　마땅히 이와 같은 사람들에게는
　　널리 일승의 도를 찬탄하리라.

95절 사리불아, 마땅히 알아라.

모든 부처님의 법은 이와같이

만억의 방편을 따라서

마땅하게 법을 설하는 것이니라.

96절 그 공부하지 않는 자는

능히 깨달아 알지 못하지만

너희들은 이미 알았으니

모든 부처가 세상의 스승으로써

마땅히 방편을 따른 일을 알아서

다시는 모든 의혹이 없이

크게 환희심을 일으켜서

스스로가 마땅히 부처를 이룰 줄을 알아야 하느니라.

묘법연화경 妙法蓮華經

제2권 第二卷

3 비유품 三 譬喻品

1장

1절 이때 사리불이 기뻐서 뛰며 곧 일어나 합장하고 존경하는 얼굴을 우러러보면서 부처님께 말씀을 드렸습니다.

2절

1행 "지금 세존의 이러한 법의 음성을 듣고 마음이 뛸 듯이 기쁘며 일찍이 있지 않았던 일을 얻었나이다."

2행 "그 까닭이 무엇인가 하면 제가 예전에 부처님을 따라서 이와 같은 법을 들을 적에, 여러 보살들을 보고 수기를 받아 부처를 이룰 것이리라고 하였으나, 저희들은 그 일에 참여하지 못하여 깊이 스스로 여래의 헤아릴 수 없는 지견을 잃었음을 슬퍼하고 아파하였나이다."

3행 "세존이시여, 저는 항상 홀로 산림 또는 나무 아래에 앉기도 하고 거닐기도 하면서 늘 이와같이 생각하였습니다. '우리도 법의 성품에 똑같이 들어갔는데 어찌하여 여래께서는 소승법으로 제도하시는가? 이것을 보고 이것은 우리의 허물이요 세존의 잘못이 아니다'라고 하였습니다."

4행 "그 까닭이 무엇인가 하면, 만일 저희가 위없이 높고 바른 완전한 깨달음을 성취하는 인연을 설하시기를 기다렸더라면 반드시 대승으로써 제도하셨을 것인데, 그러나 저희에게 방편으로 마땅하게 따라서 말씀하신 것인 줄을 알지 못하고, 처음 부처님의 법문을 듣고는 곧 믿고 그대로 사유하여서 취하여 증득하였기 때문입니다."

5행 "세존이시여, 제가 예전부터 지금까지 밤낮으로 항상 스스로 책망하였었는데, 이제 부처님으로부터 듣지 못하였던 일찍이 있지 않았던 법문을 듣고, 모든 의혹과 뉘우침을 끊고 몸과 마음이 태연하며 쾌활하여 편안함을 얻었습니다. 오늘에야, 진실로 부처님의 제자이며, 부처님의 말씀을 따라서 태어났으며, 법을 따라서 교화하여 다시 태어났으며,부처님 법 나눔을 얻었습니다."

2장

1절 이때, 사리불이 이 뜻을 거듭 펴고자 게송으로 말하였습니다.

2절 나는 이 법의 음성을 듣고
일찍이 있지 않았던 것을 얻었으며
마음이 편안하고 크게 즐거워
의심이 모두 제거되어 없어졌습니다.

3절 예전부터 부처님의 가르침을 입어
대승의 법을 잃지 않았으며
부처님 말씀은 매우 희유하여
능히 중생들의 번뇌를 덜어 주었으며
나는 이미 번뇌가 다함을 얻어
듣고 또한 근심과 번뇌가 제거되었습니다.

4절   나는 산골짜기에 있을 때나
      혹은 나무 아래에 있을 때나
      혹은 앉아 있거나 혹은 거닐거나 하면서
      항상 이 일을 사유하면서
      탄식하여 부르며 깊이 자책하기를
      '어찌하여 스스로 속았던가!'

5절   우리도 또한 부처님의 제자로서
      번뇌가 없는 법에 함께 들어갔건만
      능히 오는 세상에서
      위없는 도를 펼쳐서 말하지 못할 것인가.

6절   서른두 가지의 금빛 모습과
      열 가지의 힘과 여러 가지 해탈
      모두 같은 한 가지 법인데
      이런 일을 얻지 못하였는가.

7절   여든 가지의 잘 생긴 몸매와
      열여덟 가지의 특별한 법과
      이와 같은 공덕들을
      나는 모두 다 잃었는가.

8절   나 홀로 거닐 때
      부처님께서는 대중 가운데 계시면서
      명성이 시방에 가득하여
      널리 중생들을 이익 되게 하심을 보았습니다.

9절   스스로 생각하기를 '이런 이익 잃었음은

내가 스스로 속은 까닭임이라.'
나는 항상 밤낮으로
언제나 이 일을 사유하였습니다.

10절 세존께 여쭈어보려고 하였습니다.
'참으로 잃었는가? 잃지 않았는가?'
나는 항상 세존께서
모든 보살들을 칭찬하심을 보았으며
이에 따라 밤낮으로
이와 같은 일을 낱낱이 헤아렸습니다.

11절 지금 부처님의 음성을 듣고
근기를 따라 법을 설하신 것을
중생들로 하여금 번뇌를 없애고
생각하기 어려운 도량에 이르도록 하셨습니다.

12절 내가 본래 삿된 소견에 집착하여
여러 바라문들의 스승이 되었었는데
세존께서 저의 마음을 아시고
그릇된 것을 뽑고 위없는 해탈을 말씀하시어
저는 삿된 소견을 모두 없애고
공한 법을 증득하였습니다.

13절 이때 마음으로 스스로 생각하기를
위없는 해탈을 얻었다고 하였는데
이제 이것을 스스로 깨달기를
참된 완전한 해탈이 아니었구나.

14절 　만약 부처가 되었다면
　　　서른두 가지의 거룩한 모습을 갖추고
　　　천상, 인간, 야차들과
　　　용과 귀신 등이 공경할 것입니다.

15절 　그때에야 가히 말하기를
　　　모두 다 없어진 남음이 없는 완전한 해탈이라.
　　　부처님께서 대중 앞에서
　　　저도 마땅히 부처가 되리라 하시는
　　　이와 같은 말씀을 듣고서야
　　　의심과 뉘우침이 모두 없어졌습니다.

16절 　처음 부처님께서 말씀하신 바를 듣고는
　　　마음 가운데 크게 놀라고 의심하였으며
　　　어쩌면 마귀가 부처가 되어
　　　나의 마음을 시끄럽게 함인가 하였습니다.

17절 　부처님께서 갖가지의 인연과
　　　비유와 방편으로 말씀하셨으므로
　　　그 마음이 바다같이 편안하여졌고
　　　제가 듣고 의심이 사라졌습니다.

18절 　부처님께서 말씀하시기를 과거세에
　　　위없는 해탈을 얻으신 헤아릴 수 없는 부처님들도
　　　편안하게 방편 가운데 머물러 계시면서
　　　또한 모두 이 법을 말씀하셨다고 하십니다.

19절 　현재와 미래의 부처님들도

그 수효를 헤아릴 수가 없으나
또한 모든 방편으로써
이와 같은 법을 펼쳐서 말씀하시느니라 하십니다.

20절 지금의 세존께서도
태어나시고 또 출가하시어
도를 이루고 법의 수레바퀴를 굴리시고
또한 방편으로써 말씀하신다고 하십니다.

21절 세존께서는 진실한 도를 말씀하시나
파순은 이런 일 없나니
그러므로 나는 결정코
마귀가 부처가 된 것 아닌 줄 알았으며
내가 의심의 그물에 떨어진 까닭으로
이를 마구니의 행위라고 생각하였던 것이었습니다.

22절 부처님의 부드러운 음성으로
깊고 멀고 심히 미묘하게
청정한 법을 자세하게 말씀하심을 듣고는
나의 마음이 크게 환희하여
의심과 뉘우침이 영원히 없어지고
편안하게 참 지혜의 가운데에 머무르겠습니다.

23절 나는 마땅히 마땅히 부처가 되어
천상 인간의 공경을 받으며
위없는 법의 수레바퀴를 굴리어
많은 보살들을 교화하겠습니다.

3장

1절 이때 부처님께서 사리불에게 말씀하셨습니다.

2절

1행 "내가 이제 천상과 인간과 사문과 바라문 등 대중들에게 말하노라. 내가 옛적에 일찍이 이만억 부처님의 처소에서 위없는 도를 위하는 까닭으로 항상 너희를 교화하였고, 너희도 또한 긴 세월 동안에 나를 따라서 가르침을 받았거니와, 내가 방편으로 너희를 인도하여 나의 법 가운데 태어나게 되었느니라."

2행 "사리불아, 내가 옛날에 너에게 부처의 도에 뜻과 원을 세우기를 가르쳤거늘, 그런데 지금 그대는 모두 다 잊어버리고, 스스로 생각하기를 이미 위없는 해탈을 얻었다고 하는구나! 내가 이제 도리어 너로 하여금 본래의 서원을 다시 기억하여 도를 행하게 하는 까닭에 모든 성문들을 위하여 이 대승경을 말하느니라. 이름을 묘법연화경이라 하며 보살을 교화하는 법이요, 부처님들이 늘 염두에 두고 보호하는 바이니라."

3행 "사리불아! 너는 미래 세상에 헤아릴 수 없고, 끝이 닿은 데가 없으며, 가히 생각으로는 헤아릴 수 없는 겁을 지나면서 천만 억 부처님께 공양하고 바른 법을 받아 지니며, 보살이 행하는 도를 구족하여 반드시 부처를 이룰 것이니라."

4행 "명호는 화광여래, 응공, 정변지, 명행족, 선서, 세간해, 무상사, 조어장부, 천인사, 불세존이라 하리라. 나라 이름은 이구인데, 그 땅은 평평하고 바르며 청정하게 꾸며졌으며, 안락하고 풍족하여 천상과 인간의 사람이 번성할 것이니라."

5행 "유리로 땅이 되고 여덟 갈래 길이 있는데, 황금 줄로 길가에 경계를 치고, 길 곁에는 각기 일곱 가지 보배로 된 가로수가 있으며 항상 꽃과 열매가 있으리라. 화광여래는 또한 삼승법으로써 중생들을 교화할 것이니라."

6행 "사리불아, 그 부처가 나타나실 때가 비록 나쁜 세상은 아니지마는, 본래의 서원으로 삼승법을 말할 것이니라. 그 겁의 이름은 대보장엄이라 하리니, 이름을 대보장엄이라 하는 것은, 그 나라 가운데에서는 보살로서 큰 보배를 삼는 까닭이니라."

7행 "그 모든 보살들이 헤아릴 수 없고, 끝이 없으며, 가히 생각으로는 헤아릴 수가 없으며, 산수나 비유로도 능히 미칠 수가 없으며, 부처님의 지혜의 힘이 아니고서는 능히 아는 자가 없으리라."

8행 "만약 걸어 다닐 때에는 보배 연꽃이 발을 받들 것이며, 그 여러 보살들은 처음으로 마음을 일으킨 이가 아니고 모두 오래 전부터 공덕의 근본을 심었느니라."

9행 "헤아릴 수 없는 백천만억 부처님 처소에서 깨끗한 범행을 닦아 항상 여러 부처님의 칭찬을 받았느니라. 항상 부처님의 지혜를 닦아 큰 신통을 갖추었으며, 모든 것을 잘 알고 있으며, 온갖 법의 문에, 질박하고 정직하여 거짓이 없으며, 뜻과 생각이 견고하니, 이와 같은 보살들이 그 국토에 충만할 것이니라.”

10행 “사리불이여, 화광부처님의 수명은 십이소겁이니, 왕자로 있어 부처를 이루기 전 세월은 제외한 것이며, 그 나라 백성들의 수명은 팔소겁이니라. 화광여래가 십이소겁을 지내고는 견만보살에게 위없이 높고 바른 완전한 깨달음의 수기를 줄 것이니라. 여러 비구들에게 말씀하셨느니라.”

11행 “‘이 견만보살이 다음에 마땅히 부처가 되리니, 명호는 화족안행 다타아가타, 아라하, 삼먁삼불타이며, 그 부처님의 국토도 또한 지금과 같을 것이니라.’”

12행 “사리불아, 이 화광부처님이 세상을 떠나신 후에 정법이 세상에 머무름은 삼십이소겁이고, 상법도 또한 삼십이소겁 동안 머무를 것이니라.”

4장

1절 이때 세존께서 거듭하여 이 뜻을 펴시려고 게송으로 말씀하셨습니다.

2절 사리불이 오는 세상에
부처를 이루어 큰 지혜의 존자가 되어
그 명호를 이르기를 화광이라 하고

마땅히 헤아릴 수 없는 중생들을 제도할 것이니라.

3절 헤아릴 수 없는 부처님을 공양하면서

보살의 행을 구족하여

열 가지 힘과 공덕으로

더할 수 없는 도를 증득할 것이니라.

4절 헤아릴 수 없는 겁을 지나서

겁의 이름이 대보장엄이고

세계의 이름이 이구라 하고

청정하고 더러움이 없을 것이니라.

5절 유리로 땅이 되었고

황금 줄을 그 경계의 길가에 쳤으며

일곱 가지 보물들로 섞인 모양의 가로수에는

언제나 꽃과 열매가 있을 것이니라.

6절 그 나라의 모든 보살들은

뜻과 생각이 항상 견고하고

신통한 바라밀다를

모두 다 이미 구족하였느니라.

7절 무수히 많은 부처님 처소에서

진실한 보살도를 배웠으니

이와 같은 보살들을

화광부처님께서 교화하시는 것이니라.

8절 그 부처님께서 왕자이시던 때

나라와 영화를 모두 버리고

최후의 몸으로
출가하여 부처님의 도를 이룰 것이니라.

9절 화광부처님께서 세상에 머무를 때
수명이 십이소겁이며
그 나라 백성들의
수명은 팔소겁이니라.

10절 부처님께서 세상을 떠나신 후에
바른 법이 세상에 머무름은
삼십이소겁 동안으로
널리 많은 중생들을 제도할 것이니라.

11절 바른 법이 다한 뒤에는
상법이 삼십이소겁으로
사리가 널리 유포되어
천상과 인간들이 두루 공양할 것이니라.

12절 화광부처님의 하시는
그 일 모두 이와 같은 것
그 양족존 부처님께서
최고로 훌륭하여 견줄 이가 없으며
그것은 곧 그대의 몸이니
응당 스스로 기뻐하여야 할 것이니라.

5장

1절 이때 사부대중인 비구, 비구니, 우바새, 우바이, 하늘, 용, 야차, 건달바, 아수라, 가루라, 긴나라, 마후라가 등은 사리불이 부처님 앞에서 위없이 높고 바른 완전한 깨달음의 수기를 받는 것을 보고 크게 기뻐하며 헤아릴 수 없이 뛰었습니다.

2절 제각기 몸에 입었던 웃옷을 벗어 부처님께 공양하였으며, 제석천왕, 범천왕들도 수없는 천자와 함께 또한 묘한 하늘의 옷과 하늘의 만다라 꽃과 큰 만다라 꽃들로 부처님께 공양하였습니다.

3절 그 뿌린 하늘 옷은 허공 가운데에 머물러 저절로 빙글빙글 돌고, 여러 하늘들의 그 풍악인 백천만 가지가 허공 가운데서 일시에 울리며, 하늘의 꽃들이 비 내리듯 하였으며. 이러한 말이 들렸습니다.

4절 '부처님께서 옛적에 녹야원에서 처음 법의 수레바퀴를 굴리시더니, 이제 또 위없는 가장 큰 법의 수레바퀴를 굴리시는구나.'

6장

1절 이때 여러 천자들은 이 뜻을 거듭 펴려고 게송을 말하였습니다.

2절 옛적에 바라나의 녹야원에서
네 가지 진리의 법의 수레바퀴를 굴리시며
분별하시어 모든 법의

다섯 가지 무더기가 생멸함을 설하시었습니다.

3절   이제 다시 가장 묘하고
위없는 큰 법의 수레바퀴를 굴리시니
이 법이 깊고 오묘하여
능히 믿을 자가 적었습니다.

4절   우리들은 예전부터
세존의 말씀 자주 들었지만
일찍이 이와 같은
깊고도 묘한 가장 높은 법은 듣지 못하였습니다.

5절   세존께서 이 법 설하시니
우리들도 모두 기뻐하며
지혜 제일 사리불이
이제 세존의 수기를 받았습니다.

6절   우리들도 또한 이와같이
반드시 마땅하게 부처를 이루어
모든 세간에서
더할 수 없이 가장 존귀할 것입니다.

7절   부처님의 도는 생각으로는 헤아리기 어려워
방편을 따라 알맞게 말씀하시니
내가 지은 바 복덕의 업이 있어
이 세상과 지난 세상에서
또 부처님 뵈온 공덕을
모두 부처님의 도에 회향하겠습니다.

7장

1절 이때 사리불이 부처님께 말씀을 드렸습니다.

2절

1행 "세존이시여, 저는 이제 다시 의심이 없사오며 친히 부처님 앞에서 위없이 높고 바른 완전한 깨달음의 수기를 받았습니다."

2행 "이 모든 천이백의 마음이 자유자재한 자들이 옛날에 배우는 곳에 있을 적에 부처님께서 항상 교화하시며, 말씀하시었습니다."

3행 "'나의 법은 능히 태어나고, 늙고, 병들고, 죽는 일을 떠나서 필경에는 위없는 해탈을 얻으리라.' 하셨습니다."

4행 "이 공부하여 가는 자들과 공부를 마친 자들 또한 제각기 스스로 '나'라는 견해와 '있다' '없다' 하는 견해를 떠나 위없는 깨달음을 얻었다고 생각했습니다. 그런데 지금 세존의 앞에서 일찍이 듣지 못하던 말씀을 듣고 모두 의혹에 빠져 있습니다."

5행 "거룩하신 세존이시여, 원하옵건대 사부대중을 위하여 그 인연을 말씀하여 주셔서 모두로 하여금 의혹에서 벗어나도록 하여 주십시오."

3절 이때 부처님께서 사리불에게 말씀하셨습니다.

4절

1행 "내가 먼저 모든 부처님과 세존이 갖가지의 인연과 비유와 언사를 가지고 방편으로 법을 설하는 것은 모두 위없이 높고 바른 완전한 깨달음을 위함이라고 말하지 아니하였느냐. 이 모든 설하는 것이 모두 보살을 교화하기 위한 것이니라."

2행 "그러므로 사리불아, 지금 마땅히 거듭하여 비유로써 다시 이 뜻을 밝히리라. 모든 지혜있는 사람들은 비유로써 이해하여 얻을 수 있으리라."

8장--첫 번째 비유, 불타는 집

1절

1행 "사리불아, 만약 어떤 나라의 한 마을에 큰 장자가 있었는데, 그 나이 늙고 힘이 없었으나 재물이 헤아릴 수 없고, 전답과 가옥과 여러 시종들이 많았느니라."

2행 "그 집이 넓고 크건마는 오직 문은 하나이고 여러 식구가 많아서 일백, 이백, 내지 오백 사람이 그 안에 살고 있었느니라."

3행 "집과 누각은 낡고 담과 벽은 퇴락하였으며 기둥은 썩고 대들보는 기울어져 있으며, 사방에서 한꺼번에 갑자기 불이 일어나 가옥과 집들이 불타고 있었느니라."

4행 "장자의 여러 아들들이 혹은 이십 명 혹은 삼십 명에 이르며 그 집 안에 있었느니라."

5행 "장자는 이때 큰 불이 사방에서 타오르는 것을 보고 곧 크게 놀라고 두려워하며 이렇게 생각하였느니라."

6행 "'나는 비록 능히 이 불타는 집에서 무사히 나왔으나, 이 여러 아들들은 불타는 집 안에서 놀이에 정신이 팔려 깨닫지도 못하고, 알지도 못하고, 놀라지도 아니하고, 두려워하지도 않으며, 불길이 몸에 닿아 고통이 닥칠 것인데도 마음으로 싫어하거나 걱정하지도 아니하고, 나오려는 생각도 하지 않는구나.'"

7행 "사리불이여, 이 장자는 이렇게 생각하였느니라."

8행 "'나의 몸과 손에 힘이 있으니, 마땅히 옷 담는 함이나 혹은 의자에 앉혀서 집에서 데리고 나올까' 하였으며,

9행 거듭하여 다시 생각하여도 이 집에 문이 오직 하나뿐이고 그리고 좁았느니라."

10행 "'여러 아들들이 철없고 나이 어려 장난에만 정신이 팔렸으니, 혹시 갑자기 떨어지면 불에 탈 것이 아닌가. 내가 마땅히 무섭고 두려운 일을 말하리라. 이 집이 한창 불에 타고 있으니, 지금 말을 하여 속히 나와서 불에 타지 않게 하리라.'"

11행 "이러한 생각을 마치고 생각한 것과 같이 여러 아들들에게 '너희들은, 속히 나와야 하느니라.'고 말하였느니라."

12행 "아버지가 비록 연민하는 말로 잘 타일러도 여러 아들들은 장난과 놀이에 정신이 팔려 수긍하여 믿으려 하지도 않으며, 놀라지도 않고, 두려워하지도 아니하여

나오려는 생각이 없었느니라. 또한 더구나, 불이 무엇인지, 집이 무엇인지, 어떠한 것이 타는 것인지도 알지 못하고, 다만 동서로 달리며 놀면서 아버지를 슬쩍 쳐다볼 뿐이었느니라."

13행 "이때 장자는, 곧 이런 생각을 하였느니라."

14행 "'이 집은 이미 큰 불이 타는데, 나와 그리고 여러 아들들이 만약 이때에 나오지 아니하면 반드시 타 버릴 것이니, 내가 지금 마땅히 방편을 말하여 여러 아들로 하여금 피해를 입지 않게 하리라.'"

15행 "아버지는 여러 아들들이 예전부터 각기 가지가지 진귀한 장난감 같은 기이한 물건들을 좋아하였음을 마음으로 알고, 진심으로 반드시 좋아할 것이므로 이렇게 그들에게 말하였느니라."

16행 "'너희가 가히 좋아하고 희유하여 얻기 어려운 장난감이 여기 있다, 너희가 만약 지금 가지지 아니하면 후에 반드시 후회하리라. 이와같이 가지가지 양이 끄는 수레, 사슴이 끄는 수레, 소가 끄는 수레가 지금 대문 밖에 있으니, 가히 타고 놀기가 좋으니라.

17행 너희는 이 불타는 집에서 마땅히 속히 나오너라. 곧바로 너희가 달라는 대로 모두 마땅히 너희에게 줄 것이니라.'"

18행 "이때 여러 아들들은 아버지가 말하는 것을 듣고 진귀한 장난감의 물건들이 그 원하는 것과 맞는 까닭으로 마음으로 각자 매우 기뻐하면서 서로 밀치고 앞을 다투어 경쟁하여 달려서 불타는 집에서 뛰쳐나왔느니라."

19행 "이때 장자가 보니 여러 아들들이 무사히 달려 나와 모두 네거리 길 가운데의 들어난 곳에 있어 다시 장애됨이 없음으로 그 마음이 태연하여 뛸 듯이 기뻤느니라."

20행 "이때 여러 아들들은 각기 아버지에게 말하였느니라."

21행 "'아버지시여, 먼저 주신다고 하시던 좋은 장난감인 잘 갖추어진 양이 끄는 수레, 사슴이 끄는 수레, 소가 끄는 수레를 원하건대 주십시오.'"

22행 "사리불이여, 그때 장자는 각기 여러 아들들에게 큰 수레들을 나누어주었느니라."

23행 "그 수레는 높고 크고 여러 가지 보배로 꾸몄으며, 주위에 난간을 두르고 사면에 풍경을 달았으며, 또 그 위에는 일산을 받고 휘장을 쳤는데, 또한 모두 진귀하고 기이한 여러 가지 보배로 장엄하였으며, 보배 줄을 얽어 늘이고 꽃과 여러 가지 영락을 드리웠으며, 겹겹이 포근한 자리를 깔고 편안한 붉은 베개를 놓았느니라."

24행 "흰 소를 메웠는데 피부색이 온전히 깨끗하고 몸의 모습이 좋고 예쁘며 큰 힘이 있어, 걸음이 평탄하고 바르며 바람같이 빠르며, 또 많은 시중들이 받들어 모시었느니라."

25행 "그 까닭이 무엇인가 하면, 이 큰 장자는 재물이 헤아릴 수 없어 가지가지 여러 창고에 모두 다 가득 차 있기 때문이니라."

26행 "그리고 이렇게 생각하였느니라."

27행 "'나의 재물이 헤아릴 수 없으니, 응당 변변치 못한 작은 수레로 여러 아들들에게 줄 것이 아니다. 지금 이 아이들이 모두 나의 아들이니, 편애하고 치우치게 사랑할 것이 아니다.

28행 나에게는 이와같이 일곱 가지 보배로 만든 큰 수레가 그 수효를 헤아릴 수가 없으니, 응당 마땅히 평등한 마음으로 골고루 나누어 줄 것이고 마땅히 차별이 있을 수 없느니라."

29행 "그 까닭이 무엇인가 하면, 내가 이와 같은 것을 온 나라 사람들에게 두루 주더라도 오히려 모자라지 아니할 것이거늘 어찌 하물며 여러 아들일까 보냐.'"

30행 "이때 모든 아들들이 각각 큰 수레를 타고 일찍이 있지 않았던 것을 얻었으며 본래 원하던 것보다 더 수승한 것이었느니라."

31행 "사리불이여, 너는 어떻게 생각하느냐? 이 장자가 여러 아들에게 훌륭한 보배의 큰 수레를 준 것을 어찌 허망하다 하겠느냐?"

2절 　사리불이 말하였습니다.

3절

1행 　"아니옵니다, 세존이시여. 이 장자가 단지 여러 아들로 하여금 화재를 면하고 온전히 그 목숨만을 보전하게 하였더라도 허망한 것이 아니옵니다.

2행 　"왜냐하면 만약에 온전히 목숨만 보전한 것도 이미 훌륭한 장난감을 얻은 것 이상이었거늘, 하물며 다시 방편으로써 그 불붙은 집에서 구제함이오리까."

3행 　"세존이시여, 만일 이 장자가 가장 작은 수레 하나를 주지 아니하였다 하더라도 오히려 허망하다 할 수가 없습니다."

4행 　"왜냐하면 이 장자가 처음에 생각하기를 내가 방편으로써 이 아이들로 하여금 나오게 하리라 한 것이오니, 이와 같은 인연으로 허망함이 없사온데, 어찌 하물며 장자가 자기의 재물이 헤아릴 수 없음을 알고 여러 아들들을 이롭게 하려고 똑같이 큰 수레를 나누어 줌이겠습니까."

9장

1절 　부처님께서 사리불에게 말씀하셨습니다.

2절

1행 　"착하고, 착하구나, 네가 말한 바와 같느니라."

2행 　"사리불이여, 여래도 또한 다시 그와 같아서, 곧 모든 세상의 아버지이므로, 모든 공포와 두려움과 쇠잔하고 시끄러움과 근심 걱정과 무명과 어두움이 영원히 다하여 남음이 없느니라."

3행 "헤아릴 수 없는 지견과 힘과 두려움 없음을 모두 성취하고, 큰 신통력과 지혜의 힘이 있으며, 방편으로 지혜 바라밀다와 대자대비를 모두 구족하여, 언제나 게으르지 아니하고 항상 착한 일을 구하여 일체를 이롭게 하는 것이니라."

4행 "삼계의 낡고 썩은 불붙은 집에 나서 중생들의 나고 늙고 병들고 죽고 근심하고 슬퍼하고 괴로워함과 어리석고 우매한 세 가지 독의 불에서 건지고 교화하여 위없이 높고 바른 완전한 깨달음을 얻게 하려는 것이니라."

5행 "모든 중생들을 보니 태어남, 늙음, 병듦, 죽음, 근심, 슬픔, 괴로움 등의 불에 타고 있으며, 또한 다섯 가지의 욕망과 재물의 이익을 위하여 가지가지 고통을 받느니라."

6행 "또 탐착하고 끝없이 구하므로 현세에서 온갖 고통을 받으며, 나중에는 지옥, 축생, 아귀의 괴로움을 받기도 하고, 만약에 천상이나 인간에 나더라도 빈궁하여 고생스러우며, 사랑하는 사람을 여의는 괴로움, 미워하는 사람을 만나는 괴로움 등이니라."

7행 "이와같이 중생들은 가지가지 많은 괴로움의 그 가운데 빠져서 있으면서도 즐겁게 뛰어놀며 깨닫지도 못하고 알지도 못하고, 놀라지도 아니하고 무서워하지도 않으며, 또한 싫어함을 일으키지도 아니하고 해탈을 구하지도 않으며, 이 삼계의 불타는 집에서 동서로 뛰어다니면서 비록 큰 고통을 만나고도 걱정을 하지 아니하느니라."

8행 "사리불이여, 부처님께서 이런 것을 보시고 곧 이렇게 생각하였느니라."

9행 "나는 중생들의 아버지가 되었으니, 응당 그 괴로움과 어려움에서 건져내어 헤아릴 수 없고 끝이 없는 부처의 지혜의 즐거움을 주어 그들로 하여금 기쁘게 살게 하리라.'"

10행 "사리불이여, 여래는 거듭하여 이와같이 생각하였느니라."

11행 "'내가 만일 단지 신통의 힘과 지혜의 힘만으로, 방편을 버리고 여러 중생들에게 여래의 지견의 힘과 두려움 없음만을 찬탄하면, 이 중생들은 능히 이것으로는 제도됨을 얻지 못하리라.'"

12행 "'그 까닭이 무엇인가 하면, 이 여러 중생들이 나고, 늙고, 병들고, 죽고, 근심하고, 슬퍼하고, 괴로워함을 면치 못하여 삼계의 불타는 집에서 불타게 될 것이기 때문이다. 어찌하여 능히 부처의 지혜를 이해할 수 있겠는가!'"

13행 "사리불이여, 마치 저 장자가 비록 몸과 손에 큰 힘이 있지마는, 그것을 쓰지 아니하고, 다만 은근하게 방편으로써 여러 아들들을 불타는 집의 어려운 곳에서 건져 낸 뒤에 각기 훌륭하고 보배로운 큰 수레를 준 것과 같이. 여래도 또한 다시 그와 같아서 비록 힘과 두려움 없음이 있지마는 쓰지 아니하고, 다만 지혜와 방편으로써 삼계의 불타는 집에서 중생들을 건져내기 위하여 성문, 벽지불, 일불승 등 삼승을 말하시면서 이렇게 말씀하셨느니라."

14행 "너희들은 이 삼계의 불타는 집을 좋아하거나 머물기를 하지 말 것이며, 변변치 않은 빛깔, 소리, 냄새, 맛, 닿음을 탐하지 말라. 만일 탐내고 집착하여 탐욕을 일으키면 곧 불타는 바가 될 것이니라."

15행 "너희가 이 삼계에서 신속히 나오면, 마땅히 삼승인 성문승, 벽지불승, 일불승을 얻으리라. 내가 지금 너희에게 이 일을 책임지고 보증하노니, 결코 허망하지 아니하느니라. 너희들은 다만 마땅히 부지런히 정진하여라."

16행 "여래는 이와같이 방편으로 중생들을 달래어 나오게 하고서 거듭하여 이와같이 말씀하시었느니라."

17행 "'너희는 마땅히 알아라. 이 삼승의 법은 모두 성인들의 칭찬하고 찬탄하는 바로서, 자유자재하여 속박이 없고 의지하여 구할 바도 없나니, 이 삼승을 타면 번뇌가 없는 오근과, 오력과, 칠각지와, 팔정도와, 선정과, 해탈과, 삼매 등을 스스로 즐기면서 헤아릴 수 없이 편안하고 쾌락함을 얻게 될 것이니라.'"

18행 "사리불이여, 만약 어떤 중생들이 안으로 지혜의 성품이 있으면서 부처님 세존을 따라서 법을 듣고 믿고 받아들여, 부지런히 정진하여 삼계에서 신속히 벗어나고자 스스로 위없는 깨달음을 구하는 사람은 이름하여 성문승이니, 저 여러 아들들이 양을 메운 수레를 가지려고 불타는 집에서 뛰쳐나옴과 같느니라."

19행 "만약 어떠한 중생들이 부처님 세존의 법을 듣고 믿고 받아들여 부지런히 정진하여, 자연스럽게 지혜를 구하여 혼자 있기를 좋아하고, 고요한 곳을 즐기며, 모든 법의 인연을 깊이 알면, 이름하여 벽지불승이라 하나니 저 여러 아들들이 사슴을 메운 수레를 가지려고 불타는 집에서 뛰쳐나옴과 같느니라."

20행 "만약 어떠한 중생들이, 부처님 세존을 따라서 법을 듣고 믿고 받아들여 부지런히 정진하여 일체의 지혜와 부처님의 지혜와 저절로 생겨나는 지혜와 스승에게 깨달은 지혜와 여래의 지견과 힘과 두려움 없음을 구하고, 헤아릴 수 없는 중생들을 가엾이 여기어 안락하게 하며, 천상천하의 사람들을 이롭게 하며, 일체를 제도하여 해탈케 하면 이를 이름하여 대승보살이라 하며, 대승을 구하는 까닭으로 이름하여 마하살이라 하나니, 저 여러 아들들이 소를 메운 수레를 가지려고 불타는 집에서 뛰쳐나옴과 같느니라."

21행 "사리불이여, 마치 저 장자가 여러 아들들이 불타는 집에서 무사히 나와 두려움이 없는 곳에 이르렀음을 보고, 자기의 재산이 헤아릴 수 없음을 생각하여 평등하게 큰 수레를 모든 아들들에게 준 것과 같이, 여래도 또한 다시 이와 같아서 모든 중생들의 아버지인지라, 만약 헤아릴 수 없는 억천 중생들이 부처님 가르침의 문으로 삼계의 괴롭고, 두렵고, 무서운 험난한 길에서 벗어나서 위없는 깨달음을 얻었음을 보고는 여래께서는 이때에 문득 생각하였느니라."

22행 "'나는 헤아릴 수 없이 크고 넓은 지혜와 힘과 두려움 없는 등의 여러 부처님 법의 장을 가지고 있다. 이 모든 중생들은 모두 나의 아들들이니, 평등하게 대승을 주어 한 사람이라도 단지 모든 번뇌의 얽매임에서 벗어남을 얻게 하지는 아니하고, 모두가 여래의 모든 번뇌의 얽매임에서 벗어나게 하는 것으로써, 모두 다 번뇌의 얽매임에서 벗어남을 얻게 하리라.'"

23행 "이 삼계를 벗어난 모든 중생들에게 모든 부처님의 선정과 해탈 등의 장난감을 모두 다 주었느니라. 모두 다 이것은 한 모양 한 종류로 성인들의 칭찬하고 찬탄하는 바이어서 능히 청정하고 미묘한 제일의 즐거움을 낳는 것이니라."

24행 "사리불이여, 저 장자가 처음에 세 가지의 수레로 모든 아들을 달래어 나오게 하고, 뒤에 단지 보물로 장엄한 편안하고 제일가는 큰 수레를 주었으나, 연하여 저 장자에게 허망의 허물이 없는 것과 같이 여래도 또한 허망함이 없느니라."

25행 "처음에는 성문 연각 보살의 삼승을 설하여 중생들을 인도하고 후에는 다만 대승으로 제도하여 해탈하게 하느니라."

26행 "왜냐하면 여래에게는 헤아릴 수 없는 지혜의 힘과 두려움 없는 여러 법의 장이 있어 능히 모든 중생들에게 대승의 법을 줄 수 있지마는 다만 능히 모두 받아들이지 못하기 때문이니라."

27행 "사리불이여, 이와 같은 인연으로 마땅히 많은 부처님께서 방편의 힘으로써 일불승에서 분별하여 성문 연각 보살의 삼승을 말한 줄을 알아야 하느니라."

10장

1절 부처님께서 거듭 이 뜻을 펴시려고 게송으로 말씀하셨습니다.

2절 비유하면 어떤 장자가
하나의 큰 저택을 가졌는데
그 집이 오래 되었으므로
거듭하여 낡고, 퇴락하였느니라.

3절 집들은 높고 위태로우며
기둥뿌리는 부서지고 썩었으며

대들보는 기울어지고
축대들도 기울고 허물어졌느니라.
4절 벽과 담도 무너지고 허물어지고
발랐던 흙도 부서지고 떨어지고
덮은 이엉은 어지럽게 부서지고
서까래는 어긋나고 빠졌느니라.
5절 담장은 구부러지고,
가지가지 더러움은 가득한데
오백여 명 사람들이
그 가운데 살고 있었느니라.
6절 올빼미와 독수리
까마귀와 까치, 산과 집의 비둘기
뱀과 독사, 살무사와 전갈
지네들과 그리마가 가득 하였느니라.
7절 도마뱀과 노래기와
족제비와 살쾡이와 새앙쥐
여러 가지 나쁜 벌레 무리들이
교차해서 이리저리 뛰어다녔느니라.
8절 똥과 오줌이 구린내 나는 곳에
더러운 것 가득한데
쇠똥구리 벌레들이
그 위에 모여 있었느니라.
9절 여우, 이리, 야생 들개들은

주워 먹고 밟고 뛰며
죽은 송장 씹고 쏠아서
뼈와 살이 낭자하였느니라.

10절 이런 곳에 무리 지은 개들이
막 치고 끌고 당기고
주리고 배고파서 당황하여
곳곳에서 먹을 것을 구하였느니라.

11절 싸우고 다투며 밀고 당기며
물고 싸우며 울부짖어 대니
그 집안의 공포스러운
재앙들의 모습이 이와 같았느니라.

12절 이곳저곳 모든 곳마다
도깨비, 망량귀와
야차들과 나쁜 귀신 등이
송장을 씹어 먹었느니라.

13절 악독한 벌레의 무리들과
모든 사나운 짐승들이
알을 까고 새끼 쳐서
각각 스스로 감추고 보호하였느니라.

14절 야차들이 경쟁하여 몰려와서
앞을 다퉈 빼앗아 잡아먹고
먹고 나서 배부르면
악한 마음이 더욱더 치성하였느니라.

107

15절 다투고 싸우는 소리
심히 한이 없이 무섭고
구반다 귀신들은
흙더미에 웅크리고 앉아 있었느니라.

16절 어떠한 때에는 땅 위에서
한 자, 두 자 솟아 뛰고
오고 가며 뒹굴면서
제멋대로 장난하고 즐겼느니라.

17절 개의 두 발을 붙잡고는
둘러쳐서 소리를 내지 못하고
다리로 목을 눌러
개가 겁내하는 것을 스스로 즐기었느니라.

18절 거듭하여 여러 귀신들이 있는데
그 몸이 장대하고
검고 야윈 헐벗은 몸이
항상 그 가운데 머물러 있었느니라.

19절 큰 소리로 악을 쓰며
먹을 것을 구하고
거듭하여 여러 아귀들이 있는데
그 목구멍이 바늘과 같았느니라.

20절 거듭하여 여러 귀신들이 있으니
머리가 소의 머리 같고
혹은 사람의 살을 뜯어먹고

혹은 거듭하여 개도 잡아먹었느니라.

21절 머리털은 헝클어져
생긴 모양이 흉악하며
굶주림과 목마름이 극심하여
울부짖고 뛰어다녔느니라.

22절 야차와 아귀들과
여러 사나운 새들과 짐승들이
굶주려서 황급히 네 방향으로 다니었느니라.

23절 창틈으로 엿보니
이와같이 많은 재난들이
무섭고 두려운 일이 헤아릴 수 없었느니라.

24절 이렇게 낡은 집을
한 사람이 가졌느니라.
그 사람이 가까운 곳에 나간 지
오래지 아니하여서
그 후에 집에서
홀연히 불이 일어났느니라.

25절 사면으로 한꺼번에
그 불길이 맹렬하여
대들보와 기둥, 서까래가
튀는 소리가 진동하였느니라.

26절 꺾어지고 떨어지며
담과 벽이 무너지니

모든 귀신들은

큰 소리를 드러내어 울부짖었느니라.

27절 독수리와 여러 새들

구반다들은

두루 무섭고 두렵고 놀라서

능히 스스로 빠져나올 줄을 몰랐느니라.

28절 나쁜 짐승, 독한 벌레

구멍 속으로 숨어 들고

비사사 귀신들도

또한 그 가운데 머물렀느니라.

29절 복과 덕이 없는 까닭으로

불길에 쫓기면서

서로서로 잡아 죽여

살을 씹고 피를 빨아 먹었느니라.

30절 야생의 들개 무리들은

앞서 이미 죽었는데

많은 크고 악한 짐승들이

다투어 몰려와서 뜯어 먹었느니라.

31절 매운 연기 자욱하여

가는 곳마다 가득하고

지네와 그리마며

독사의 무리들이 있었느니라.

32절 뜨거운 불에 타서

앞다투어 구멍에서 나오면
구반다 귀신들이
나오는 대로 주워 먹었느니라.

33절 또 모든 아귀들은
머리 위에 불이 붙어
굶주리고 목마르고 뜨겁고 괴로워서
황급하게 달아났느니라.

34절 그 큰 집이 이와같이
매우 두렵고 무서우며
독한 재앙, 성난 불길
여러 재난 한이 없었느니라.

35절 이때에 이 집 주인이
대문 밖에 서 있으니
어떤 사람이 말하기를
당신의 여러 아들들이
장난을 좋아하는 인연으로
먼저 이 집안에 들어갔으며
어린 아이들이 알지를 못하여
노는 데만 즐기고 애착하고 있습니다.

36절 장자가 이 말을 듣고
놀라서 불타는 집에 뛰어들어
방편으로 구해 내어
불에 타서 죽지 않게 하려 하였느니라.

37절 여러 아들들에게 타일러 말하고
모든 환난 이야기하는데
나쁜 귀신 독한 벌레 있고
화재는 번져 가고 있었느니라.

38절 여러 가지 괴로운 일 차례대로
계속하여 이어져 끊어지지 아니하고
독사, 전갈, 살무사와
그리고 여러 가지 야차들이었느니라.

39절 구반다 귀신이며
야생 들개와 여우와
부엉이, 독수리와 올빼미
노래기와 권속들이었느니라.

40절 굶주리고 목이 마르고, 괴롭고, 황급하여
매우 가히, 무섭고 두려움의
이런 고통의 난리 속에
하물며 거듭하여 큰불까지 났느니라.

41절 여러 지혜가 없는 아들들은
비록 아버지의 부르는 말을 들었으나
오히려 노는 데만 집착하여
즐거이 희롱하며 놀아, 나오지 아니하였느니라.

42절 이때에 장자는
이런 생각 다시 하였느니라.
모든 아이들이 이와 같으니

나의 근심이 더하는구나!.

43절 이제 이 집에서는
더하여 즐거울 것이 없건마는
모든 아들들은
장난하며 즐겁게 노는 데만 **빠져있구나!**

44절 나의 말을 듣지 아니하니
장차 불에 타고 말 것이로다.
곧 이렇게 사유하고
여러 방편을 말하였느니라.

45절 여러 아들들에게 말하기를
'나에게는 여러 가지가 있나니
진기한 보배로 만들어진 장난감
묘한 보배로 된 좋은 수레가 있느니라.

46절 양이 끄는 수레, 사슴이 끄는 수레
큰 소가 끄는 수레들이
지금 대문 밖에 있으니
너희들은 속히 나오너라.
내가 너희들을 위하여서
이러한 수레를 만들었으니
마음대로 즐기고
가히 즐겁게 놀아라.'

47절 모든 아들들이 이러한
많은 수레가 있다는 말을 듣고

즉시 몹시 다투어 밀치면서
달려서 뛰쳐나왔느니라.

48절 빈 언덕에 이르니
모든 괴로움과 어려움을 벗어났으며
장자는 아들들이
불타는 집에서 빠져나옴을 보았느니라.

49절 네거리에 머물러
사자좌에서 앉아
스스로 기뻐하며 말하기를
'나는 이제 통쾌하게 즐거웁구나.'

50절 이 많은 아들들을
낳아서 매우 어렵게 길렀는데
어리석고 지혜가 적어
위험한 집에 들었었느니라.

51절 여러 가지 독한 벌레들과
도깨비 같은 무서운 것이 많은데
크고 맹렬한 불길마저
사면에서 솟아올랐었느니라.

52절 이 여러 아이들이
장난치고 즐거움에 빠져
내가 이제 구하여
어려움에서 벗어남을 얻었느니라.

114 53절 이러한 까닭에 여러 아들들이여,

나는 참으로 즐거우니라.

이때에 여러 아들들이

아버지가 편안하게 앉아 있는 것을 알았느니라.

54절 모두 다 아버지께 나아가서

아버지께 말씀을 드렸느니라.

'원하건대 저희에게 좋은

세 가지의 보물 수레를

조금 전에 들어준다는 바대로

모든 아들들이 나오면

마땅히 세 가지 수레를

너희들이 원하는 바에 따라 주리라 하였습니다.

지금이 바로 그때이오니

오직 베풀어서 나누어 주시옵소서.'

55절 장자는 재산이 많아

창고에 저장해 놓은 것도 많았으니

금과 은과 유리와

자거와 마노 등

이러한 여러 가지 보물들을

여러 개의 큰 수레에 담았느니라.

56절 장식도 훌륭하여

주위에는 난간이고

사면에는 방울을 달고

황금 줄로 얽었느니라.

57절 진주로 만든 그물이
그 위에 덮여 있고
금빛 꽃과 여러 영락이
곳곳마다 드리워 있었느니라.

58절 여러 가지 색깔들의 장식품을
두루 한 바퀴 에워싸 둘렀으며
부드럽고 연한 비단 보료를
자리 삼아 깔아 놓았느니라.

59절 최고로 뛰어난 가는 털로
가치가 천억으로써
곱고, 깨끗하고, 맑고, 깔끔한
그 위에 덮었느니라.

60절 크고 흰 소가
살찌고 기운이 세고
몸이 아름답고 잘생겼으며
보배의 수레에다 멍에를 메웠느니라.

61절 많은 마부와 하인들이
받들어 호위하였으며
이와 같은 묘한 수레들은
모든 아들에게 균등하게 주었느니라.

62절 모든 아들들이 이때에
뛸 듯이 환희하여
이 보배 수레를 타고

사방으로 달리니
희희낙락 쾌활하게 즐기면서
자유로이 걸림이 없었느니라.

63절 사리불에게 말하노라.
나도 또한 그와 같아서
성인 가운데 가장 높고
온 세간의 아버지이며
일체 중생들이
모두 나의 아들이니라.

64절 세상의 쾌락에 깊이 빠져
지혜로운 마음이 없으며
삼계가 편안하지 않은 것이
마치 불타는 집과 같음이라.
모든 고통이 가득하여
매우 무섭고 두려우니라.

65절 항상 태어나고 늙고
병들고 죽는 근심 걱정이 있음이라.
이와 같은 불길들이
쉼없이 맹렬하게 타고 있느니라.

66절 여래는 이미
삼계의 불타는 집에서 벗어나서
고요하고 한가롭게
편안한 산림 속에 있느니라.

67절 지금 이 삼계가
모두 다 나의 것이니라.
그 가운데 있는 중생들
모두 나의 아들들이니라
지금 이곳에
여러 환난이 많으니라.

68절 오직 나 한 사람만이
능히 구원하고 보호할 수 있으므로
비록 거듭하여 가르쳐 지도하지만
믿어 받지 아니하느니라.

69절 여러 가지 욕망에 물들어
깊이 탐착하는 까닭으로
이러한 방편을 내어서
삼승의 법을 말하는 것이니라.

70절 여러 중생들로 하여금
삼계의 고통을 알게 하여서
가르치고 타이름을 펼쳐서 말하여
세간의 길에서 나오게 하는 것이니라.

71절 이 모든 아들들이
만약 마음이 결정되면
숙명, 천안, 누진을 구족함과
또 여섯 가지의 신통과
어떠한 연각이나

물러남이 없는 보살을 얻을 것이니라.

72절 사리불아,
나는 중생들을 위하여서
이러한 비유로써
일불승을 말하여 주느니라.

73절 너희들이 만약 능히
이 말을 믿고 수행하면
일체 모두 다 마땅히
부처님의 도 이룸을 얻을 것이니라.

74절 이 일승 법이 미묘하고
제일로 청정하여,
모든 세간에서
위없는 것은 없느니라.

75절 부처님도 기뻐하는 바이니
일체 중생들은
응당 칭찬하고
공양하고 예배하여야 할 것이니라.

76절 헤아릴 수 없는 억천 가지
모든 힘과 해탈법과
선정과 지혜와
또 부처님의 남은 법이니라.

77절 이와 같은 일불승을 얻어서
모든 아들들로 하여금

밤과 낮의 오랜 세월 동안
항상 유희하게 하느니라.

78절　더불어 많은 보살 마하살과
또 성문 대중들을
이러한 보배 수레를 타고
곧장 도량에 이르게 하느니라.

79절　이러한 인연으로
시방 세계에 살피어 구하여도
부처님 방편을 제하고는
다른　승은 없느니라.

80절　사리불에게 말하노니
너희 모든 사람들은
모두 나의 아들이요
나는 곧 아버지이니라.

81절　너희들이 오랜 겁 동안에
많은 괴로움의 불에 타고 있는 것을
내가 모두 제도하여
삼계에서 벗어나게 하려는 것이니라.

82절　내가 비록 먼저 말하기를
너희에게 세상을 떠났다 하였으나
단지 태어나고 죽음을 다했을 뿐
실로는 세상을 떠난 것이 아니었느니라.
이제 응당 지을 것은

오직 부처님의 지혜뿐이니라.

83절 만일 어떤 보살이
이 대중 가운데서
능히 일심으로
모든 진실한 부처님법 들으면
여러 부처님 세존께서
비록 방편을 썼어도
교화 받은 중생들은
모두 다 보살이니라.

84절 만약 어떤 사람이 지혜가 적어
애욕에 깊이 집착하면
이들을 위하는 까닭으로
괴로움의 진리를 말하느니라.

85절 중생들은 마음으로 환희하여
일찍이 있지 않았던 것을 얻나니
부처님께서 말씀하시는 괴로움의 진리는
진실이며 틀림이 없느니라.

86절 만약 어떠한 중생들이
괴로움의 근본을 알지 못하고
깊이 괴로움의 인연에 집착하여
능히 잠시라도 버리지 못하면
이들을 위하는 까닭으로
방편으로써 도를 말씀하시느니라.

87절 모든 괴로움의 원인인

탐욕의 근본이 되는

탐욕을 만약 멸한다면

의지할 바가 없어지니.

모든 괴로움을 모두 다 멸하게 되는 것이니

이름하여 세 번째 진리라 하느니라.

88절 멸함을 위하는 까닭으로

도를 닦고 행함이라.

모든 괴로움의 속박에서 벗어남을

이름하여 해탈을 얻었다고 하느니라.

89절 이 사람이 어찌하여

해탈을 얻었다 하는가?

다만 허망한 것에서 벗어난 것을

이름하여 해탈하였다 함이니라.

90절 그 참으로는

일체의 해탈을 얻은 것이 아니므로

부처님께서 말씀하시기를 이 사람이

진실로 모든 번뇌를 남김없이 소멸한 깨달음이 아니

니라.

91절 이 사람은 아직

위없는 도를 얻지 못한 까닭으로

내가 생각하기를 모든 번뇌를 남김없이 소멸한 깨달

음에

이르렀다고 하지 않느니라.

92절 나는 법왕이 되어
모든 법에 자유자재하여
중생들을 조용하고 편안하게 하려고
이 세상에 온 것이니라.

93절 그대 사리불아,
내가 설한 이 일어남이 없는 법의 자리는
세간에 이익을 주려는
까닭에 말하는 것이니라.

94절 이곳 저곳에서
함부로 전하거나 알리지 말라.
만약 어떤 이가 이 법을 듣고
기쁜 마음으로 바르게 지니면
마땅히 알아라. 이 사람은
물러나지 않은 자리를 얻게 될 것이니라.

95절 만일 이 경의 법을 믿고
받아들이는 자가 있다면
이 사람은 이미 일찍이
과거에 부처님을 만나 뵙고
공경하고 공양하며
또한 이 법까지 들었음이라.

96절 만일 어떤 사람이 능히
내가 말하는 바를 믿는다면

곧 나를 보는 것이 되며
또한 너를 보는 것이 되며
또 비구승들과
아울러 여러 보살들을 보는 것이니라.

97절 이 법화경은
깊은 지혜를 말하는 것이 되는 것이니
식견이 좁은 이가 듣게 되면
미혹하여 이해하지 못하느니라.

98절 일체 성문과
또 벽지불은
이 법화경 가운데에서는
다다를 힘이 없느니라.

99절 그대 사리불도
오히려 이 법화경을
믿는 마음을 가지고서야 들었거늘
하물며 나머지 성문들에 있어서랴.

100절 그 나머지 성문들도
부처님의 말씀을 믿는 까닭으로
순수하게 이 법화경을 따른 것이지
자신의 지혜로 분별이 된 것은 아니니라.

101절 또 사리불이여,
교만하고 게으르고
'나'라는 소견이 있는 자에게는

이 법화경을 말하지 말아라.
102절 범부의 얕은 소견으로는
다섯 가지 욕락에만 깊이 집착하여
들어도 능히 이해하지 못하나니
또한 위하여 말하지 말아라.
103절 만약 사람이 믿지 아니하고
이 법화경을 헐뜯고 비방하면
곧 일체 세간에
부처의 종자가 끊어지게 됨이니라.
104절 혹은 얼굴을 찌푸리거나 찡그리고
의혹심을 품게 되면
이 사람이 받는 죄보에 대하여
너희에게 마땅히 말할 테니 들어라.
105절 만약 부처님께서 세상에 계실 때에나
혹은 세상을 떠나신 후에라도
이 경전을 잠깐만이라도
비방함이 있거나
이 법화경을 읽거나 외우거나
쓰거나 지니는 사람을 보고는
가볍게 천대하고 미워하고 질투하며
원수같이 생각하면
이 사람이 받는 죄의 과보를
너희들은 이제 거듭하여 잘 들어야 하느니라.

106절 그 사람은 죽은 뒤에
아비지옥에 들어가서
한 겁을 모두 채우고
겁이 다하면 다시 태어날 것이니라.

107절 이와같이 전전하며
무수한 겁을 지내다가
지옥을 나와서는
마땅히 축생의 길에 떨어질 것이니라.

108절 혹은 개도 되고 들개도 되어
그 모양 바싹 마르고
빛깔은 새까맣게 되어 가는 데마다 발에 채이며
사람에 미움받고 천대받게 될 것이니라.

109절 또 거듭하여 사람들이
미워하고 천하게 여기고
항상 지치고 굶주리고 목마르고
뼈와 살이 마르고 부서질 것이니라.

110절 살아서는 가시나무에 찔리는 고초를 받고
죽은 후엔 돌무덤에 묻히리니
부처의 종자를 끊은 까닭에
이러한 죄의 과보를 받게 될 것이니라.

111절 어느 때는 낙타가 되기도 하고
혹은 당나귀로 태어나면서
몸에는 항상 무거운 짐을 짊어지고

더욱더 많은 채찍을 맞을 것이니라.

112절 다만 물과 풀만 생각할 뿐
다른 것은 알지 못하나니
이 법화경을 비방한 까닭으로
이와 같은 죄를 받는 것이니라.

113절 어떤때는 들개로 태어나서
마을에 들어오면
몸은 헐어서 썩어들고
또 한 눈은 애꾸 될 것이며
여러 어린아이들의
발에 채이고 매에 맞아
갖은 고통을 다 받다가
필경에는 죽음에 이르게 될 것이니라.

114절 이러한 죽은 후에는
다시 구렁이의 몸을 받아
그 형상이 길고 커서
오백 유순이나 될 것이니라.

115절 귀도 없고 발도 없어
굼틀굼틀 기어가면
온갖 작은 벌레들에게
빨리고 잡아먹힐 것이니라.

116절 밤낮으로 받는 고통이
잠깐도 쉼이 없으니

이 법화경을 비방한 까닭으로
이와 같은 죄를 받는 것이니라.

117절 만일 사람이 되었더라도
모든 감각 기관이 어리석고 우둔하여
앉은뱅이, 곰배팔이
소경, 귀머거리, 곱사등이가 될 것이니라.

118절 어떠한 말을 하더라도
사람들이 믿지 아니하고
입에서는 항상 나쁜 냄새가 나고
귀신들이 따라 붙을 것이니라.

119절 가난하고 궁하고 하천하며
가는 데마다 심부름꾼이 되며
병이 많고 바짝 말라
의지하고 믿을 곳이 없을 것이니라.

120절 비록 다른 이에게 친하려 하나
사람들이 마음을 주지 않으며
만약 무엇을 얻은 바가 있거나
찾아도 다시 잊거나 잃어버릴 것이니라.

121절 만약 의술을 닦아 배워
방법대로 병을 치료해도
다른 병이 더하거나
혹은 실수로 죽게 될 것이니라.

122절 만약 자기가 병이 있을 적엔

구호하고 치료하여 줄 사람도 없고
설령 좋은 약을 먹더라도
다시 병이 더욱 악화될 것이니라.

123절 만약 다른 이의 역적 도모와
노략질과 도둑질의
이와 같은 죄 등에
뜻밖의 재앙을 당할 것이니라.

124절 이와 같은 죄인들은
오래도록 부처님을 뵙지 못하며
성인 가운데 왕이신 부처님께서
설법하고 교화를 하여도
이와 같은 죄 많은 이 사람은
항상 어려운 곳에 태어나며
귀먹고 마음이 심란하여
오래도록 법을 듣지 못할 것이니라.

125절 황하의 모래알과 같이
헤아릴 수 없는 겁 동안에
태어날 때마다 귀머거리와 벙어리가 되고
모든 몸이 불구가 될 것이니라.

126절 항상 지옥에 있는 것이
공원에서 노니는 것과 같으며
나쁜 갈래 드나드는 것이
자기 집 안방과 같을 것이니라.

127절 낙타 당나귀 돼지 개들이
     그러한 곳을 가는 곳인데
     이 법화경을 비방한 까닭으로
     이와 같은 죄를 얻는 것이니라.

128절 만약 사람의 몸을 얻는다 하더라도
     귀머거리와 소경과 벙어리가 되며
     가난하고 모든 것이 쇠약하여
     스스로를 장엄하게 될 것이니라.

129절 물집과 부스럼과 소갈증에다
     옴, 문둥병, 등창 등
     이와 같은 여러 가지의 병들을
     옷을 삼게 될 것이니라.

130절 몸은 항상 더러운 곳에 머물러
     때가 묻고 더러워 깨끗하지 않으며
     깊이 '나'라는 소견에 집착하여
     성내는 일 더욱 많을 것이니라.

131절 음욕이 치성하여
     새와 짐승과 다르지 아니하니
     이 법화경을 비방한 까닭으로
     이와 같은 죄를 받을 것이니라.

132절 사리불에게 이르노니
     이 법화경을 비방한 자의
     만일 이러한 죄를 다 말하려면

한 겁을 다하여도 끝이 없을 것이니라.

133절 이러한 인연으로

나는 너에게 말하노니

지혜 없는 사람 가운데서는

이 법화경을 말하여 주지 말아야 할 것이니라.

134절 만약 근기가 예리하거나

지혜롭거나 분명히 알거나

많이 들었거나 지식이 뛰어나서

부처님의 도를 구하는 자가 있다면

이와 같은 사람에게는

이에 가히 말하여 주어라.

135절 만약 일찍이

백천만억 부처님을 친견하여서

많은 선한 근본을 심었고

깊이 마음이 견고하다면

이와 같은 사람에게는

이에 가히 설하여 주어라.

136절 만약 사람이 정진을 하고

항상 자비의 마음을 닦아

몸과 목숨을 아끼지 않는다면

이에 가히 설하여 주어라.

137절 만약 사람이 공경을 하고

다른 마음이 있지 않으며

모든 범부의 어리석음을 떠나
홀로 산이나 연못가에 산다면
이와 같은 사람에게는
이에 가히 설하여 주어라.

138절 또 사리불이여!
만약 어떤 사람을 보되
나쁜 가르침을 버리고
착한 벗을 친하고 가까이하면
이와 같은 사람에게는
이에 가히 설하여 주어라.

139절 만약 부처님 제자를 보되
계율을 지키고 청정하게 하기를
깨끗하고 밝은 구슬과 같이하여
대승경을 구하면
이와 같은 사람에게는
이에 가히 설하여 주어라.

140절 만약 사람이 성내지 아니하고
참되고 속임이 없으며 부드럽고 연하여
항상 일체를 연민하고
모든 부처님을 공경하면
이와 같은 사람에게는
이에 가히 설하여 주어라.

141절 거듭하여, 어떤 부처님 제자가

여러 대중들 가운데서
깨끗한 마음으로
가지가지 인연과
비유와 좋은 언변으로
걸림 없이 법을 말한다면
이와 같은 사람에게는
이에 가히 설하여 주어라.

142절 만일 어떤 비구가
일체의 지혜를 얻으려고
사방으로 법을 구하여
합장하고 정대하고 받아들여
다만 대승 경전만을
받들어 지니기를 좋아하고
이에 다른 외도의 경은 한 게송도
받아 지니지 아니하거든
이와 같은 사람에게는
이에 가히 설하여 주어라.

143절 어떤 사람이 지극한 마음으로
부처님의 사리를 구하듯이
이와같이 대승 경전을 구하여
얻은 후에는 정대하고 받아들이며
그 사람이 다른 외도의 경에는
뜻도 두지 아니하며

또한 일찍이 외도의
서적들은 생각지도 아니하면
이와 같은 사람에게는
이에 가히 설하여 주어라

144절 사리불에게 말하노라.
내가 이와 같은 모양으로 말하여도
부처의 도를 구하는 자는
무량겁에도 다하지 못할 것이니라.

145절 이와 같은 사람은
곧 능히 이해하고 믿을 것이리니
너희들에게 마땅히
묘법연화경을 말하는 것이니라.

묘법연화경 妙法蓮華經

제2권 第二卷

4 신해품 四 信解品

1절 이때 지혜제일 수보리와 마하가전연과 마하가섭과 마하목건련이 부처님에게서 일찍이 있지 않았던 법을 들었으며 세존께서 사리불에게 위없이 높고 바른 완전한 깨달음의 수기를 주셨습니다.

2절 희유한 마음을 일으켜 기뻐서 뛰며 곧 자리에서 일어나 옷을 바르게 하고 오른쪽 어깨를 드러내고 오른쪽 무릎을 땅에 대고 일심으로 합장하고 허리를 굽혀서 공경하고 존경스런 얼굴을 우러르며 부처님께 말씀을 드렸습니다.

3절

1행 "저희들은 승가의 어른으로서 늙고 쇠약해졌습니다. 스스로 생각하기를 '이미 위없는 해탈을 얻었으니 더 할 일이 없다' 하고, 다시 위없이 높고 바른 완전한 깨달음을 구하려 하지 않았습니다."

2행 "세존께서 옛날부터 법을 설하심이 이미 오래 되었지만 그때 제가 자리에 있으면서 몸이 피로하고 게을러서, 다만 비어있음, 모양 없음, 지음 없음만 생각하고, 보살의 법인 신통에 즐거워하는 것과 부처의 세계를 깨끗이 함과 중생들을 성취하는 일은 마음에 즐거워하지 않았습니다."

3행 "그 까닭이 무엇인가 하면, 세존께서는 저희로 하여금 삼계에서 벗어나 위없는 해탈의 증득을 얻게 하였지만, 또 저희들은 이미 나이 들어 늙었으므로 부처님께서 보살을 교화하시는 위없이 높고 바른 완전한 깨달음에 대해서 한 생각도 좋아하거나 기뻐하는 마음을 일으키지 않았습니다."

4행 "저희들은 이제 부처님 앞에서 성문들에게 위없이 높고 바른 완전한 깨달음의 수기 주시는 것을 듣고 마음이 매우 기쁘고 일찍이 있지 않았던 것을 얻었으며, 생각지도 못하였는데 지금에 이르러서야 홀연히 희유한 법을 얻어 들었으니, 매우 경사스럽고 행복한 일이고 큰 이익을 얻게 되었으며 헤아릴 수 없는 보배를 구하지 않았는데 저절로 얻었습니다."

2장――두 번째 비유, 가난한 아들의 비유

1절

1행 "세존이시여, 제가 이제 좋은 말로 비유로써 이 뜻을 밝히겠습니다."

2행 "비유하자면 만약 어떤 사람이 어린 시절에 아버지를 버리고 도망하여 가출하여 다른 타향에서 오래 살면서 혹은 십 년 이십 년 내지 오십 년을 지냈습니다. 나이가 들어서도 더욱 거듭하여 가난하고 곤궁하여 이곳저곳 바삐 사방으로 돌아다니면서 옷과 음식을 구하기 위하여 차츰차츰 다니다가 우연히 본국으로 향하였습니다."

3행 "그의 아버지는 먼저 와서 아들을 찾다가 찾지 못하고 중간에 한 성에서 머물러 살았는데 그 집이 대단히 부유하여 재물이 헤아릴 수 없는데, 금, 은, 유리, 산호, 호박, 파리, 진주들이 그의 모든 창고마다 가득 찼습니다."

4행 "하인과 종과 청지기, 관리인들이 많이 있고, 코끼리, 말, 수레, 소, 양이 헤아릴 수 없으며, 들이고 나감에 따라 생기는 이익이 다른 나라에까지 미치어 장사하는 사람과 거간꾼들 또한 매우 많았습니다."

5행 "그때 빈궁한 아들이 여러 마을을 떠돌아다니며, 나라와 읍을 지나다가, 마침내 그의 아버지가 살고 있는 성에 이르렀습니다."

6행 "아버지는 늘 아들을 생각하며, 아들과 이별한 지가 벌써 오십 년이 되었으나, 일찍이 다른 이에게는 이와 같은 일을 말하지 않았고, 다만 스스로 생각하여 마음 속으로 한이 맺혀 한탄하였습니다."

7행 "'스스로 생각하니 나이는 늙었고, 재산과 보물은 많아서 금, 은, 진귀한 보물이 창고에 가득하지만, 자손이 없으니, 어느 때든지 죽는다면 맡겨 부탁할 데가 없어 재산이 흩어지겠구나.'"

8행 "이리하여 몹시 애태우며 항상 그 아들을 거듭하여 생각하였습니다."

9행 "'내가 만약 아들을 만나 재물을 맡긴다면 마음이 편안해지고 즐거워져서 다시는 근심과 걱정이 없을 것이다.'하였습니다.”

10행 “세존이시여, 이때에 빈궁한 아들은 품을 팔면서 이리저리 돌아다니다가 우연히 아버지의 집에 이르렀습니다.”

11행 “문가에 서서 멀리서 그 아버지를 바라보니, 사자좌에 걸터 앉아서 보배로 만든 받침에 발을 올렸는데, 여러 바라문과 찰제리와 거사들이 모두 공경히 둘러 있었습니다.”

12행 “진주와 영락으로써 값이 천만 냥이나 되는 것으로 그 몸을 장엄하였고, 관리인과 하인들이 흰 부채를 손으로 잡고 좌우에 시위하며, 보배 휘장을 두르고 여러 꽃으로 된 깃발을 드리웠으며, 향수를 땅에 뿌리고, 여러 가지 훌륭한 꽃을 흩었으며, 보물들을 벌여 놓고 내주고 받아들이는 것과 더불어 이와 같은 가지가지가 호화롭게 장식되어 있으며, 위엄과 덕이 높고 훌륭하였습니다.”

13행 “궁한 아들은 그 아버지가 큰 세력을 가진 것을 보고는 곧 두려운 생각을 품고 여기 온 것을 후회하면서 가만이 이렇게 생각을 하였습니다.”

14행 “‘저분은 아마도 왕이거나 혹은 왕과 동등한가 보다. 내가 품을 팔아 재물을 받을 곳이 아니다. 가난한 마을을 찾아가서 땅이 있으면 힘 닿는 대로 일하고 옷과

139

밥을 쉽게 얻는 것만 같지 못하다. 만일 오래 여기에 있으면 혹여 나를 보면 붙들어다가 핍박하여 강제로 일을 시킬지도 모르는 일이다.'"

15행 "이렇게 생각을 마치고 빨리 그곳을 떠났습니다."

16행 "그때 부자인 장자는 사자좌에서 아들인 줄을 알아보고 마음이 매우 기뻐서 곧 이렇게 생각하였습니다."

17행 "'내 창고에 가득한 재산을 이제 전해 줄 데가 있구나. 내가 항상 이 아들을 생각하면서도 만날 수가 없더니, 이제 스스로 홀연히 왔으니 나의 소원을 깊이 마땅하게 이루게 되었구나. 내가 비록 늙었으나, 이런 까닭으로 욕심내고 아꼈던 것이니라'하였습니다."

18행 "곧 곁의 사람을 보내서 급히 쫓아가 데려오게 하였습니다."

19행 "이때 명을 받은 사람이 달려가서 붙잡으니, 빈궁한 아들이 깜짝 놀라며 원망하며 크게 부르짖었습니다."

20행 "'나는 아무 잘못이 없는데 어찌하여 붙잡느냐?'"

21행 "심부름꾼들은 더욱 단단히 잡고 억지로 끌고 가려고 하므로 이때에 빈궁한 아들은 스스로 생각하였습니다."

22행 "'아무런 죄도 없이 붙잡혔으니 이제 반드시 죽게 되는구나.'하였습니다."

23행 "한층 더 놀라고 두려워서 벌벌 떨다가 기절하여 땅에 쓰러졌습니다."

24행 "아버지가 멀리서 보고 심부름꾼에게 말하였습니다."

25행 "'모름지기 이 사람은 필요 없으니 억지로 데려오지 말라. 얼굴에 찬물을 뿌려 잘 깨어나게 하라. 다시는 더 말하지 말아라.'하였습니다."

26행 "그 까닭이 무엇인가 하면, 아버지는 그 아들의 의지가 하열한 것을 알고, 자기의 부귀가 아들이 거리끼는 바임을 살펴서 알아, 자기의 아들임이 분명하게 알지만 방편으로써 타인에게 자기의 아들이란 것을 말하지 않은 것입니다."

27행 "심부름꾼을 시켜서 말하였습니다."

28행 "'내가 이제 너를 놓아 줄 터이니, 마음대로 가거라.' 하였습니다."

29행 "빈궁한 아들은 일찍이 있지 않았던 환희의 기쁨을 얻어 땅에서 일어나 가난한 마을에 가서 옷과 음식을 구하였습니다."

30행 "이때 장자는 그 아들을 장차 유인하여 데려오려고 방편을 생각하여 형색이 초라하고 덕망이 없는 두 사람을 은밀히 보내면서 말하였습니다."

31행 "'너희들은 거기 가서 가난한 자에게 넌지시 말하기를 여기에 일할 곳이 있는데 삯을 배나 주겠다고 하여 빈궁한 자가 만약 허락을 하면 장차 데리고 오너라. 만약 어떠한 일을 할 것이냐고 하거든, 가히 말하기를 네가 할 일은 거름을 치는 일인데, 우리 두 사람도 또한 너와 함께 일한다고 하여라.'"

"이때 명을 받은 두 사람이 곧 빈궁한 사람을 찾아가서 앞의 일들을 말하였으므로, 이때 가난한 아들은 먼저 그 품삯을 받고 거름을 치우는 일을 찾아서 하였는데, 그 아버지가 아들을 보니 불쌍하기 짝이 없었습니다."

"또 다른 날에는 창문을 통해 멀리서 아들의 몸을 보니, 파리하고 마르고 몸이 수축하여 생기가 없으며 똥과 흙먼지를 덮어써서 더럽고 오염이 돼서 깨끗하지 못하였습니다."

"곧바로 영락과 섬세하고 부드러운 최상의 옷과 몸을 치장하는 장신구를 벗어버리고, 다시 거칠고 낡고 먼지와 기름때가 흐르는 옷을 입고서 흙먼지를 몸에 덮어쓰고 오른손에 거름 치는 기구를 들고 조심스럽게 일하는 사람들에게 가서 말하였습니다."

"'너희들은 부지런히 일하고 게으르지 마라.'"

"이러한 방편으로써 그 아들에게 가까이 가게 되었습니다."

"후에 거듭하여 말하였습니다."

"'가엾다. 남자여! 그대는 항상 여기서만 일하고 다른 곳에는 가지 마라. 마땅히 너에게 품삯도 차차 올려줄 터이고, 온갖 필요한 것이며 그릇, 쌀, 밀가루, 소금, 초 따위도 스스로 걱정하지 말아라. 또한 늙은이

가 있으니 부릴 사람도 모름지기 필요하다면 줄 것이
며, 좋게 여기고 마음을 편하게 하여라! 나를 너의 아
버지와 같이 여기고 다시는 근심걱정하지 마라.'"

39행 "'그 까닭이 무엇인가 하면, 나는 늙은이요 너는 아직
젊었으며, 너는 항상 일할 적에 속이거나 게으르거나
성내거나 한탄을 하거나 원망하는 말이 없어서 도무
지 너를 보면 이 모든 악이 다른 일꾼들처럼 보이지
않으니 지금 이후부터는 내가 낳은 친아들과 같이 생
각하겠노라.'"

40행 "즉시 장자는 다시 이름을 지어 주고 아들이라고 하였
습니다."

41행 "이때에 가난한 아들은 비록 이런 대우를 받는 것이
기뻤으나, 오히려 스스로 머슴살이하는 천한 사람이
라 생각하였습니다. 이러한 까닭으로 말미암아 이십
년 동안을 항상 거름만 치다가 점점 시간이 지나면서
마음을 서로 알고 근본을 믿어서 허물없이 드나들면
서도, 그러나 그가 머무는 곳은 역시 본래 있던 곳에
서 하고 있었습니다."

42행 "세존이시여, 어느 때 장자가 병이 났는데, 스스로 장
차 죽을 때가 멀지 않은 줄을 알고 빈궁한 아들에게
말하였습니다."

43행 "'나에게는 지금 금과 은, 진귀한 보물이 많아서 창고
마다 가득하다. 그 속에 있는 재산이 얼마인지, 응당

143

받고 줄 것을 모두 네가 맡아서 처리하여라. 나의 마음이 이와 같으니 마땅히 이 뜻을 받들어라. 그 까닭이 무엇인가 하면, 이제는 나는 너와 더불어 다를 것이 없으니, 마음 쓰기를 더욱더 잘하여 새어나가거나 잃어 버리지 않게 하여라.'"

44행 "이때 빈궁한 아들은 곧 그 명령을 분명하게 이해하여 여러 가지 재물인 금, 은 보배와 그리고 많은 창고를 맡았으나, 밥 한 그릇도 가지려는 생각이 없었으며, 그 거처하는 곳도 본래 있던 곳이었으며, 용렬한 마음도 또한 능히 버리지 못하였습니다."

45행 "거듭하여 지나서 얼마 후에 아버지는 아들의 마음이 점점 밝고 확실하여져서 큰 뜻을 가지게 되어, 스스로 비루하였던 과거의 마음을 뉘우침을 알았으며, 죽음에 이르러 그 아들을 시켜 친척과 국왕과 대신과 찰제리와 거사들을 모두 다 모이게 하고 곧 스스로 이렇게 선언하였습니다."

46행 "'여러분 모두는 마땅히 아십시오. 이 아이는 나의 아들이오. 내가 낳았는데, 아무 해에 성 가운데에서 나를 버리고 도망하여 여기저기 다니면서 갖은 고생하기를 오십여 년이 지났소. 이 아이의 본은 아무개이고 나의 이름은 아무 갑이요. 옛날 고향에서 근심이 되어 샅샅이 뒤져가며 찾았는데, 홀연히 여기서 만남을 얻었소. 참으로 나의 아들이고, 나는 진실로 그 아버지

오. 이제는 나의 가졌던 모든 재산이 모두 이 아이의 소유이며, 예전부터 출납하던 것도 이 아이가 알아서 할 것이오.'하였습니다."

47행 "세존이시여, 이때에 궁한 아들은 아버지의 이 말을 듣고 곧 크게 환희하여 일찍이 있지 않았던 것을 얻었다 하면서 생각하기를 나는 본래 바라고 구하는 마음이 없었는데 이제 이 엄청난 보배 창고가 저절로 왔다고 하였습니다."

48행 "세존이시여, 큰 재산을 가진 장자는 곧 여래이시고, 저희는 모두 부처님의 아들과 같으므로 여래께서는 언제나 말씀하시기를 저희를 아들이라고 하셨습니다."

3장

1행 "세존이시여, 저희가 세 가지 괴로움으로 인하여 태어나고 죽는 가운데 여러 가지 뜨거운 번뇌를 받으면서도 미혹하고 무지하여 소승법만을 집착하여 좋아하였습니다."

2행 "세존께서는 오늘 저희로 하여금 사유하여 모든 법의 희론의 찌꺼기를 버리게 하시었습니다."

3행 "저희는 그 가운데서 부지런히 정진하여 위없는 해탈에 이르는 하루 품삯을 얻고서는 이미 이것을 얻음에 마음이 크게 환희하여 스스로 만족하였으며 그리고 스스로 생각하였습니다.

4행 "'부처님법 가운데서 부지런히 정진한 까닭으로 소득이 매우 많다.'고 여겼습니다."

5행 "그러나 세존께서는 먼저 저희의 마음이 그릇된 욕망에 집착하여 소승의 법을 좋아함을 아시고 익히 보셨지만 내버려 두시었습니다."

6행 "'너희들도 마땅히 여래의 지견인 보배 창고가 있느니라'하였으며"

7행 "분별치 아니하시고, 세존께서는 방편으로써 여래의 지혜를 말씀하셨습니다."

8행 "저희는 부처님으로부터 위없는 해탈에 이르는 하루 품삯을 얻고는 큰 것을 얻었다라고 만족하고 대승을 구하려는 생각이 없었습니다."

9행 "저희는 또 여래의 지혜로써 모든 보살을 위하여 열어 보이며 펼쳐서 말해 주었지만, 스스로는 이것에 대하여 서원을 세우지 않았습니다."

10행 "그 까닭은 부처님께서 저희가 소승의 법을 좋아함을 아시고 방편의 힘으로써 저희의 뜻을 따라서 말씀하시건만 저희는 참으로 부처님 아들인 줄을 알지 못하였습니다."

11행 "이제서야 저희들은 방편으로써 세존께서 부처님의 지혜에 대하여 아낌이 없으신 것을 알았나이다. 그 까닭이 무엇인가 하면, 저희가 옛적부터 참으로 부처님의 아들이면서도 단지 소승법만을 좋아하였습니다,

만일 저희가 대승을 좋아하였더라면 부처님께서 곧 저희에게 대승의 법을 말씀하여 주셨을 것입니다."

12행 "이 경 가운데에서 오직 일승만을 말씀하십니다. 그리하여 예전에는 보살들 앞에서, 성문들은 소승법을 좋아한다고 나무라셨으나, 그러나 부처님은 참으로 대승으로써 교화하시었습니다."

13행 "그러므로 저희가 말하기를 본래부터 바라고 구하는 마음이 없었는데, 이제 법왕의 큰 보배가 저절로 와서 부처님 아들로서 응당 얻어야 할 것을 모두 다 얻었습니다."

4장

1절 이때 마하가섭이 이 뜻을 거듭 펴려고 게송으로 말하였습니다.

2절 저희가 오늘날에
부처님의 말씀을 듣고
환희하여 뛰놀면서
일찍이 있지 않았던 것을 얻었습니다.

3절 부처님께서 말씀하시기를 성문들도
반드시 부처를 이루리라
위없는 보배를 모으거나
스스로 구하지 아니하고 얻었습니다.

4절 비유하면 어린 아들이
어리고 소견 없어

아버지 떠나 도망하여
타향 멀리 가서
여러 곳을 떠돌기를
오십 년이 되었습니다.

5절 　그 아버지는 걱정되어
사방으로 찾아다녀
찾다 찾다 지친 끝에
문득 한 도시에 머물러서
큰 집을 지어 놓고
다섯 가지 욕망의 즐거움을 즐기었습니다.

6절 　그 집이 큰 부자로
많은 여러 금, 은
자거, 마노
진주, 유리
코끼리, 말, 소, 양
연과 수레 또한 많았습니다.

7절 　논과 밭과 하인들과
사람들이 헤아릴 수 없고
나가고 들어오는 이익들이
이에 타국까지 두루 퍼져
장사꾼과 거간꾼들이
곳곳마다 가득하였습니다.

8절 　천만 억 대중들이

공경하여 시위하니
항상 왕족들도 외호하고
사모하며 생각하였습니다.

9절　벼슬 가진 무리들과 명문 가문들이
모두 함께 존중함을 받고 있어서
이러한 여러 인연으로
오고 가는 대중들이 많았습니다.

10절　부유하고 잘사는 것이 이와같아
큰 세력을 가졌으나
나이 점점 늙어가서
아들 생각이 더욱더 하였습니다.

11절　자나깨나 생각하고 생각하여
죽을 때가 되었는데
어리석은 자식이 나를 버리고
떠나간 지 오십여 년
창고마다 많은 재산
마땅히 어떻게 할 것인가.

12절　이때 궁한 아들은
옷과 밥을 구하느라고
이 마을서 저 마을로
이 나라에서 저 나라로
혹은 얻는 때도 있지마는
혹은 어떤 때엔 소득이 없었습니다.

13절   굶주리어 야위었고
       몸에는 옴과 버즘 등이 가득하였는데
       점차 여기저기 다니다가
       아버지가 사는 성에 이르러서
       품을 팔고 돌아다니다가
       아버지의 집에 당도했습니다.

14절   이때에 장자가
       그의 집 문 안에서
       보배 휘장 둘러치고
       사자좌에 앉아 있었습니다.

15절   권속들이 둘러싸고
       여러 시중들이 호위하며
       혹은 계산하고
       금과 은과 보물 등
       들어오고 나가는 재산을
       문서에 기록하였습니다.

16절   빈궁한 아들이 아버지를 보니
       부유하고 권세가 크고 존엄하니
       저이는 국왕인가
       혹은 왕과 같은 일가인가 하였습니다.

17절   놀라고 두렵고 스스로 괴이하며
       어찌하여 이곳에 왔는가
       또다시 스스로 생각하고 말하기를

내가 만약 여기 오래 있다가는
혹은 핍박을 당하고
모진 노동을 시킬 것이니라.

18절 이렇게 생각하고
얼른 피해 달아나
가난한 마을을 찾아가서
품팔이를 하려 하였습니다.

19절 장자가 이때에
사자좌에 앉아
멀리서 바라보며 그 아들인 줄
말없이 알아보았습니다.

20절 곧 사람을 즉각 보내
붙들어 오게 하니
빈궁한 아들이 크게 놀라
기절하고 넘어지며
이 사람이 날 붙드니
필연코 반드시 죽임을 당하리라.
어찌하여 옷과 음식을 얻으려고
내가 이곳에 왜 왔는가. 한탄하였습니다.

21절 장자는 아들이
속이 좁고 용렬함을 알았으며
나의 말을 믿지 아니하고
아버지인 줄도 모르는구나.

곧 방편을 써서

다시 다른 사람을 보냈습니다.

22절 애꾸눈이고 난쟁이고 못난이로써

위의와 덕이 없는 자로써

너희가 가서 말하기를

마땅히 품팔 데가 저기 있는데

더러운 거름이나 치워 주면

너에게 품삯을 곱을 주리라 하였습니다.

23절 곤궁한 아들이 그 말을 듣고는

기뻐하여 따라와서

여러 거름 치는 일도 하고

여러 방과 마루 소제하니

장자가 문틈으로

항상 그 아들을 보며

생각하기를 아들이 어리석고 하열하여

미천한 일만 좋아하는구나 하였습니다.

24절 이때 장자가

해지고 더러운 옷을 입고

똥 치는 기구를 잡고서

아들의 처소를 찾아갔습니다.

25절 방편으로 가까이하여

부지런히 일 잘하면

너에게 품삯도 올려 주고

손과 발에 바를 기름 주며
먹을 것도 넉넉하게
입을 것도 따뜻하게 줄 것이니라.

26절 이와같이 말로 충고하기를
너는 마땅히 부지런히 일을 하라.
또 부드럽고 상냥한 말로
너는 나의 아들 같다고 하였습니다.

27절 장자가 지혜 있어
점차 안팎으로 드나들며
이십여 년을 지나
집안일을 보게 하였습니다.

28절 금과 은과
진주, 파리를 보여 주고
모든 나가고 들어오는 살림들을
모두 맡아 보게 하였습니다.

29절 다만 문간방에 거처하고
초막에서 잠을 자며
스스로 생각하기를 가난한 살림인
나에게는 이러한 물건이 없느니라.

30절 아버지가 아들의 마음이
점차 넓고 크게 되어감을 알았으며
더불어 재산을 전하여 주고자
곧 친족들과

국왕과 대신

찰제리와 거사

이러한 대중들을 모았습니다.

31절 '이 사람은 나의 아들로

나를 버리고 멀리 가서

오십여 년을 지내더니

아들이 저절로 찾아와서

이십 년이 되었습니다.

옛날에 고향에서

이 아들을 잃고 나서

돌아다니며 찾느라고

여기까지 온 것이요.

이제는 내가 소유한

집이거나 하인들을

모두 다 물려주어

마음대로 쓰게 하겠습니다.'

32절 과거에 가난하던 아들의 마음이

의지가 못나고 용렬하더니

이제 아버지의

크고 진귀한 보물을 얻게 되어

아울러 또 큰 집들의

많은 재산을 얻게 되니

매우 기쁨이 커서

일찍이 있지 않았던 일을 얻게 되었습니다.

33절 부처님도 또한 이와 같아서
우리들이 소승 좋아하는 마음을 알았지만
'너희들도 부처를 이룰 것이다.' 라고
일찍이 말을 하지 않으셨습니다.

34절 저희들에게 이르기를
모든 번뇌가 다함을 얻은
소승을 성취한
성문 제자라 하시었습니다.

35절 부처님께서 저희에게 부촉하시기를
최상의 도를 말씀하시고
이 법을 닦는 자는
마땅히 부처를 이룬다 하시었습니다.

36절 저희들은 부처님 가르침 따라
큰 보살을 위하여
여러 가지 인연이며
가지가지 비유와
말과 변재로써
위없는 도를 말하였습니다.

37절 많은 부처님 제자들이
저희들에게서 법을 듣고
밤낮으로 사유하여
꾸준하게 익히었습니다.

38절 이때 모든 부처님들이
곧 수기를 주어
'너희들은 오는 세상에
반드시 부처를 이루리라.' 하시었습니다.

39절 일체의 모든 부처님의
비밀하게 간직한 법
다만 보살들을 위하여서
그 참된 이치를 말씀하시고
저희들에겐 참된 이치를
말씀하시지 않으셨습니다.

40절 저 빈궁한 아들이
아버지를 가까이 모시어
비록 모든 재산을 알았으나
가질 마음이 없었듯이
저희도 비록 말하기를
불법의 보배의 장을
스스로 원하는 뜻이 없었던 것이
또한 이와 같았습니다.

41절 저희가 안으로 번뇌를 끊고
스스로 만족하게 여기면서
오직 이 일만을 통달하고
다른 일은 없었습니다.

42절 저희가 듣고서도

부처님 나라를 청정하게 하고
중생들을 교화하는 일을
즐거이 함이 없었습니다.

43절 그 까닭이 무엇인가 하면
일체의 모든 법이
모두 다 고요하고 비었으며
생도 없고 멸도 없고
큰 것도 없고 작은 것도 없고
번뇌도 없고 더함도 없다
이와같이 사유하고
기쁜 마음도 일으키지 않았습니다.

44절 저희가 긴긴 밤에
부처님의 지혜에
탐함도 없고 집착함도 없어
다시 원하는 뜻도 없었습니다.

45절 스스로가 이 법만이
최상이라 생각하여
저희가 긴긴 밤에
공한 법만을 닦아 익혔습니다.

46절 삼계의 괴로움과
번뇌와 근심에서 벗어나
최후의 몸인
남음이 있는 위없는 해탈에 머물렀습니다.

47절 부처님의 가르친 바대로
도를 얻었으니 허망하지 아니하다 하여
곧 이미 성취했다고 여겼으므로
부처님의 은혜를 갚았다고 하였습니다.

48절 저희가 비록
모든 부처님의 아들들에게
보살의 법을 널리 설하여
부처의 도를 구하라고 하였지만
이 법을
영원히 원하고 즐김이 없었던지라
진리의 스승님께서 버려두고 보신 것은
저희의 마음을 아신 까닭이십니다.

49절 처음 권하여서 나아가게
참된 이익을 말씀하지 않으심은
부자의 장자가
아들의 의지가 용렬함을 알고
방편의 힘으로써
부드럽게 그 마음을 조복하고
그런 연후에
일체 재물을 물려줌과 같은 것입니다,

50절 부처님도 또한 그와 같이
희유한 일 나타내시어
소승 좋아하는 자에게

방편의 힘으로써

그 마음 조복한 연후에

큰 지혜를 가르치셨습니다.

51절 저희들은 오늘에야

일찍이 없었던 것을 얻어

바라지도 않던 것을

저절로 얻었음은

빈궁한 아들이 뜻밖에

헤아릴 수 없는 보배를 얻음과 같습니다.

52절 세존이시여, 저희가 지금

도를 얻고 과를 얻어

샘이 없는 진리에

청정한 눈을 얻었습니다.

53절 저희들이 긴긴 밤에

부처님의 청정 계율 지니다가

오늘에야 처음으로

그 과보를 얻었습니다.

54절 법왕의 법 가운데서

오랜 세월 범행을 닦다가

이제서야 번뇌에서 벗어나

위없는 과보를 얻어서

저희들이 지금에야

참된 성문이 되었습니다,

55절　이 부처님 진리의 소리로써
　　　온갖 것을 듣게 되었으며
　　　저희들이 지금에야
　　　진실된 아라한이 되었습니다.

56절　모든 세간의
　　　하늘, 사람, 마구니, 범천
　　　널리 그 가운데서
　　　응당 공양을 받게 되었습니다.

57절　세존의 크신 은혜
　　　희유한 일로서
　　　연민으로 교화하시고
　　　저희들에게 이익을 얻게 하시니
　　　헤아릴 수 없는 억겁인들
　　　누가 능히 은혜를 갚을 수 있겠습니까.

58절　손과 발이 되어 받드옵고
　　　머리 조아려 예경하며
　　　온갖 것을 공양한다 하여도
　　　모두 능히 갚을 길이 없습니다.

59절　만일 머리 위에 이거나
　　　두 어깨에 업고 다니면서
　　　항하사의 겁 동안에
　　　마음을 다하여 공경하고
　　　또한 훌륭한 음식이며

헤아릴 수 없는 보배와 의복이며

또 여러 가지 이부자리와

가지가지 탕약과

우두전단 좋은 향과

갖가지의 보배로써

또 탑과 전각을 세워 놓고

귀한 옷을 벗어 땅에 깔고

이러한 온갖 일로

공양을 하여

항하사겁 동안 다하여도

또한 능히 다 갚을 길이 없습니다.

60절 모든 부처님은 희유하심이라

헤아릴 수 없고 끝이 없고

가히 생각으로는 헤아릴 수가 없으며

크나큰 신통력과

샘이 없고 다함이 없으시어

모든 법의 왕이십니다.

61절 능히 용렬한 중생들을 위하여

이런 일을 참으시며

모양에 탐착한 범부들에게

마땅하게 말씀하십니다.

62절 모든 부처님은 법에 있어서

최고로 자재함을 얻으셔서

모든 중생들의

갖가지의 욕락과

그들의 의지의 힘을

속속들이 아시어 감당할 수 있음에 따라

헤아릴 수 없는 비유로써

법을 말씀하십니다.

63절 중생들의 지난 세상

착한 선근을 심은 것과

또 성숙하고

미숙함을 아시고

낱낱이 살피시어 갖가지로 헤아려서

분별하여 이미 아시고

일승의 도를

근기에 따라서 삼승의 법으로 말씀하십니다.

묘법연화경 妙法蓮華經

제3권 第三卷

5 약초유품 五 藥草喩品

이때 세존께서 마하가섭과 여러 큰 제자들에게 말씀하셨습니다.

"착하다, 착하다. 가섭이여, 여래의 진실한 공덕을 잘 말하였도다. 진실로 네 말과 같다. 다시 여래는 헤아릴 수 없고 끝이 없는 아승지의 공덕이 있나니, 너희들이 헤아릴 수 없는 억만 겁 동안에도 능히 다 말할 수 없느니라."

"가섭이여, 마땅히 알아라. 여래는 모든 법의 왕이시므로, 말씀하시는 것이 모두 다 허망하지 아니하느니라. 모든 법에 대하여 지혜의 방편으로 펼쳐서 말씀하시나니, 그 말씀하는 법은 모두 다 일체의 지혜 경지에 이르게 하는 것이니라."

"여래는 일체의 모든 법의 돌아가는 바를 관찰하여 알며, 또한 모든 중생들의 깊은 마음으로 행하는 바 통달하여 걸림이 없느니라. 또 모든 법을 끝까지 궁구하여 잘 알아서 모든 중생들에게 일체의 지혜를 보여 주느니라."

1절

1행 　"가섭이여, 비유하면 삼천 대천세계의 산과 내와 계곡과 평지에 나서 자라는 초목과 숲과 모든 약초들은 종류도 많고 이름과 모양도 각각 다르느니라."

2행 　"짙은 구름이 가득히 퍼져 삼천 대천세계를 두루 덮고 일시에 큰비가 고루고루 흡족하게 내렸느니라."

3행 　"초목과 숲과 그리고 여러 약초들의 작은 뿌리, 작은 줄기, 작은 가지, 작은 잎과 중간 뿌리, 중간 줄기, 중간 가지, 중간 잎과 큰 뿌리, 큰 줄기, 큰 가지, 큰 잎과 많은 크고 작은 나무들이 상중하를 따라서 제각기 비를 받는데, 한 구름에서 내리는 비는 그 각각의 종류와 성질에 맞추어서 자라고, 크고, 꽃이 피고, 열매가 맺느니라."

4행 　"비록 한 땅에서 나고 한 비로 축여 주는 것이지마는, 여러 가지 초목이 각각 차별이 있는 것과 같느니라."

3장

1절

1행 　"가섭이여, 마땅히 알아라. 여래도 또한 이와 같아서, 세상에 나시는 것은 큰 구름이 일어나는 것과 같고, 큰 음성으로 널리 온 세계의 하늘과 사람과 아수라에게 두루 외치는 것은, 저 큰 구름이 삼천대천 국토를 두루 덮는 것과 같느니라."

165

2행 "대중 가운데서 다음과 같이 말씀하셨느니라".

3행 "'나는 여래, 응공, 정변지, 명행족, 선서, 세간해, 무상사, 조어장부, 천인사, 불세존으로써, 제도되지 못한 이를 제도하게 하고, 이해하지 못하는 이를 이해하게 하고, 편안하지 못한 이를 편안하게 하고, 위없는 해탈에 들지 못한 이를 위없는 해탈을 얻게 하느니라.'"

4행 "'지금 세상과 오는 세상을 사실대로 앎으로, 나는 모든 것을 아는 자이며, 모든 것을 보는 자이며, 도를 아는 자이며, 도를 열어 보이는 자이며, 도를 말하는 자이니라. 너희들 하늘과 사람과 아수라들이여, 모두 응당 이리 오너라. 법을 듣도록 하기 위함이니라.'"

5행 "이때 무수한 천만억 종류의 중생들이 부처님 계신 곳에 와서 법을 들었느니라."

6행 "여래께서는 이때 중생들의 근기가 영리하고 아둔함과, 정진하고 게으름을 살피시고, 그들이 감당할 수 있는 능력에 따라 법을 설하심이 여러 가지로 헤아릴 수 없어, 모두로 하여금 환희하게 하며 좋은 이익을 얻게 하였느니라."

7행 "이 모든 중생들이 법을 듣고 마치고는, 현세에서는 편안하고 내생에서는 좋은 곳에 태어나 도의 즐거움을 받고, 또한 법을 들어 얻었느니라. 이미 법을 다 듣고는 모든 장애를 여의고 모든 법 가운데에서 맡은 바 능력을 따라서 점점 도에 들어가 얻었느니라."

8행 "마치 저 큰 구름이 모든 초목과 숲과 그리고 모든 약초에 비를 내리면, 그 갖가지 성품에 구족하여 윤택함을 입어 각기 태어나고 커감을 얻는 것과 같느니라."

9행 "여래의 설하는 법도 한 모양, 한 맛이므로, 이른바 해탈의 모양, 여의는 모양, 멸하는 모양으로, 필경에는 일체의 위없는 지혜에 이르느니라."

10행 "그 어떤 중생들이 여래의 법을 듣고 만약 지니고 읽고 외거나 말한 것과 같이 수행하지만, 그 얻는 공덕은 스스로는 깨달아 알지 못하느니라."

11행 "그 까닭이 무엇인가 하면, 오직 여래께서만이 중생들의 종류와, 모양과, 본체와, 성품과, 어떠한 일을 기억하고, 어떠한 일을 생각하고, 어떠한 일을 닦으며, 어떻게 기억하는지, 어떻게 생각하는지, 어떻게 수행하는지, 어떠한 방법으로써 기억하고, 어떠한 방법으로써 생각하고, 어떠한 방법으로써 수행하는지, 어떠한 방법으로써 어떠한 법을 얻는지 중생들이 가지가지 처소에 머물러 있는 것을 아시기 때문이느니라."

12행 "오직 여래께서만이 사실과 꼭 같이 보시고 분명히 아시어 걸림이 없느니라."

13행 "마치 저 초목과 숲과 모든 약초들이 스스로는 상중하의 성품을 알지 못하는 것과 같느니라."

14행 "여래는 한 모양 한 맛의 법을 아심과 같느니라. 이른

167

5 약초유품 五 藥草喩品

바 해탈하는 모양, 여의는 모양, 멸하는 모양, 필경에
위없는 해탈을 위하여 항상 적멸한 모양으로, 마침내
는 텅빈 곳으로 돌아가는 것이니라."

15행 "부처님은 이것을 아시고 계시지만, 중생들의 마음
의 욕망을 관찰하시고 이 법을 보호하시고자 이런 까
닭으로 일체의 위없는 지혜를 곧 설하지 않으셨느니
라."

16행 "가섭이여, 너희들은 매우 희유하여 능히 여래께서
근기에 알맞게 설하심을 알고 능히 믿고 능히 지님이
니라."

17행 "그 까닭이 무엇인가 하면, 여러 부처님 세존이 근기
를 따라서 말씀하시는 법은 이해하기 어렵고 알기도
어려우니라."

4장

1절 이때 세존께서는 이 뜻을 거듭하여 잘 펴시고자 게송
으로 말씀하셨습니다.

2절 있다고 하는 것들을 깨뜨리신 법왕께서
이 세상에 나타나시어
중생들의 욕망을 따라
여러 가지로 법을 말씀하시었느니라.

3절 여래께서는 높고 존귀하시며
지혜가 깊고 또 멀어서
오랫동안 이 중요한 것을 침묵하시고

속히 말씀하시지 않으셨느니라.

4절 지혜 있는 자가 만약 들으면
곧 능히 믿고 이해하지만
지혜 없는 자는 의심하여
곧 영원히 잃게 될 것이니라.

5절 이러한 까닭으로 가섭이여
그들의 힘을 따라서
가지가지 인연을 말하여 주어서
바른 견해를 얻게 하느니라.

6절 가섭이여, 마땅히 알아라.
비유하면 큰 구름이
이 세간에 일어나서
모든 세계를 두루 덮었느니라.

7절 지혜로운 구름은 비를 품고
번갯불은 번쩍이며
우렛소리 멀리 진동하여
여러 사람들로 하여금 기쁘게 하였느니라.

8절 햇빛을 가려서
땅을 서늘하게 하고
뭉게구름이 드리워져
손에 잡힐듯 하였느니라.

9절 그 비는 널리 골고루 내리고
사방에 똑같이 오며

단비가 헤아릴 수 없이 내려서

온 국토에 흡족하였느니라.

10절 　산과 냇물 험한 골짜기

깊은 데서 나서

자라는 초목과 약초와

큰 나무와 작은 나무들과

온갖 곡식의 싹

사탕무우, 고구마, 포도 등

비를 맞고 윤택하여서

풍성하게 부족함이 없었느니라.

11절 　메마른 땅이 고루 젖어

약초와 나무가 무성함은

저 구름에서 내리는

한 맛의 비를 맞아서 그러하느니라.

12절 　풀과 나무 수풀들에

분수 따라 적셔주는 것들에는

일체의 많은 나무들인

큰 것, 중간 것, 작은 것들이었느니라.

13절 　그 크고 작은 성질대로

제각기 태어나고 커가는데

뿌리, 줄기, 가지와 잎과

꽃과 열매의 색깔과 모양들이니라.

14절 　내리는 비는 하나이지만

모두 다 윤택함을 얻어

그 몸과 모양과 성품이

크고 작은 것으로 나누어지고

같은 비에 젖지만은

자라고 무성함은 각각 다르느니라.

15절 부처님도 또한 그와 같아서

이 세상에 오시는 일을

비유하면, 큰 구름이

널리 일체를 덮어 줌과 같음이니라.

16절 이미 이 세상에 나오셔서

모든 중생들을 위하여서

모든 법의 참된 이치를

분별하여 펼쳐서 말씀하시느니라.

17절 큰 성인이신 세존께서

모든 하늘과 사람의

일체 대중들에게

베풀어서 말씀하시기를

'나는 곧 여래이며

지혜와 복덕이 구족하였느니라.'

18절 이 세상에 나타남은

비유하여 세상을 덮은 큰 구름과 같아서

모두 다 충분하게 적셔 주어서

바싹 마른 중생들

모두로 하여금 괴로움에서 벗어나고
안락한 즐거움과
세간의 즐거움과
또 위없는 해탈의 즐거움을 얻게 함이니라.

19절 모든 천상, 인간 사람들아,
한결같은 마음으로 잘 듣고
모두 응당 여기 와서
위없는 세존을 친견하여라.

20절 나는 이 세상에서 높은 자로
능히 미칠 자가 없나니
중생들을 편안하게 하려고
이 세상에 왔느니라.

21절 여러 대중들을 위하여
감로수 같은 청정한 법을 말하노니
그 법은 한 맛으로
해탈하는 위없는 해탈이니라.

22절 한 가지 미묘한 음성으로
널리 이 뜻을 말하여서
항상 대승을 위하여
인연을 만드느니라.

23절 내가 모든 것을 관찰하여 보니
널리 모두 다 평등하여
너다 나다 사랑한다 미워한다 하는

마음이 없음이라.

24절 　나는 탐하고 집착하지도 아니하고
　　　또한 막히거나 걸림도 없어
　　　항상 모두를 위하여서
　　　평등하게 법을 말하느니라.

25절 　한 사람을 위함과 같이
　　　많은 대중들도 또한 그러하여
　　　항상 법을 펼쳐서 말할 뿐
　　　일찍이 다른 일은 없느니라.

26절 　가고 오고 앉고 서 있음에
　　　끝까지 피곤하거나 싫증이 없어
　　　세간을 충족하는 것이
　　　비가 두루 적셔주는 것과 같음이라.

27절 　귀하거나 천하거나 위이거나 아래거나
　　　계행을 지키거나 계를 깨트리거나
　　　위의를 갖춘 이거나
　　　또는 갖추지 못하거나
　　　바른 소견이거나, 삿된 소견이거나
　　　총명한 근기이거나 둔한 근기이거나
　　　평등하게 법의 비를 내려
　　　게으름이나 나태함이 없느니라.

28절 　일체 중생들이
　　　나의 법을 들은 자는

능력을 따라서 받아지녀
모든 경지에 머무를 것이니라.

29절 혹은 천상 세계나 인간 세계나
전륜성왕이거나
제석천이거나 범천이거나 여러 왕에 태어남은
이는 작은 약초이니라.

30절 샘이 없는 법을 알아서
능히 위없는 해탈을 증득하고
여섯의 신통이 일어나고
그리고 삼명을 얻어
산림 속에 홀로 있어
항상 선정을 행하여
인연 따라 깨달음을 증득하면
이는 중간의 약초이니라.

31절 세존의 경지를 찾아서
나도 마땅히 부처가 되리라고
정진을 행하여 선정에 드는 것은
이는 상품의 약초이니라.

32절 또 이 모든 부처님 제자들이
전심으로 부처의 도에 들고자
항상 자비를 행하고
스스로 부처를 이룰 줄을 알아
의심 없이 결정한 자는

이름하여 작은 나무이니라.

33절 편안하게 신통에 머물러서
물러남이 없는 법의 수레를 굴려서
헤아릴 수 없는 백천억
중생들을 건져내어 제도하면
이와 같은 보살들은
이름하여 큰 나무라 하느니라.

34절 부처님의 평등한 말씀은
한 맛인 비와 같으나
중생들의 성품에 따라
받는 것이 다른 것은
저 모든 초목들이
성품이 각기 다름과 같으니라.

35절 부처님은 이러한 비유로써
방편으로 열어 보이시며
가지가지 말씀으로
한 가지 법을 펼쳐서 말하시지만
부처님의 지혜는
바다에 물 한 방울과 같느니라.

36절 비 내리듯이 법의 비가
세간에 충만하니
한 맛의 법으로
힘을 따라 수행하면

마치 저 우거진 숲과

약초와 모든 나무들이

그 크고 작음에 따라

점점 자라고 무성하여지는 것과 같음이니라.

37절 모든 부처님의 법은

항상 한 맛으로

모든 세간 중생들로 하여금

널리 구족하게 얻어

점차로 행을 닦아

모두 도의 열매를 얻게 함이니라.

38절 성문이나 연각이

숲속에서

최후의 몸에 머물러서

법을 듣고 열매를 얻으면

이름하여 약초들의

각각 자라남을 얻음이라 하느니라.

39절 만일 모든 보살들이

지혜가 견고하여

삼계를 분명히 알고

최상승을 구한다면

이름하여 작은 나무가

자라남을 얻음이라 하느니라.

40절 거듭하여 선정에 머물러

신통한 힘을 얻고
모든 법의 공함을 듣고
마음에 크게 환희하여
헤아릴 수 없는 광명을 놓아
모든 중생들을 제도하면
이름하여 큰 나무가
자라남을 얻음이라 하나니라.

41절 가섭이여, 이와같이
부처님의 법의 말씀을
비유하여 큰 구름이
한맛의 비를 내려
사람과 꽃을 적시어서
각기 열매 이룸을 얻게 함과 같음이니라.

42절 가섭이여, 마땅히 알아라.
모든 이와 같은 인연들과
갖가지의 비유로써
부처의 도를 열어 보이나니
이것이 나의 방편이요
모든 부처님도 또한 그러하니라.

43절 이제 너희들을 위하여
최고로 진실된 일을 말하겠느니라.

44절 '모든 성문 대중들은
너희가 행하는 바

이것이 보살의 도이니라.
점점 배우고 닦아서
모두 반드시 부처를 이룰 것이니라.'

묘법연화경 妙法蓮華經

제3권 第三卷

6 수기품 六 授記品

1절 이때 세존께서 이 말씀을 게송으로 여러 대중들에게 말씀하시고 나서 이와같이 말씀하시었습니다.

2절

1행 "나의 제자인 마하가섭은 미래의 세상에서 마땅히 삼백만억 여러 부처님 세존을 받들어 뵈옵고, 공양하고 공경하며 존중하고 찬탄하여 여러 부처님의 헤아릴 수 없는 큰 법을 널리 펴다가 최후의 몸으로 부처를 이룰 것이니라."

2행 "명호는 광명여래, 응공, 정변지, 명행족, 선서, 세간해, 무상사, 조어장부, 천인사, 불세존이라 하며, 나라의 이름은 광덕이요, 겁의 이름은 대장엄이라 할 것이고, 부처님의 수명은 십이소겁이며 바른 법은 이십소겁 동안 세상에 머무르며 상법도 또한 이십소겁 동안 머무르게 될 것이니라."

3행 "그 나라는 장엄하게 장식되어 모든 더러운 것과 기왓조각, 가시덤불, 똥오줌의 깨끗하지 못한 것이 없고, 그 땅은 반듯하여 높은 데, 낮은 데, 구렁, 둔덕이 없으며, 땅은 유리로 포장되고 보배 나무들이 줄을 지었으며, 황금 줄을 길 경계에 늘이고 많은 보배 꽃을 흩어서 두루 가득하여 맑고 깨끗할 것이니라."

4행 "그 나라의 보살들은 헤아릴 수 없어 천억이고, 여러 성문 대중들도 또한 거듭하여 헤아릴 수 없으며, 마구니의 장난이 없고, 비록 마왕과 마왕의 백성이 있어도 모두 부처님의 법을 옹호할 것이니라."

2장

1절 이때에 세존께서 이 뜻을 거듭하여 펴시고자 게송으로 말씀하셨습니다.

2절 모든 비구들에게 말하노니
내가 부처님의 눈을 가지고
이 가섭을 보니
미래의 세상
수없는 겁을 지난 다음
반드시 부처를 이룰 것이니라.

3절 그가 다가오는 세상에
공양도 올리고 공경도 하여
삼백만억의
많은 부처님 세존께
부처의 지혜를 얻기 위하여
깨끗한 범행을 닦을 것이니라.

4절 최상의 공양으로
복과 지혜가 구족하여
모든 것을 다하여 닦아
위없는 지혜를 익히다가
최후의 몸으로
부처님 이룸을 얻을 것이니라.

5절   그 나라의 땅은 청정하여
유리로써 땅이 되어 있고
많은 여러 가지 보배 나무가
길가에 줄을 지어 있고
황금 줄을 경계에 늘이어
보는 이마다 기뻐할 것이니라.

6절   항상 훌륭한 향기가 가득하고
아름다운 꽃들이 흩날려
여러 가지로 기묘하게
국토를 장엄할 것이니라.

7절   그 땅은 반듯하고 평탄하여
둔덕이나 구렁이 없으며
여러 보살 대중들이
가히 셀 수가 없이 많을 것이니라.

8절   그 마음이 알맞게 부드러워서
크나큰 신통을 얻어
여러 부처님의
대승 경전을 받아 지닐 것이니라.

9절   모든 성문 대중들은
번뇌가 다한 최후의 몸을 얻은
법왕의 아들들로
또한 가히 헤아릴 수 없어
하늘의 눈으로도

능히 셀 수가 없을 것이니라.

10절 그 부처님의 수명은
십이소겁이 될 것이요
정법이 세상에 머무르기를
이십소겁이며
상법도 또한 머무르기를
이십소겁일 것이니라.

11절 광명 세존 부처님의
그 일이 이와 같으리라.

3장

1절 이때에 대목건련과 수보리와 마하가전연 등이 모두
다 송구스러워하면서, 한마음으로 합장하고 존안을
우러러 뵈옵고 잠시도 눈을 떼지 아니하였으며 곧 소
리를 함께하여 게송으로 말하였습니다.

2절 크게 웅장하고 용맹한 세존이시며
모든 석가족의 법왕이시여,
저희를 가엾고 불쌍히 여기시어
부처님 음성을 베풀어 주옵소서.

3절 만약 우리의 깊은 마음을 알아보시고
수기를 주신다면,
감로수를 뿌려 열을 식혀
청량함을 얻은 것과 같을 것이옵니다.

4절 흉년든 나라에서 온 사람이

홀연히 임금이 주는 음식을 받고도
마음이 두렵고 의심스러워
감히 곧 먹지 못하였습니다.

5절 만약 다시 왕의 교시를 받은
연후에야 비로소 감히 먹듯이
저희도 또한 그와 같아서
오직 소승의 과만 생각하였습니다.

6절 마땅히 알지 못하였나니 어떻게 하면
위없는 부처님의 지혜를 얻는가를
비록 부처님의 음성을 들었어도
우리도 부처가 되리라는 말을
마음에 의심하고 근심하고 두려워하여
감히 먹지 못함과 같으니
만일 부처님께서 수기를 주신다면
비로소 기쁘고 안락하겠습니다.

7절 웅장하고 용맹하신 세존이시여,
항상 세간을 안락하게 하시니
원하건대 저희에게 수기를 주신다면
배고픈 자에게 음식을 주심과 같을 것입니다.

4장

1절 이때에 세존께서 여러 큰 제자들의 마음의 생각을 아
시고 여러 비구들에게 말씀하시었습니다.

1행 "이 수보리가 오는 세상에서 삼백만억 나유타 부처님을 받들어 뵈옵고, 공양하고 공경하며 존중하고 찬탄하며, 항상 범행을 닦아 보살의 도를 구족하고 최후의 몸으로 부처를 이룰 것이니라."

2행 "명호는 명상여래, 응공, 정변지, 명행족, 선서, 세간해, 무상사, 조어장부, 천인사, 불세존이며, 겁의 이름은 유보요, 나라의 이름은 보생이라 할 것이니라."

3행 "그 국토는 평평하고 반듯하며, 유리로 땅을 덮고 보배나무로 장엄하며, 모든 둔덕과 구렁과 기왓 조각과 가시덤불과 똥오줌 따위의 더러움이 없고, 보배 꽃이 땅을 덮어 두루두루 맑고 깨끗할 것이니라."

4행 "그 나라의 백성들은 모두 보배로 된 누대와 진귀하고 절묘한 누각에 거처하고, 성문 제자가 헤아릴수 없고 끝이 없어 산수와 비유로 능히 알 수가 없으며, 여러 보살 대중들은 수없는 천막억 나유타가 될 것이니라."

5행 "부처님의 수명은 십이소겁이고, 정법은 이십소겁이며, 상법도 이십소겁 동안 세상에 머무를 것이며, 그 부처님은 항상 허공에 머무르시면서 중생들을 위하여 법을 말씀하시어 헤아릴 수 없는 보살과 또 성문 대중들을 제도하여 해탈하게 할 것이니라."

5장

1절 이때 세존께서 이 뜻을 거듭 펴시려고 게송으로 말씀
하셨습니다.

2절 여러 비구 대중들이여
이제 너희들에게 말하노니
모두 마땅히 한결같은 마음으로
나의 말하는 바를 들어라.

3절 나의 큰 제자인
수보리는
반드시 오는 세상에 부처를 이루어
명호를 명상여래라 할 것이니라.

4절 마땅히 수없이 많은
만억의 모든 부처님께 공양하고
부처님의 행하심을 따라
큰 도를 점차 갖출 것이니라.

5절 최후의 몸을 받아
서른두 가지의 상호가
바르고 얌전하며 뛰어나고 묘함이
보배산과 같을 것이니라.

6절 그 부처님의 나라는
장엄하고 깨끗함이 제일이어서
중생들이 보는 이마다
좋아하지 않을 자가 없을 것이니라.

7절　부처님은 그 가운데서
　　헤아릴 수 없는 중생들을 제도하고
　　그 부처님의 법 가운데서
　　많은 여러 보살들은
　　모두 다 근성이 총명하여
　　물러나지 않는 법의 바퀴를 굴리어
　　그 나라는 언제나
　　보살로 장엄될 것이니라.

8절　여러 성문 대중들도
　　이루 다 헤아릴 수가 없으며
　　모두 다 세 가지 밝음을 얻고
　　여섯 가지 신통을 갖추었고
　　여덟 가지 해탈에 머무르며
　　큰 위엄과 공덕이 있을 것이니라.

9절　그 부처님께서 법을 말씀하시므로
　　나타나는 헤아릴 수 없는
　　신통 변화는
　　가히 생각으로는 헤아릴 수가 없을 것이니라,

10절　많은 천상 사람들이
　　항하의 모래 수와 같이 모여
　　모두 다 함께 합장하고
　　부처님의 말씀을 듣고 받을 것이니라.

11절　그 부처님의 수명은

십이소겁이며
정법이 세상에 머무름은
이십소겁이 될 것이고
상법도 또한 머무르기를
이십소겁이 될 것이니라.

6장

1절 이때 세존께서 다시 비구 대중들에게 말씀하셨습니다.

2절

1행 "내가 지금 너희에게 말하노라. 이 대가전연은 오는 세상에 여러 가지 공양거리로 팔천억 부처님을 공양하고, 받들어 섬기고 공경하고 존중할 것이니라"

2행 "모든 부처님께서 세상을 떠나신 후에는 각각 탑을 조성하는데, 높이가 일천 유순이고, 가로와 세로가 반듯하여 오백 유순이 될 것이니라."

3행 "금, 은, 유리, 자거, 마노, 진주, 매괴 등의 일곱 가지 보물들을 합하여 이룩하고, 꽃과 영락과 바르는 향, 가루향, 사르는 향과 일산과 당기와 번기로 탑묘에 공양할 것이니라."

4행 "그런 후에 마땅히 거듭하여 공양하며, 이만억 부처님께도 또한 거듭하여 이와 같으며, 이 여러 부처님께 공양하여 마치고서는 보살의 도를 구족하여 반드시 부처를 이룰 것이니라."

5행 "그 명호를 염부나제 금광여래, 응공, 정변지, 명행족, 선서, 세간해, 무상사, 조어장부, 천인사, 불세존이라 할 것이니라."

6행 "그 국토는 평평하고, 반듯하며, 유리로 땅이 되고 보배 나무로 장엄하며, 황금줄로 길가에 경계선을 만들고, 아름다운 꽃이 땅을 덮어 두루 청정하여 보는 자가 환희할 것이니라."

7행 "네 가지 나쁜 갈래인 지옥, 아귀, 축생, 아수라들은 없으며, 천상과 인간이 많을 것이며, 많은 성문들과 그리고 많은 보살들이 헤아릴 수 없는 만억으로 그 국토가 장엄될 것이니라."

8행 "부처님의 수명은 십이소겁이며, 정법이 세상에 이십소겁 동안 머무르고, 상법도 또한 이십소겁 동안 머무를 것이니라."

7장

1절 이때 세존께서 이 뜻을 거듭하여 펴시려고 게송으로 말씀하셨습니다.

2절 여러 비구 대중들이여
모두 다 한마음으로 들어라.
나의 말하는 바는 같아서
진실하고 다름이 없느니라.

3절 이 대가전연은
마땅히 가지각색

뛰어나고 좋은 공양거리로
여러 부처님께 공양할 것이니라.

4절　여러 부처님께서 세상을 떠나신 후에
일곱 가지 보물로 된 탑을 조성하고
또한 꽃과 향으로써
사리에 공양할 것이니라.

5절　그 최후의 몸에
부처님의 지혜를 얻고
바른 깨달음을 이루어
국토가 청정하며,
헤아릴 수 없는 만억 중생들을
제도하여 해탈하게 하여
모두 시방 세계의
공양을 받게 될 것이니라.

6절　부처님의 찬란한 광명은
능히 더 나을 자가 없으며,
그 부처님의 명호는
염부나제 금광여래라 할 것이니라.

7절　보살과 성문들로서
일체의 있음을 끊은 이가
헤아릴 수 없고 숫자로 다할 수 없으며
그 나라는 장엄하게 될 것이니라.

8장

1절　이때 세존께서 거듭하여 대중들에게 말씀하셨습니다.

2절

1행　"내가 이제 너희들에게 말하느니. 이 대목건련은 마땅히 여러 가지 공양거리로 팔천의 여러 부처님께 공양하고 공경하며 존중할 것이니라."

2행　"모든 부처님께서 세상을 떠나신 후에는 각각 탑묘를 조성하며, 높이는 일천 유순이며, 가로와 세로가 바르고 오백 유순이며 금, 은, 유리, 자거, 마노, 진주, 매괴의 일곱 가지 보배로 이루어질 것이니라."

3행　"여러 꽃과 영락과 바르는 향, 가루향, 사르는 향과 비단, 일산과 당기, 번기로 공양할 것이니라."

4행　"이와 같은 일들이 지난 후에 마땅히 거듭하여 공양하기를 이백만억의 모든 부처님들께도 또한 거듭하여 이와 같으리라."

5행　"반드시 부처를 이루어 명호를 다마라발전단향여래, 응공, 정변지, 명행족, 선서, 세간해, 무상사, 조어장부, 천인사, 불세존이라 할 것이니라."

6행　"겁의 이름은 희만이요, 나라의 이름은 의락이니, 그 국토는 평평하고 반듯하며 유리로 땅이 되고 보배나무로 장엄하며, 진주로 된 꽃을 흩어 모든 곳이 두루 청정하여 보는 이마다 환희하며, 여러 천상과 인간들이 많고, 보살들과 성문들의 그 수가 헤아릴 수 없으며 부처님의 수명은 이십사소겁이요, 바른 법이 세상에 머무름은 사십소겁이고, 상법도 또한 머무름이 사십소겁이 될 것이니라."

9장

1절 이때 세존께서 이 뜻을 거듭 펴시려고 게송으로 말씀하시었습니다.

2절 나의 제자인
대목건련은
이 몸을 버린 뒤에
팔천이백만억의
많은 부처님 세존께
부처님 도를 위하는 까닭으로
공양하고 공경하느니라.

3절 여러 부처님 계신 곳에서
항상 범행을 닦고
헤아릴 수 없는 겁 동안
부처님의 법을 받들 것이니라.

4절 여러 부처님 세상을 떠나신 후에는
일곱 가지 보물로 된 탑을 조성하는데,
황금 찰간이 높게 솟고,
꽃과 향과 재주와 노래로
여러 부처님의 탑묘에
공양할 것이니라.

5절 　점점 구족하여
　　　보살의 도를 마치면
　　　의락국에서
　　　부처를 이룸을 얻을 것이니라,

6절 　그 부처님 명호는
　　　다마라전단향으로
　　　그 부처님 수명은
　　　이십사겁으로
　　　언제나 천상, 인간에게
　　　부처님의 도를 펼쳐서 말씀하실 것이니라.

7절 　성문 대중들이 헤아릴 수 없어
　　　항하의 모래와 같고
　　　삼명과 여섯 가지의 신통력의
　　　큰 위덕이 있느니라.

8절 　수많은 보살 대중들은
　　　뜻이 굳고 정진하여
　　　부처님의 지혜에서
　　　모두 물러남이 없으리라.

9절 　부처님께서 세상을 떠나신 후에
　　　바른 법이 마땅히 머무르기를
　　　사십소겁 동안이고
　　　상법도 또한 같으리라.

10절 　나의 많은 제자로서

193

위엄과 덕이 구족하며
그 수효가 오백으로
모두 마땅히 수기를 받아
오는 미래 세상에
모두 다 부처를 이룰 것이니라.

11절 나와 그리고 너희들의
지난날의 인연을
내가 이제 마땅히 말하리니,
너희들은 잘 들을 것이니라.

묘법연화경 妙法蓮華經

제3권 第三卷

7 화성유품 七 化城喩品

1장

1절 부처님께서 여러 비구들에게 말씀하셨습니다.

2절

1행 "지나간 과거 헤아릴 수 없고 끝이 없고 가히 생각으로는 헤아릴 수 없는 아승지겁의 이때에 부처님께서 계셨으니, 명호가 대통지승여래, 응공, 정변지, 명행족, 선서, 세간해, 무상사, 조어장부, 천인사, 불세존이시며 그 나라 이름은 호성이요, 겁의 이름은 대상이었느니라."

2행 "모든 비구들아, 그 부처님께서 세상을 떠나신 지 매우 오래 되었으니, 비유하면 삼천 대천세계에 있는 모든 땅덩어리들을 어떤 사람이 갈아서 먹을 만들어, 동방으로 일천 국토를 지나서 그리고 티끌만한 한 점을 떨어뜨리고 다시 일천 국토를 지나서 또 한 점을 떨어뜨리고, 이렇게 하여 그 먹이 다하도록 갔다면 너희는 어떻게 생각하느냐. 이 모든 국토를 만약 셈 잘하는 스승이나, 만약 셈 잘하는 스승의 제자들이 능히 끝까지 그 수효를 알 수 있겠느냐."

3행 "알지 못하겠나이다, 세존이시여."

4행 "여러 비구들아, 이 사람이 지나간 국토에 만약 점이 떨어진 곳이나 떨어지지 않은 곳을 모두 티끌을 만들어서 한 티끌이 한 겁이니라. 그 부처님께서 세상을 떠나신 지는 이보다도 더 오래인 헤아릴 수 없고 끝이 없는 백천만억 아승지겁이니라. 나는 여래의 지견의 힘이 있는 까닭으로 그 오래된 것을 오늘의 일처럼 볼 수 있느니라."

2장

1절 이때 세존께서 이 뜻을 거듭 펴시려고 게송으로 말씀하시었습니다.

2절 내가 지나간 세상을 생각해 보니
헤아릴 수 없고 끝이 없는 겁 전에
부처님 양족존이 계시었으니
명호는 대통지승부처님이었느니라.

3절 어떤 기운 센 사람이
삼천 대천세계에 있는
모든 땅덩어리들을 갈아서
모두 다 먹을 만들었느니라.

4절 일천 국토를 지나서
한 티끌만한 점 하나를 내려놓아
이와같이 점점 나아가
그 모든 티끌 같은 먹이 다하였느니라.

5절 이와같이 모든 국토들을
점을 찍었거나 점을 찍지 않았거나
다시 부수어 티끌 만들고
한 티끌이 한 겁이 되었느니라.

6절 이 모든 티끌 수와 같은 겁

그 겁이 거듭하여 지나오는 시간보다

이 부처님께서 세상을 떠나시고 또 오시는 것은

이와같이 헤아릴 수 없는 겁이니라.

7절 여래는 걸림 없는 지혜로

그 부처님 세상을 떠나시고 또 오시는 것과

그 성문 대중들과 보살들을

지금 세상을 떠나심을 봄과 같으니라.

8절 여러 비구들이여, 마땅히 알아라.

부처님의 지혜는 청정하고 미묘하여

번뇌가 없고 걸림이 없어서

헤아릴 수 없는 겁을 통달하느니라.

3장

1절 부처님께서 여러 비구들에게 말씀하셨습니다.

2절

1행 "대통지승부처님의 수명은 오백 사십만억 나유타 겁
이며, 그 부처님께서 본래 도량에 앉아서 마군을 깨뜨
리고, 위없이 높고 바른 완전한 깨달음을 얻으려 하였
으나 모든 부처님 법이 앞에 나타나지 아니하였느니
라."

2행 "이와같이 한 소겁 내지 열소겁 동안 결가부좌하고 몸
과 마음을 움직이지 않았지마는 모든 부처님의 법은
가히 앞에 나타나지 않았느니라."

3행 "이때 도리천들이 앞서 그 부처님을 위하여 보리수 아

래에 사자좌를 마련하였으니, 높이가 일유순이었으며, 부처님께서 여기 앉아서 마땅히 위없이 높고 바른 완전한 깨달음을 얻으리라 하였느니라."

4행 "그 자리에 앉으실 때, 모든 범천왕들은 여러 하늘 꽃을 내리니, 사면이 일백 유순이며, 향기로운 바람이 때때로 불어와 시들은 꽃은 날려 가고 다시 새 것을 내려서 이와같이 끊어지지 않고 열소겁이 차도록 부처님께 공양하였는데, 위없는 깨달음을 얻을 때까지 항상 꽃비를 내리게 하였느니라."

5행 "사천왕들은 부처님께 공양하기 위하여 항상 하늘 북을 치고, 그 다른 여러 하늘들도 하늘 풍류를 지어서 열소겁이 차도록 하였는데, 위없는 깨달음에 이르기까지 또한 거듭하여 이와 같았느니라."

6행 "모든 비구들이여, 대통지승부처님께서는 열소겁을 지내고서야 모든 부처님의 법이 앞에 나타나서 위없이 높고 바른 완전한 깨달음을 이루었느니라."

7행 "그 부처님께서 출가하시기 전에 열여섯 명의 아들들이 있었으니, 그 맏아들의 이름은 지적이었으며, 아들들이 각각 여러 가지 훌륭한 장난감을 가지고 있었느니라. 아버지가 위없이 높고 바른 완전한 깨달음을 이루셨다는 말을 듣고는 모두 보배로운 것을 버리고 부처님 계신 곳으로 나아가니 모든 어머니가 눈물을 흘리면서 전송하였느니라."

"그 조부인 전륜성왕은 일백 대신과 더불어 그리고 백
천만억 사람들과 함께 둘러싸여 도량에 이르러, 친견
하고 가까이 가서 대통지승여래께 공양하고 공경하
며, 존중하고 찬탄하였으며. 도착하여 머리를 조아려
서 발에 예배하고 부처님을 여러 번 돌고 한마음으로
합장하여 세존을 우러러 뵈었느니라."

4장

1절 "그런 후에 게송으로 말씀하였느니라."

2절 큰 위엄과 덕을 갖추신 세존께서
중생들을 제도하시려고
헤아릴 수 없는 세월을 지내고서
이제 비로소 부처를 이루셨으며
모든 서원이 이미 구족하셨네.
장하시고 더없이 길상하십니다.

3절 세존께서는 매우 희유하시어
한번 앉으시면 열소겁 동안
몸과 손과 발을 고요히 하여
움직이지 않으셨으며,
그 마음도 항상 담박하여
산란이 일찍이 있지 않았습니다.

4절 끝까지 영원히 적멸하시어
번뇌 없는 법에 머무르셔서
이제 세존을 뵈오니

조용하고 편안한 부처를 이루셨으며
저희들 좋은 이익을 얻어서
훌륭하시고 경사스러워 크게 기뻐합니다.

5절　중생들이 항상 괴롭고
눈 어둡고 지도할 스승이 없어
괴로움 없어지는 길 모르고
해탈을 구할 줄도 몰랐습니다.

6절　긴긴 밤에 나쁜 갈래 늘고
하늘 대중들은 줄어만 들어
캄캄한 데서 캄캄한 데로 들어가
영원히 부처님 명호도 듣지 못하였습니다.

7절　이제 부처님께서 가장 높으시고
편안한 번뇌 없는 도를 얻으시어
저희와 그리고 천상, 인간 사람들
가장 큰 이익 얻게 하오니
이러한 까닭으로 함께 머리 조아려
위없이 존귀하신 세존께 목숨을 다하여 귀의하나이
다.

5장

1절

1행　"이때 열여섯 명의 왕자들은 게송으로 부처님을 찬탄
하고 세존께 권청하여 법의 수레바퀴를 굴려주시기를
함께 이와같이 말하였느니라."

2행 "'세존이시여, 법을 말씀하여 주소서. 편안하게 함이 많사옵니다. 모든 천상, 인간 사람들을 연민하시어 이롭게 하여 주시옵소서.'"

6장

1절 "거듭하여 게송으로 펼쳐서 말하였느니라."

2절 세상에 비교할 이 없는 부처님,
온갖 복으로 스스로 장엄하시며
위없는 지혜를 얻으시니
세상을 위하여 법을 말씀하여 주시옵소서.

3절 저희와 모든
중생들을 제도하여 해탈하도록
분별하여 보여 주시어
지혜를 얻게 하여 주소서.
만약 저희가 부처를 이루면
다른 중생들도 또한 그러하옵니다.

4절 세존께서는 중생들의
염원하는 마음을 아시고
또한 행하는 길도 아시며
또한 지혜의 힘도 아시고
욕락과 닦아 온 복과
과거에 지은 업도 아시어
세존께서는 모두 알아 마치셨나니
마땅히 위없는 법의 수레바퀴를 굴려주시옵소서.

7장

1절 부처님께서 여러 비구들에게 말씀하셨습니다.

2절

1행 "대통지승 부처님께서 위없이 높고 바른 완전한 깨달음을 얻었을 때 시방의 각 오백만억의 모든 부처님 세계가 여섯 가지로 진동하고 그 나라와 중간에 있는 해달의 강렬한 빛이 능히 비치지 않던 캄캄한 곳이 모두 밝아졌으며. 그 가운데 있던 중생들이 각기 서로 보게 됨을 얻어, 모두 말하기를 이곳에 어찌하여 홀연히 중생들이 생겼는가'라고 하였느니라."

2행 "또 그 세계의 모든 하늘 궁전과 범천의 궁전들이 여섯 가지로 진동하며 큰 광명이 두루 비치어 세계에 가득하니, 모든 천상의 광명보다도 더 훌륭하였느니라."

3행 "이때 동방의 오백만억 모든 국토 가운데에 있는 범천왕 궁전은 광명이 비치는 것이 곱절이나 밝았으며. 모든 범천왕들은 각각 생각하였느니라"

4행 "'지금 궁전의 광명은 예전에 없던 것이다. 어떠한 인연으로 이런 상서로움이 나타났는가.'라고 하였노라."

5행 "이때 모든 범천왕들이 곧 서로 모여 함께 이 일을 의논하였느니라."

8장

1절 "이때 그 대중들 가운데 하나의 큰 범천왕이 있었는데 이름을 구일체라고 하였으며 모든 범천의 무리를 위하여 게송으로 말하였느니라."

2절 우리들 여러 궁전의
    광명은 예전에 있지 않던 것
    이것이 어떠한 인연일까.
    우리 각자 함께 찾아보자.

3절 대덕천이 나시려는가!
    부처님께서 세상에 오시려는가!
    이 커다란 광명이
    시방 세계에 두루 비추는구나!

9장

1절

1행 "이때 오백만억 국토의 모든 범천왕들이 궁전과 함께 각각 반짇고리에 하늘의 꽃을 담아 가지고 서쪽으로 함께 가서 이 상서로움을 찾다가 바라보니, 대통지승여래가 도량에서 보리수 아래 사자좌에 앉아계심을 보았느니라."

2행 "여러 하늘, 용왕, 건달바, 긴나라, 마후라가, 사람, 사람 아닌 자들이 공경하여 둘러서 모셨으며 또 열여섯 명의 왕자들이 부처님께 법의 수레 바퀴를 굴리시기를 청하고 있었느니라."

3행 "곧 그때 여러 범천왕들이 머리를 조아려 부처님께 예배하고 백천 번을 돌며 곧 하늘 꽃을 부처님 위에 흩

었으며, 그 흩은 꽃이 수미산과 같았으며 더불어 부
처님께서 계신 보리수에도 공양하였으며, 그 보리수
의 높이는 십유순이었느니라. 꽃으로 공양을 마치고
는 각각 그 궁전을 부처님께 받들어 올리고 말하였느
니라."

4행 "'오직 저희들을 연민하게 보시고 더욱더 이롭게 하셔
서, 이 받드는 궁전을 원하옵건대 굽어 살펴서 받아주
시옵소서.'"

10장

1절 "이때 범천왕들이 곧 부처님 앞에서 한결같은 마음과
음성으로 다음의 게송으로 말하였느니라."

2절 세존께서는 매우 희유하시어
만나뵈옵기 어렵사오며
헤아릴 수 없는 공덕 갖추셔서
능히 모든 중생들을 구호하시니
천상 인간의 큰 스승으로써
세간을 어여삐 여기시니
시방의 모든 중생들이
널리 모두 다 큰 이익을 입습니다.

3절 저희가 여기까지 온 것은
오백만억 국토에서
깊은 선정의 즐거움을 버리고
부처님께 공양하려는 까닭입니다.

4절 저희들이 과거의 복으로
이 궁전이 매우 장엄합니다.
이제 세존께 받들어 올리나니,
오직 원하건대 가엾이 여기시여 받아 주시옵소서.

11장

1절 "이때 범천왕들이 게송으로 부처님을 찬탄하고 각기
말하였느니라."

2절 간절히 원하옵건대, 세존이시여
법의 수레바퀴를 굴리어
중생들을 제도하시고
위없는 해탈의 길을 열어 주소서.

12장

1절 "이때 범천왕들은 한결같은 마음과 음성으로 게송으
로 말하였느니라."

2절 세상의 대웅이신 양족존이시여
오직 바라옵건대 법을 펼쳐서 말씀하여 주셔서
큰 자비의 힘으로써
고통받는 중생들을 건져지이다.

13장

1절

1행 "이때 대통지승여래께서 잠자코 허락하였느니라."

2행 "또 여러 비구들이여 동남방의 오백만억 국토에 있는
여러 대범천왕들은 각각 자기 궁전에 광명이 비치는

것이 예전에 없던 것임을 보고 환희하고 기뻐하며 희유하다는 마음을 내고 곧 서로 모여 함께 이 일을 의논하였느니라."

14장

1절 "이때 그 대중들 가운데 한 명의 대범천왕이 있었는데 이름을 대비라 하였는데 여러 범천의 무리들을 위하여 게송으로 말하였느니라."

2절 이것이 무슨 인연으로
이러한 현상을 나타내는가!
우리 여러 궁전의 광명은
예전에 있지 못하던 것이니
대덕천이 나시려는가!
부처님께서 세상에 오시렴인가!
이런 현상 본 적이 없나니
마땅히 한마음으로 함께 찾아보자.

3절 천만억 국토를 지나서라도
광명 찾아 함께 찾아보세.
아마 부처님께서 세상에 오심은
괴로운 중생들을 제도하려는 것이구나!

15장

1절

1행 "이때 오백만억 국토의 모든 범천왕들이 궁전과 함께 각각 반짇고리에 하늘의 꽃을 담아 가지고 북서쪽으

로 함께 가서 이 상서로움을 찾다가 바라보니, 대통지
승여래가 도량에서 보리수 아래 사자좌에 앉아계심을
보았느니라."

2행 "여러 하늘 용왕 건달바 긴나라 마후라가 사람, 사람
아닌 자들이 공경하여 둘러 모셨으며 또 열여섯 명의
왕자들이
부처님께 법의 수레바퀴를 굴리시기를 청하였느니라."

3행 "이때 모든 범천왕들이 머리를 조아려 부처님께 예배
하고 백천 번을 돌며 곧 하늘의 꽃을 부처님 위에 뿌
렸으며, 그 흩은 꽃이 수미산과 같았으며 더불어 부처
님의 보리수에도 공양하였느니라. 꽃으로 공양을 마
치고는 각각 그 궁전을 부처님께 받들어 올리고 이와
같이 말하였느니라."

4행 "'오직 저희들을 연민하게 보시고 더욱더 이롭게 하셔
서, 이 받드는 궁전을 원하건대 굽어살펴서 받아 주시
옵소서.'"

16장

1절 "이때 여러 범천왕들이 곧 부처님 앞에서 한결같은 마
음과 음성으로 다음과 같은 게송으로 말하였느니라."

2절 거룩하신 하늘 가운데 하늘이시여,
가릉빈가 같은 음성으로
중생들을 어여삐 여기시는 분
저희들이 지금 예배하나이다.

3절   세존께서는 매우 희유하시어
       오랜만에 한 번 오시나이다.

4절   일백팔십 겁이 지나도록
       부처님께서 계시지 아니하여
       삼악도는 충만하고
       많은 하늘 대중들은 점점 줄어들었습니다.

5절   이제 부처님께서 오시어
       중생들의 눈이 되오며
       세상 사람들이 귀의할 곳이 되어
       모든 중생들을 구원하고 보호하십니다.

6절   중생들의 아버지가 되어
       어여삐 여기시고 이롭게 하시니
       우리는 전세의 복이 있어
       지금 세존을 뵈옵습니다.

17장

1절   "이때, 여러 범천왕들이 부처님을 게송으로 찬탄하고
       각각 말하였느니라."

2절   '간절히 원하옵건대 세존이시여,
       모든 중생들을 연민히 여기시어
       법의 수레바퀴를 굴리시어
       중생들을 제도하여 해탈하게 하여 주시옵소서!'

18장

1절 "이때 여러 범천왕들은 한결같은 마음과 같은 음성으
로 게송을 읊었느니라."

2절 대성인이시여, 법의 수레바퀴를 굴리시여
모든 법의 모양 나타내어 보여 주시고
괴로워 번뇌하는 중생들을 제도하여
큰 즐거움을 얻게 하여 주소서.

3절 중생들이 이 법을 듣는다면
도를 얻고 또는 천상에 태어나
모든 나쁜 길은 줄어들고
참고 선한 자들은 이익이 더욱더 많을 것입니다.

19장

1절

1행 "이때에, 대통지승여래께서는 잠자코 허락하셨느니
라."

2행 "또 여러 비구들이여, 남방의 오백만억 국토에 있는
여러 대범천왕들이 각각 자기 궁전에 광명이 비치는
것이 예전에 없던 것임을 보고 환희하여 날뛰며 희유
하다는 마음을 일으키고, 곧 서로 모여서 이 일을 함
께 의논하였느니라."

3행 "'어떠한 인연으로 우리의 궁전에 이러한 광명이 비추
는가!.'"

20장

1절 "그 대중들 가운데 한 명의 대범천왕이 있었는데 이름을 묘법이라고 하였으며 여러 범천의 대중들을 위하여 게송으로 말하였느니라."

2절 우리의 모든 궁전에
광명이 매우 찬란하게 비추는 것은
인연이 없지 아니하리니
이 현상을 마땅히 찾아볼 것이다.

3절 지나간 백천 겁 동안
일찍이 이러한 일을 본 적이 없었나니
대덕천이 태어나시려는가!
부처님께서 세상에 오시려 하시는 것인가!

21장

1절

1행 "이때에, 오백만억의 여러 범천왕들이 더불어 궁전과 함께 하여 각각 반진고리에 여러 가지 하늘의 꽃을 담아 가지고 함께 북쪽으로 가서 이 상서로움을 찾아보니, 대통지승여래께서 도량의 보리수 아래 사자좌에 앉아계심을 보았느니라."

2행 "여러 하늘, 용왕, 건달바, 긴나라, 마후라가, 사람, 사람 아닌 자들이 공경하여 둘러 모셨으며, 또 열여섯 명의 왕자들이 부처님께 법의 수레바퀴를 굴리시기를 청하는 것을 보았느니라."

211

3행 "이때에, 여러 범천왕들이 머리를 조아려 부처님께
예배하고 백천 번을 돌며 곧 하늘의 꽃을 부처님 위에
흩었으며, 그 흩은 꽃이 수미산과 같았으며 그리고 공
양을 마치고, 부처님의 보리수에까지 꽃으로 공양하
고는 각각 그 궁전을 부처님께 받들어 올리고 말하였
느니라."

4행 "'오직 저희들을 연민하게 보시고 더욱더 이롭게 하셔
서, 이 받드는 궁전을 원하옵건대 굽어살펴서 받아 주
시옵소서.'"

22장

1절 "이때, 여러 범천왕들이 곧 부처님 앞에서 한결같은
마음과 같은 음성으로 게송으로써 말하였느니라."

2절 세존을 뵈옵기 매우 어렵습니다.
모든 번뇌를 깨뜨리신 분이시여
백삼십겁을 지내서야
이제 한 번 친견함을 얻었습니다.

3절 모든 굶주리고 목마른 중생들에게
법의 비를 충만하게 내려 주소서.
예전에 일찍이 보지 못한
지혜가 헤아릴 수 없는 분이시여,
우담발라꽃과 같아서
오늘에야 비로소 뵈옵습니다.

4절 저희들의 모든 궁전이

광명받고자 장엄하였으니,
세존이시여, 큰 자비와 연민의 마음으로
간절히 원하옵나니 받아 주시옵소서.

23장

1절

1행 "이때에, 여러 범천왕들이 부처님께 게송으로 찬탄하고 각각 말하였느니라."

2행 "간절히 원하옵건대, 세존께서 법의 수레바퀴를 굴리시어 모든 세간의 여러 하늘, 마왕, 범천, 사문 바라문들로 하여금 모두 편안함을 얻어 해탈을 얻게 하여 주시옵소서."

24장

1절 "이때에 여러 범천왕들이 한결같은 마음과 같은 음성으로 게송을 말하였느니라."

2절 간절히 바라옵건대, 하늘과 인간에서 최고로 존귀한 분이시여
위없는 법의 수레바퀴를 굴리시어
큰 법의 북을 치시고
큰 법의 소라를 부시며
큰 법의 비를 널리 내리사
헤아릴 수 없는 중생들을 제도하여 주시옵소서.

3절 저희들 모두 귀의하고 청하옵나니,
마땅히 깊고 심오한 음성으로 말씀하여 주시옵소서.

25장

1절

1행 "이때, 대통지승여래께서 잠자코 허락하시었으며 서남 방과 그리고 하방까지도 또한 역시 이와 같았느니라."

2행 "이때에 상방의 오백만억 국토의 여러 대범천왕들이 모두 다 자기가 있는 궁전에 광명이 찬란하여 예전에 없던 것임을 보고 환희하여 날뛰며 희유하다는 마음 을 내고, 곧 각각 서로 모여서 함께 이 일을 의논하였 느니라."

3행 "'어떠한 인연으로 우리의 궁전에 이러한 광명이 있는 가!'"

26장

1절 "이때 대중들 가운데 한 명의 대범천왕이 있었는데, 이름을 시기라고 하며 여러 범천의 대중들을 위하여 게송으로 말하였느니라."

2절 오늘날 어떠한 인연으로
우리의 모든 궁전에
찬란한 광명이 비치어
일찍이 있지 않았던 장엄함을 보는구나.

3절 이와같이 기묘한 모양
예전에는 보지 못하던 일
대덕천이 나시려는가!
부처님께서 세상에 오시려는가!

27장

1절

1행 "이때에 오백만억의 여러 범천왕들이 더불어 궁전을 가지고 각각 반짇고리에 여러 성대한 하늘의 꽃을 담아 가지고 함께 하방으로 가서 이 상서로움을 찾다가 바라보니, 대통지승여래가 도량에서 보리수 아래 사자좌에 앉아계심을 보았느니라."

2행 "여러 하늘, 용왕, 건달바, 긴나라, 마후라가, 사람, 사람 아닌 자들이 공경하여 둘러 모셨으며 또 열여섯 명의 왕자들이 부처님께 법의 수레바퀴를 굴리시기를 청하는 것을 보았느니라."

3행 "이때에, 여러 범천왕들이 머리를 조아려 부처님께 예배하고 백천번을 돌며, 곧 하늘꽃을 부처님 위에 흩었으며, 그 흩은 꽃이 수미산과 같았고, 아울러 부처님의 보리수에까지 공양하였느니라. 꽃 공양을 마치고는 각각 그 궁전을 부처님께 받들어 올리고 말하였느니라."

4행 "'오직 저희들을 연민하게 보시고 더욱더 이롭게 하셔서, 이 받드는 궁전을 원하옵건대 굽어 살펴서 받아 주시옵소서.'"

28장

1절 "이때에, 여러 범천왕들이 곧 부처님 앞에서 한결같은 마음과 같은 음성으로 게송으로써 말하였느니라."

2절 거룩하신 부처님을 뵈옵니다.
세상을 구원하시는 세존이시여
능히 삼계의 지옥 속에서
많은 중생들을 이끌어 나오게 하시며
지혜 많고 하늘 인간에서 존귀하신 분
모든 중생들을 가엾이 여겨
능히 감로의 문을 열어
두루 일체 중생들을 제도하십니다.

3절 지난날 헤아릴 수 없는 겁에는
부처님 계시지 않았나니
세존께서 오시기 전에는
시방 세계가 항상 어두워
세 가지 악도의 길은 늘어만 가고
아수라까지 또한 치성하였으며
많은 하늘 대중들은 점점 줄어들었고
죽는 이들이 많이 악도에 떨어졌습니다.

4절 부처님의 법을 듣지도 못하고
항상 착하지 못한 일 행하여
육신과 힘과 그리고 지혜
이와 같은 것 모두 감소하고
죄업을 지은 인연으로
즐거운 일과 또 즐거운 생각까지 없어지고
삿된 소견의 법에 머물러 있어

착한 생각을 곧 알지 못하였습니다,

5절 부처님 교화를 받지 못하여
항상 나쁜 길에 떨어졌더니
세상의 눈이신 부처님이
오랜만에 나타나시었습니다.

6절 많은 중생들을 가엾이 여기시어
이 세상에 오시어
세간을 뛰어나 정각 이루시니
우리는 즐거운 마음 끝이 없으며
그 밖의 모든 중생들도
일찍이 있지 않았던 일이라 기뻐하며 찬탄합니다.

7절 저희의 모든 궁전이
부처님 광명 받아 훌륭한 것을
지금 세존께 받들어 올리나니
바라옵건대, 받아 주시옵소서.

8절 '원하옵건대 이와 같은 공덕으로
널리 모든 곳에 미치어
저희들과 더불어 모든 중생들이
모두 다 함께 부처님의 도를 이루어지이다.'

29장

1절

1행 "이때에, 오백만억의 모든 범천왕들이 게송으로 부처
님을 찬탄하고 부처님께 말씀을 드렸느니라."

2행 "'오직 바라옵건대 세존이시여, 법의 수레바퀴를 굴리
시어 모두 편안하게 하여 주시며 모두 해탈하게 하여
주시옵소서.'"

30장

1절 "이때에 모든 범천의 왕들이 게송으로 말하였느니라."

2절 세존이시여, 법의 수레바퀴를 굴리고
감로 법의 북을 치시어
고통받는 중생들을 건져 주시고
위없는 해탈의 길을 보여 주소서.

3절 간절히 바라옵건대, 저희가 청하오니
크고 미묘한 음성으로
가엽게 여기시어 펼치셔서 말씀해 주시옵소서.
헤아릴 수 없는 겁 동안 익힌 법을 말씀하여 주시옵소
서.

31장

1절

1행 "이때, 대통지승여래는 시방 세계의 여러 범천왕들
과 그리고 열여섯 명의 왕자들의 청을 받고, 곧 세 번
에 이어서 열두 가지 행의 법의 수레바퀴를 굴렸느니
라."

2행 "만약 사문이나 바라문이나 또는 하늘, 마왕, 범천이
나 그리고 다른 세간들로는 능히 굴릴 수 없는 것이니
라."

3행 "이른바 이것은 괴로움이요, 이것은 괴로움의 쌓임이요, 이것은 괴로움의 사라짐이요, 이것은 괴로움이 사라지는 길이니라. 또 열두 가지 인연의 법을 널리 말씀하셨느니라."

4행 "어리석음은 행위에 반연되고, 행위는 인식작용에 반연되고, 인식작용은 육체와 정신에 반연되고, 육체와 정신은 눈, 귀, 코, 혀, 몸, 의식에 반연되고, 눈, 귀, 코, 혀, 몸, 의식은 감촉에 반연되고, 감촉은 느낌에 반연되고, 느낌은 좋아함에 반연되고, 좋아함은 취함에 반연되고, 취함은 있음에 반연되고, 있음은 태어남에 반연되고, 태어남은 늙음, 죽음, 근심, 슬픔, 고통, 번뇌 등에 반연되느니라."

5행 "어리석음이 멸하면 곧 행위가 멸하고, 행위가 멸하면 곧 인식작용이 멸하고, 인식작용이 멸하면 곧 육체와 정신이 멸하고, 육체와 정신이 멸하면 곧 눈, 귀, 코, 혀, 몸, 의식이 멸하고, 눈, 귀, 코, 혀, 몸, 의식이 멸하면, 곧 감촉이 멸하고, 감촉이 멸하면 곧 느낌이 멸하고, 느낌이 멸하면 곧 좋아함이 멸하고, 좋아함이 멸하면 곧 취함이 멸하고 취함이 멸하면 곧 있음이 멸하고, 있음이 멸하면 곧 태어남이 멸하고, 태어남이 멸하면 곧 늙음, 죽음, 근심, 슬픔, 고통, 번뇌 등이 멸하느니라."

6행 "부처님께서 천상, 인간 대중들 가운데서 이 법을 말씀하실 때, 육백만억 나유타 사람들이 인식과 의식에 형성된 모든 현상들을 좋아하지 아니함으로써 모든 번뇌에서 마음의 해탈을 얻고 모두 깊고 묘한 선정과 세 가지 밝음과 여섯 가지 신통을 얻어 여덟 가지 해탈을 갖추었느니라."

7행 "두 번째, 세 번째, 네 번째의 법을 말씀하실 때에도 천만억 항하사 나유타 중생들이 또한 일체의 인식과 의식에 형성된 모든 현상들을 좋아하지 아니함으로써 모든 번뇌에서 마음의 해탈을 얻었으며, 그 이후에도 많은 성문 대중들이 헤아릴 수 없고 끝이 없어 이루 다 헤아릴 수가 없었느니라."

8행 "이때에, 열여섯 명의 왕자들은 모두 동자로 출가하여 사미가 되니, 모든 근성이 영리하고, 지혜가 총명하여, 백천만억의 여러 부처님께 공양을 올리고 깨끗한 범행을 닦아 위없이 높고 바른 완전한 깨달음을 구하여 부처님께 함께 말씀을 드렸느니라."

9행 "세존이시여, 이 모든 헤아릴 수 없는 천만억 성문 대덕들은 모두 성취하여 마쳤습니다. 세존께서는 또한 마땅히 저희들을 위하여 위없이 높고 바른 완전한 깨달음의 법을 말씀하여 주소서. 저희가 듣고는 모두 다 함께 닦아 배우겠습니다."

10행 "세존이시여, 저희는 여래의 지견을 지극히 원하옵나니, 마음으로 깊이 염원하옴을 부처님께서는 증득하여 아실 것입니다."

11행 "이때에, 전륜성왕이 데리고 온 대중들 가운데 팔만
억 사람이 열여섯 명의 왕자들의 출가함을 보고, 또한
자기들도 출가하기를 구하므로 왕이 곧 허락하였느니
라."

12행 "이때에, 저 부처님은 사미들의 청을 받고, 이만 겁을
지나고 나서 사부대중 가운데서 대승경을 말씀하시었
으니, 이름이 묘법연화경이라, 보살을 가르치는 법이
며 부처님께서 보호하시고 깊이 생각하시는 바이니
라."

13행 "이 법화경을 말씀하시고 난 다음 열여섯 명의 사미들
은 위없이 높고 바른 완전한 깨달음을 위하여 모두 함
께 받아 지니고 외어 통달하였느니라."

14행 "이 법화경을 말씀하여 마치실 때, 열여섯 명의 보살
사미들은 모두 다 믿고 받아 지녔으며, 성문 대중들도
또한 믿고 이해하는 이가 있었느니라."

15행 "그 나머지 천만억 종류의 중생들은 모두 의혹을 일으
켰느니라."

16행 "부처님은 이 법화경을 말씀하실 적에 팔천겁 동안 잠
깐도 쉬지 않으셨고, 말씀하시기를 마치시고는 곧 고
요한 방에 들어가 팔만 사천겁 동안 선정에 머무르시
었느니라."

17행 "이때, 열여섯 명의 보살사미는 부처님께서 방에 들

어가 고요히 선정에 드신 줄을 알고, 각각 법좌에 올라가서 또한 팔만 사천겁 동안 사부대중을 위하여 묘법연화경을 분별하여 말씀하셨느니라."

18행 "낱낱의 보살이 육백만억 나유타 항하사 중생들을 제도하여 인도하고 가르쳐 이롭고 기쁘게 하여 위없이 높고 바른 완전한 깨달음의 마음을 일으키게 하였느니라."

19행 "대통지승 부처님께서 팔만 사천겁을 지나고는 삼매로부터 일어나 법상에 나아가 편안히 앉으시어 널리 대중에게 말씀하셨느니라."

20행 "'이 열여섯 명의 보살사미는 매우 희유하느니라. 모든 감관이 영리하고 지혜가 총명하며, 이미 헤아릴 수 없는 천만억의 여러 부처님께 공양하였고, 여러 부처님 계신 곳에서 항상 범행을 닦았으며, 부처님의 지혜를 받아 지니고 중생들에게 보여 주어 그 가운데 들어가게 하느니라.'"

21행 "'너희들은 모두 마땅히 자주자주 공손하고 친견하고 가까이 모시어 공양하여라. 그 까닭이 무엇인가 하면, 만일 성문이나 벽지불이나 그리고 여러 보살들이 능히 이 열여섯 명의 보살사미가 설하는 경을 믿고 받아 지니고 훼방하지 아니하면, 그 사람은 마땅히 위없이 높고 바른 완전한 깨달음인 여래의 지혜를 얻을 것이기 때문이니라.'"

22행 "부처님께서 여러 비구들에게 말씀하셨느니라."

23행 "이 열여섯 명의 보살들은 항상 묘법연화경을 설하기를 좋아하였으며, 낱낱 보살이 교화한 육백만억 나유타 항하사 중생들은 세세생생에 더불어 보살과 함께 나서 그의 법문을 듣고는 모두 다 믿고 이해하였느니라. 이러한 인연으로 사만억의 여러 부처님 세존을 만남을 얻게 되는데, 지금도 끝나지 아니하였느니라."

24행 "여러 비구들이여, 내가 이제 너희들에게 말하노라. 저 부처님의 제자 열여섯 명의 보살사미는 이제 모두 위없이 높고 바른 완전한 깨달음을 얻었고 시방의 국토에서 현재도 법을 말하며 헤아릴 수 없는 백천만억 보살과 성문으로 권속을 삼았느니라."

25행 "그중에서 두 사미는 동방에서 부처님이 되었느니라, 첫 번째 부처님의 명호는 아촉부처님으로서 환희국에 계셨으며, 두 번째 부처님의 명호는 수미정부처님이니라."

26행 "동남방의 두 부처님은,
첫 번째 부처님의 명호는 사자음부처님이고, 두 번째 부처님의 명호는 사자상부처님이니라."

27행 "남방의 두 부처님은,
첫 번째 부처님의 명호는 허공부처님이고, 두번째 부처님의 명호는 상명부처님이니라."

28행 "서남방의 두 부처님은,

첫 번째 부처님의 명호는 제상부처님이고, 두 번째 부처님의 명호는 범상부처님이니라."

29행 "서방의 두 부처님은,
첫 번째 부처님의 명호는 아미타부처님이고, 두 번째 부처님의 명호는 도일체세간고뇌부처님이니라."

30행 "서북방의 두 부처님은,
첫 번째 부처님의 명호는 다마라발전단향신통부처님이고, 두 번째 부처님의 명호는 수미상부처님이니라."

31행 "북방의 두 부처님은,
첫 번째 부처님의 명호는 운자재부처님이고, 두 번째 부처님의 명호는 운자재왕부처님이니라."

32행 "동북방의 부처님의 명호는 괴일체세간포외부처님이니라."

33행 "제 열여섯 번째는 나 석가모니부처이니라. 사바세계에서 위없이 높고 바른 완전한 깨달음을 이루었느니라."

34행 "여러 비구들이여, 우리가 사미로 있을 적에 각각 헤아릴 수 없는 백천만억 항하사 중생들을 교화하였느니라."

35행 "나에게 법을 들은 것은 위없이 높고 바른 완전한 깨달음 얻기 위함이었으며, 이 여러 중생들로서 지금 성문의 지위에 있는 이들은, 내가 항상 위없이 높고 바른 완전한 깨달음의 법으로써 교화하였으므로, 이 여러 사람들은 응당 이 법으로써 점점 부처의 길에 들어가게 되느니라.”

36행 “그 까닭이 무엇인가 하면 여래의 지혜는 믿기도 어렵고 이해하기도 어렵기 때문이니라. 이때에 교화한 헤아릴 수 없는 항하사 중생들이란, 너희 여러 비구와 또 내가 세상을 떠난 후에 오는 세상의 성문 제자들이니라.”

37행 “내가 세상을 떠난 후에 다시 어떤 제자가 이 법화경을 듣지도 못하고, 보살의 행할 바를 알지도 못하고, 깨닫지도 못하였지만, 스스로가 얻은 바의 공덕으로 모든 번뇌가 소멸된 위없는 깨달음에서 벗어날 수 있다고 생각을 일으켜서 마땅히 위없는 해탈에 들어갈 수 있을 것이라고 한다면, 내가 다른 세계에서 부처를 이루어 다른 이름을 가질 때, 이 사람이 비록 모든 번뇌가 소멸된 위없는 깨달음에서 벗어날 것이라는 생각을 일으켜서 위없는 해탈에 들어간다고 하였더라도 저 세계에서 부처님의 지혜를 구하여 이 법화경을 얻어 듣게 될 것이니라.”

38행 “오직 일불승이어야 모든 번뇌가 소멸된 위없는 깨달음을 얻을 것이며, 다른 승은 없느니라. 다만 모든 여래의 방편으로 말하는 법은 제외되나니라.”

39행 “여러 비구들이여, 만약 여래가 세상을 떠나실 시기에 이르렀고, 대중도 청정하여 믿고 이해함이 견고하고, 공한 법을 통달하며, 선정에 깊이 들어간 줄을 스스로 알면, 문득 여러 보살과 성문들을 모아 놓고 이 법화경을 말할 것이니라."

40행 "세간의 이승으로는 모든 번뇌가 소멸된 위없는 깨달음을 얻을 수가 없고, 오직 일불승으로만 모든 번뇌가 소멸된 위없는 깨달음을 얻을 수 있느니라"

41행 "비구들이여 마땅히 알아라. 여래는 방편으로써 중생들의 성품에 깊이 들어가, 그들이 소승법을 좋아하며 다섯 가지 욕망에 깊이 탐착함을 알므로, 그들을 위하여 위없는 해탈을 말하는 것을 그 사람이 듣고는 곧 그대로 믿고 받아 지니느니라."

32장--네 번째 비유 화성의 비유

1절

1행 "비유하면, 오백 유순이나 되는 험난하고 길이 나쁘며, 인적마저 끊어진 무서운 곳이 있었다. 많은 사람들이 이곳을 지나 보물이 많은 곳으로 가고자 하였느니라."

2행 "이때, 한 길잡이가 있었는데, 총명하고 지혜가 많고 이 험한 길을 잘 통하고 막힌 형편을 잘 알아, 여러 사람들을 데리고 이 험난한 길을 통과하고 있었느니라."

3행 "인도받아 가던 사람들이 중도에서 물러갈 마음이 생겨 길잡이에게 말하였느니라."

4행 "'우리는 극도로 피로하고 더욱이 무서워서 능히 다시 더 나아갈 수 없고, 앞길도 멀어 이제 그만 가고 되돌 아설까 하노라.'하였느니라."

5행 "길잡이는 여러 가지 방편이 많아서 이와같이 생각하 였느니라."

6행 "'이 사람들은 참으로 딱하구나. 어찌하여 큰 보물을 버리고 되돌아가려고 하는가.'"

7행 "이와같이 생각하고는 방편의 힘으로써 험난한 길에 서 3백 유순을 지나서 한 도성을 화작하여 놓고 여러 사람에게 말하였느니라."

8행 "'그대들은 무서워하지도 말고 되돌아가려 하지도 말 아라. 지금 저기 큰 성이 있으니, 가히 그 안에서 마 음대로 즐길 수 있느니라. 만약 저 성에 들어가면 쾌 락을 얻어 편안히 살 수도 있고, 만약 능히 앞으로 가 면 보물이 있는 곳에도 또한 가히 갈 수가 있느니라.'"

9행 "이때, 지극히 피로해 있던 대중들은 마음이 매우 기 뻐서 일찍이 있지 않았던 일이라고 찬탄하였느니라."

10행 "'우리가 이제는 험한 길을 벗어나서 편안히 쾌락을 얻었노라.'"

11행 "이리하여 여러 사람들은 앞의 변화로 만든 도성에 들 어가서 '이미 지나왔다'는 생각을 일으키고 '편안하다' 는 생각을 일으켰느니라."

12행 "이때, 길잡이는 이 사람들이 잘 쉬어서 피로가 회복된 줄을 알고는 곧 변화하여 만든 성을 없애고 여러 사람들에게 말하였느니라."

13행 "'그대들이여, 앞으로 나아가자. 보물이 있는 곳이 멀지 않느니라. 아까 있던 큰 성은 내가 조화로 만든 것이니, 임시로 쉬어가기 위한 것이었느니라.'"

14행 "여러 비구들이여, 여래도 또한 그와 같으니, 지금 그대들을 위하여 길잡이가 되어 여러 태어나고 죽어가는 번뇌의 나쁜 세상의 길이 험난하고 먼 것이 응당 떠나야 할 것과 응당 건너야 할 것임을 알아야 하느니라."

15행 "만약 중생들이 다만 일불승만을 들으면 곧 부처님을 뵈오려고 하지도 않고 친견하고 가까이하지도 않고서, 다시 이와같이 생각하느니라."

16행 "'부처를 이루는 길은 멀고도 멀어서 오래도록 부지런히 고행을 하여야 가히 이룰 수 있는 것이구나.'"

17행 "부처님께서는 그들의 마음이 겁약하고 용렬한 줄을 아시고, 방편의 힘을 써서 중도에서 쉬게 하기 위하여 두 가지 위없는 해탈을 말하셨느니라."

18행 "만일 중생들이 두 지위에 머무르면, 그때에 여래는 곧 이렇게 말씀하시느니라."

19행 "'너희는 할 일을 아직 다하지 못하였으며, 너희가 머물러 있는 지위는 부처님의 지혜에 가까울 뿐이니, 마땅히 잘 관찰하고 헤아려 보아라."

20행 "얻었다고 하는 위없는 해탈은 진실한 것이 아니요, 다만 여래가 방편의 힘으로써 일불승에서 분별하여 삼승을 말한 것뿐이니라. 마치 저 길잡이가 쉬어 가기 위하여 조화로 만든 큰성과 같으니라. 그러므로 잘 쉰 줄을 알면 다시 말하기를, 보물이 있는 곳이 멀지 않았느니라. 이 성은 참이 아니요 내가 조화로 만든 것이라고 한 것과 같으니라.'"

33장

1절 이때 세존께서 그 뜻을 거듭 펴시려고 게송으로 말씀하셨습니다.

2절 대통지승 부처님,
도량에 앉은 지 열겁에도
부처님 법이 나타나지 않아
부처님의 길을 이룸을 얻지 못하였느니라.

3절 여러 하늘의 신들과 용왕들과
아수라 무리들이
항상 하늘의 꽃을 내려
부처님께 공양하며,
여러 하늘들은 하늘의 북을 치고
더불어 모든 풍류 다 일으키며
시든 꽃은 향풍이 불어 가고
다시 새롭고 좋은 것을 내리었느니라.

4절   십소겁이 지난 뒤에야
       부처님의 도 이룸을 얻어서
       모든 하늘과 또 세상 사람들이
       마음에 모두 큰 기쁨을 일으켰느니라.

5절   저 부처님의 열여섯 명의 왕자들
       모두 그 권속들과 더불어
       천만억 무리에게 둘러싸여
       함께 부처님 계신 곳에 이르러
       머리 조아려 예배하고
       법의 수레바퀴를 굴리시기를 청하였느니라.
       '거룩한 성자시여, 법의 비를 내리시어
       저희와 그리고 모든 중생들이 충만하게 하여 주소서.'

6절   세존 뵙기 매우 어려워
       오랜 세월에 한 번 오시나니
       중생들을 깨우치시려고
       모든 것들이 진동하였느니라.

7절   동방에 있는 여러 세계
       오백만억 국토에 있는
       범천왕의 궁전을 밝게 비추니
       예전에 일찍이 없었던 일이니라.

8절   모든 범천들은 이 상서로움을 보고
       부처님 계신 곳에 찾아가서
       하늘의 꽃을 흩어 공양하고

아울러 궁전까지 받들어 올리며
법의 수레바퀴를 굴리시기를 청하고
게송을 읊어 찬탄하였으나
부처님께서는 때가 이르지 않았음을 아시고
청을 받으시고도 잠자코 앉아 계셨느니라.

9절 남서 북방과 네 간방
상방과 하방 또한 모두 또한 그러하여
꽃 흩고 궁전을 바치고
법의 수레바퀴를 굴리시기를 간청하였느니라.

10절 심히 뵈옵기 어려운 세존이시여,
바라옵건대, 자비하신 원력으로
널리 감로의 문을 열어
위없는 법의 수레바퀴를 굴려 주소서.

11절 지혜가 헤아릴 수 없는 세존은
여러 대중들의 청을 받고
갖가지의 법을 말씀하시니
네 가지 진리와, 열두 가지 인연들이니라.

12절 무명으로부터 늙음과 죽음에 이르기까지
모두 태어남을 따라서 인연이 있는 것
이와 같은 여러 가지 재앙과 근심을
너희들은 응당 마땅히 알아야 할 것이니라.

13절 이 법을 널리 말씀하실 때
육백만억의 중생들이

모든 괴로움이 다함을 얻고
모두 다 아라한을 이루었느니라.

14절 　두 번째 법을 말씀하실 때에도
천만억 항하사의 대중들이
모든 법을 애착하지 아니하여
또한 아라한을 얻었느니라.

15절 　이후에 도를 얻은
그 수효가 헤아릴 수 없어
만억겁 동안 셈을 하여도
능히 그 끝을 얻을 수가 없었느니라.

16절 　그때 열여섯 명의 왕자들이
출가하여 사미가 되어
모두 함께 부처님께 청하기를
대승의 법을 펼쳐서 말씀하여 달라 하였느니라.

17절 　저희와 그리고 여러 시중들
모두 다 마땅히 부처를 이루어
원하건대 세존과 같이
가장 깨끗한 지혜의 눈을 얻고자 하옵니다.

18절 　부처님은 동자들의 마음과
전세에 수행한 일들을 아시고
헤아릴 수 없는 인연과
가지가지의 여러 가지 비유로써
여섯 가지 바라밀다와

도 많은 신통의 일을 말씀하셨느니라.

19절 진실한 법과
보살이 행하는 도를 분별하여
이 묘법연화경의
항하사 수와 같은 게송을 말씀하시었느니라.

20절 그 부처님께서 법화경을 말씀하심을 마치시고
고요한 방에서 선정에 들어가셔서
한마음으로 한곳에서
팔만 사천 겁 동안 앉아 계시었느니라.

21절 이 여러 사미들,
부처님 선정에 드심을 알고
헤아릴 수 없는 억만 중생들을 위하여
위없는 부처님의 지혜를 말하고자
제각기 법상에 앉아
이 대승경을 널리 말하였느니라.

22절 부처님께서 편안히 세상을 떠나신 후에도
교화하는 법을 선양하여 도우니
그 여러 사미들이
제도한 많은 중생들이
육백만억이 있으니
항하의 모래 숫자 만큼 많았느니라.

23절 그 부처님께서 세상을 떠나신 후에
이 법을 들은 많은 자들이

있는 곳마다 많은 부처님 세계에
항상 스승과 더불어 함께 태어났느니라.

24절 그 열여섯 사미들은
부처님의 도를 구족하고 행하여
지금 현제 시방 세계에서
각각 정각을 이루었느니라.

25절 이때 법을 들은 자들이
각자 여러 부처님 계신 곳에서
성문에 머무르는 이 있으면
점차로 부처의 도를 가르쳤느니라.

26절 열여섯 명의 왕자들의 하나이던 나도
일찍이 또한 너희에게 법을 말하였으며
이러한 까닭으로 방편으로 이끌어서
부처님의 지혜로 인도하였느니라.

27절 이 본래의 인연으로
지금 법화경을 말하여
너희로 하여금 부처님의 도에 들게 하노니,
놀라고 두려워하지 말아라.

28절 비유컨대, 험악하고 나쁜 길
멀고 흉악한 짐승 많으며
또한 더욱이 물과 풀까지 없어
사람들이 무서워하는 곳이라.

29절 수없는 천만의 대중들이

이 험한 길을 지나가고자 하는데
그 길은 심히 멀고도 멀어
오백 유순을 지나야 하느니라.

30절 이때에 한 길잡이가 있었는데
아는 것도 많고 지혜도 있어
분명히 알고 마음이 견고하여
험난한 곳에 있을 적에 많은 어려움에서
대중 사람들이 모두 피곤하고 지쳐서
길잡이에게 하소연하였느니라.

31절 '우리는 지금 매우 피곤하여
이만하고 돌아가려 하오.'
길잡이가 생각하기를
'저 매우 불쌍한 무리들
어찌하여 큰 보물들을 다 버리고
그저 돌아가려 하는가.'

32절 가만히 방편을 생각하여,
마땅히 베풀어서 신통한 힘을 내어
커다란 성을 조화로 만들어
많은 집들을 장엄하게 꾸몄느니라.

33절 주위엔 원림이 둘러 있으며
맑은 시냇물과 깨끗한 연못
큰 대문과 높은 누각
남자와 여자 모두가 가득히 사는.

곧 이렇게 도성을 조화로 만들어
무리를 위로하여 주기 위하여 달래었느니라.
'그대들은 이 성에 들어가
그대들 마음대로 즐기고 사시오.'

34절 모든 사람들은 그 성에 들어가
마음이 모두 한없이 즐거워
모두 다 편안하다는 생각을 내고
스스로 이르렀다고 위안을 하였으며
길잡이가, 편안히 쉰 줄을 알고
무리를 모아 놓고 선언하였느니라.

35절 '여러분들이여 마땅히 앞으로 나아갑시다.
이것은 조화로 만든 성입니다.
내가 여러분들이 매우 피곤하여
중도에서 되돌아가려 하기에
내가 방편의 힘으로
조화를 부려 이 성을 만들었던 것입니다.
여러분들이 지금 부지런히 정진하여 나아가면
마땅히 함께 보물있는 곳에 이르게 될 것입니다.'

36절 나도 또한 거듭하여 이와 같아서
모든 중생들의 길잡이이니
보건대 모든 도를 구하는 자들은
중도에서 지치고 게을러
능히 생사를 건너지 못하여서

번뇌의 많은 험난한 길에 있느니라.

37절 이러한 까닭으로 방편의 힘으로
쉬게 하려고 위없는 해탈을 말하여
너희들의 괴로움이 없어지고
할 일을 다하였다 말하였느니라.

38절 이미 위없는 해탈에 이르러
모두 아라한을 이룬 줄을 알기에
이에 대중을 모으고
진실한 법을 말하고자 하느니라.

39절 여러 부처님은 방편의 힘으로
분별하여 삼승을 말하지만
오직 일불승만 있나니
쉬게 하려고 이승을 말한 것이니라.

40절 이제 그대들에게 진실을 말하리라.
너희가 얻은 것은 위없는 해탈이 아니니
부처님의 모든 지혜를 위하여
마땅히 크게 정진을 일으켜서
너희들은 일체의 지혜와
열 가지의 힘 등 부처님의 법을 증득하여
서른두 가지 상호를 갖추어야
이에 진실한 위없는 해탈이라 하느니라.

41절 모든 부처님들께서 인도하시는 스승이 되어
쉬게 하려고 위없는 해탈을 말하였지만

이미 쉰 줄을 알고서는
부처님의 지혜에 들어가도록 이끌어 주시느니라.

묘법연화경 妙法蓮華經

제4권 第四卷

8 오백제자수기품 八 五百弟子授記品

1장

1절 이때 부루나미다라니자는 부처님께서 지혜의 방편으
로 근기에 따라 법을 말씀하심을 듣고 또 여러 큰 제
자들에게 위없이 높고 바른 완전한 깨달음을 얻으리
라는 수기 주심을 듣고, 거듭하여 지난 세상 인연들의
일들을 말씀하심을 들었습니다.

2절 또 부처님들이 크게 자재하신 신통의 힘을 가지셨음
을 듣고는 일찍이 없었던 것을 얻고 마음이 깨끗해져
뛰놀면서 곧 자리에서 일어나, 부처님 앞에 나아가 머
리를 조아리고 발에 예배하고 물러가 한쪽에 앉아서
존안을 우러러보고 한눈팔지 아니하면서 이러한 생각
을 하였습니다.

3절 '세존은 매우 거룩하시고, 하시는 일이 희유하며, 세
간의 여러 가지 성품을 따라 방편 지견으로써 법을 말
씀하시어 중생들을 여러 가지 탐착에서 빼내어 주시
었다. 우리는 부처님의 공덕을 이루 다 말할 수 없지
만, 오직 부처님 세존께서는 능히 우리들의 깊은 마음
의 본래의 소원을 아실 것이리라.'

4절 이때, 부처님께서 여러 비구들에게 말씀하셨습니다.

5절

1행 "너희들은 이 부루나미다라니자를 보느냐. 나는 항상
그가 법을 말하는 사람 가운데 최고이며 제일이라고
칭하였으며, 또한 항상 그의 여러 가지 공덕을 찬탄하

였느니라."

2행 "부지런히 정진하여 나의 법을 잘 지키고 법을 도와 선전하며, 능히 사부대중에게 보여 주고 가르쳐 이롭고 기쁘게 하며, 부처님의 바른 법을 구족하게 해석하여 함께 범행을 닦는 이들을 크게 이롭게 하므로, 여래를 제외하고는 능히 그의 말하고 토론하는 변재를 능가할 자가 없느니라."

3행 "너희는 부루나가 다만 능히 법만을 수호하고 나의 법을 도와서 널리 편다고 생각하지 말아라. 또한 지난 세상에 구십억 많은 부처님 처소에서도 수호하고 도와서 널리 폈으며, 부처님의 바른 법인 그 법을 말하는 사람들 가운데에서도 또한 최고로 제일이었느니라."

4행 "또 여러 부처님의 말씀하신 공의 법을 분명히 통달하여, 네 가지 걸림 없는 지혜를 얻어, 항상 능히 자세하고 청정하게 법을 말씀하여 의혹이 없으며, 보살의 신통한 힘을 갖추어 그의 목숨이 다하도록 항상 범행을 닦았으므로, 그 부처님 당시의 사람들이 모두 함께 생각하기를 '참다운 성문'이라고 하였느니라."

5행 "부루나는 이런 방편으로 헤아릴 수 없는 백천 중생들을 이익 되게 하였고, 또 헤아릴 수 없는 아승지 사람들을 교화하여 위없이 높고 바른 완전한 깨달음에 이르게 하였느니라. 부처님의 국토를 청정하게 하기 위하여 항상 부처님 일을 지어 중생들을 교화하였느니라."

6행 "여러 비구들이여, 부루나는 또한 과거의 일곱 부처님 계실 때에도 법을 말하는 사람들 중에서 제일이 되었고, 지금 나의 처소에서도 법을 말하는 사람들 중에 또한 제일이 되느니라. 이 어진 사람들 가운데에서나 마땅히 미래의 여러 부처님의 법을 말하는 사람들 가운데에서도 또한 거듭하여 제일이 될 것이니, 모두 부처님의 법을 수호하고 도와서 널리 펼칠 것이니라."

7행 "또, 오는 세상에도 헤아릴 수 없고 끝이 없는 여러 부처님의 법을 수호하고 도와서 널리 펼칠 것이며, 헤아릴 수 없는 중생들을 교화하고 이익 되게 하여 위없이 높고 바른 완전한 깨달음을 이루게 할 것이니라.

8행 부처님의 국토를 청정하게 하기 위하여 항상 부지런히 정진하고 중생들을 교화하여 점점 보살의 도를 구족할 것이니라."

9행 "헤아릴 수 없는 아승지겁을 지나 마땅히 이 세계에서 위없이 높고 바른 완전한 깨달음을 얻을 것이리니, 명호는 법명여래, 응공, 정변지, 명행족, 선서, 세간해, 무상사, 조어장부, 천인사, 불세존이라 할 것이니라."

10행 "그 부처님은 항하의 모래같이 많은 삼천 대천세계가 한 부처님 나라로 될 것이고, 일곱 가지 보배로 땅이 되고 땅이 평평하기가 손바닥 같아, 산과 등성이와 계곡과 도랑과 골짜기가 없을 것이니라."

11행 "일곱 가지 보물들로 만들어진 누각이 그 안에 가득하고, 여러 하늘의 궁전들이 가까운 허공에 있어서 인간 사람과 하늘 사람이 만나 양쪽에서 서로 볼 수가 있을 것이니라."

12행 "여러 가지 나쁜 갈래도 없고, 또한 음욕을 부리는 여인도 없으며, 모든 중생들은 모두 변화하여 태어났으므로 음욕이 없을 것이니라."

13행 "큰 신통을 얻어 몸에서 광명이 나고, 자유자재하게 날아다니며, 의지와 생각이 견고하여 정진하며 지혜가 있고, 널리 모두 금빛이고 서른두 가지 상으로 저절로 장엄하게 될 것이니라."

14행 "그 나라의 중생들은 항상 두 가지 음식을 먹나니, 하나는 법을 즐겨하는 음식이요, 둘은 선정에 들어선 즐거움의 음식이니라."

15행 "헤아릴 수 없는 아승지 천만억 나유타의 여러 보살 대중들이 있어, 큰 신통과 네 가지 걸림 없는 지혜를 얻어 능히 중생들을 잘 교화하리라. 그 성문 대중은 산수로 계산하여도 능히 알 수가 없으며, 모두 여섯 가지의 신통과 세 가지 밝음과 여덟 가지 해탈을 얻어 구족할 것이니라."

16행 "그 부처님의 국토는 이와 같은 헤아릴 수 없는 공덕이 있어 장엄을 성취할 것이니라. 겁의 이름은 보명이요, 나라의 이름은 선정이며, 그 부처님의 수명은 헤아릴 수 없는 아승지겁으로, 법이 오래오래 머무를 것이며 부처님께서 세상을 떠나신 후에는 일곱 가지의 보물로 된 탑을 만들어 그 나라 안에 가득할 것이니라."

2장

1절 이때에, 세존께서는 이 뜻을 거듭 펴시려고 게송으로 말씀하셨습니다.

2절 모든 비구들이여, 잘 듣거라.
부처님 제자가 행하는 도는
방편을 잘 배웠기에
가히 생각으로는 헤아리기 어려운 것이니라.

3절 중생들은 소승법을 좋아하고
큰 지혜를 두려워함을 잘 알아
이러한 까닭으로 여러 보살들은
성문이나 연각이 되느니라.

4절 헤아릴 수 없는 방편으로
많은 중생들을 교화하며
스스로 말하기를 이 성문들은
부처님 길로 가는 것은 매우 멀다고 하느니라.

5절 헤아릴 수 없이 많은 중생들을
제도하여 해탈하게 하고
모두 다 성취하고 얻게 하여

비록 욕망이 적고 게으른 이도
점차 마땅히 부처를 이루게 하느니라.

6절　안으로는 보살의 행을 감추고
겉으로는 성문의 모습 드러내어
욕망은 적고 태어나고 죽음을 싫어하지만
실로는 부처님 나라를 깨끗하게 함이니라.

7절　대중들에게 삼독이 있음을 보이고
또 삿된 소견의 모습을 나타내어서
나의 제자들 모두 이와같이
방편으로 중생들을 제도하느니라.

8절　만약 내가 구족한
갖가지로 변화하여 나타난 일들을 말한다면
중생들은 이 말을 듣고
마음으로 곧 의혹을 품게 되느니라.

9절　지금 이 부루나는
옛적에 천억 부처님 때에
수행하는 일 부지런히 하고
많은 부처님 법을 베풀며 수호하였느니라.

10절　위없는 지혜 구하느라
여러 부처님 계신 데서
제자들의 우두머리로 있어서
많이 듣고 지혜가 있었느니라.

11절　법을 말함에 두려움이 없어서

능히 여러 대중들을 즐겁게 하며
피곤함이 일찍이 있지 않았으며
부처님의 교화를 도왔느니라.

12절   큰 신통을 이미 얻었고
걸림 없는 네 가지의 지혜를 갖추어
많은 중생들의 근성을 알아
항상 청정한 법을 설하였느니라.

13절   이와 같은 뜻 유창하게 펴
모든 천억 중생들을 가르쳐서
대승법에 머무르게 하여
스스로 부처님의 나라를 깨끗하게 하였느니라.

14절   오는 세상에도 또한
헤아릴 수 없는 많은 수의 부처님께 공양하고,
바른 법 수호하고 선포해서
또한 스스로 부처님 세계를 청정하게 할 것이니라.

15절   언제나 여러 가지 방편으로
두려움 없이 법을 말하여
헤아릴 수 없는 중생들을 건지어
일체의 지혜를 성취시킬 것이니라.

16절   모든 여래께 공양하고
법의 보물의 창고를 보호하고 지켜서
그 후에 부처 이름을 얻어
명호를 법명이라 할 것이니라.

17절   그 국토는 이름이 선정이고
　　　　일곱 가지 보물들이 합하여져서 이루어졌으며
　　　　겁의 이름은 보명이며
　　　　보살 대중이 매우 많을 것이니라.

18절   그 수효 헤아릴 수 없는 억이
　　　　모두 큰 신통을 얻었고,
　　　　위엄과 공덕의 힘을 구족하여
　　　　이들 나라 안에 가득할 것이니라.

19절   성문들도 또한 헤아릴 수 없이 많이
　　　　세 가지의 밝음과 여덟 가지의 해탈을 얻었고
　　　　네 가지의 걸림 없는 지혜를 얻어서
　　　　이들이 수행자가 될 것이니라.

20절   그 나라의 여러 중생들은
　　　　음욕이 모두 이미 끊어져
　　　　순전히 변화로 태어나
　　　　상호가 갖추어진 몸을 장엄할 것이니라.

21절   법을 좋아함과 선정을 좋아하는 음식이 있어
　　　　다른 것을 먹을 생각이 없고
　　　　여인이란 이름도 없으며
　　　　또한 나쁜 갈래도 없을 것이니라.

22절   부루나 비구는
　　　　공덕이 모두 원만히 성취되어
　　　　마땅히 이러한 정토를 얻을 것이며

거룩한 대중이 매우 많을 것이니라.

23절 이와같이 헤아릴 수 없는 일을
내가 이제 다만 간략히 말하느니라.

3장

1절 이때, 마음이 자재한 자들인 천이백 아라한들이 이렇게 생각하였습니다.

2절 '우리는 즐거워 일찍이 없었던 것을 얻었으니, 만일 세존께서 저 큰 제자들과 같이 각기 수기를 주신다면 이 또한 얼마나 통쾌할 것인가.'

3절 부처님께서 대중들의 마음으로 생각하는 바를 아시고 마하가섭에게 말씀하셨습니다.

4절

1행 "천이백 아라한들에게 내가 이제 마땅히 현재 차례대로 위없이 높고 바른 완전한 깨달음을 얻을 것이라는 수기를 주리라."

2행 "이 대중 가운데 있는 나의 큰 제자인 교진여 비구는 마땅히 육만 이천억 부처님께 공양하고 그러한 후에 부처를 이룰 것이며, 명호는 보명여래, 응공, 정변지, 명행족, 선서, 세간해, 무상사, 조어장부, 천인사, 불세존이라 할 것이니라."

3행 "오백 아라한인 우루빈나가섭, 가야가섭, 나제가섭, 가류타이, 우타이, 아누루타, 리바다, 겁빈나, 박구라, 주타, 사가타 등도 모두 마땅히 위없이 높고 바른

완전한 깨달음을 얻어서 다 같이 이름을 보명이라 할
것이니라."

4장

1절　이때, 세존께서 이 뜻을 거듭 펴시려고 게송으로 말씀
하셨습니다.

2절　교진여 비구는
마땅히 헤아릴 수 없는 부처님을 뵈옵고
아승지겁을 지나
반드시 위없는 바른 깨달음을 이룰 것이니라.

3절　항상 큰 광명을 놓고
모든 신통을 구족하여
명성이 시방에 퍼져
모든 이의 공경을 받으며,
항상 위없는 도를 말하여
이름을 보명이라 할 것이니라.

4절　그 국토는 청정하고
보살들도 모두 용맹하며
모두 미묘한 누각에 올라
여러 시방 세계에 다니면서
위없는 공양거리로
많은 부처님을 받들 것이니라.

5절　이렇게 공양을 마치고는
크게 환희한 마음을 품고

잠깐 동안에 본국으로 돌아오는
이와 같은 신통한 힘이 있을 것이니라.

6절 부처님의 수명은 육만 겁이며
정법은 수명의 갑절이고
상법 또한 정법의 갑절이며
법이 사라지면 하늘과 사람들이 슬퍼할 것이니라.

7절 그 오백 비구들이
차례차례로 마땅히 부처를 이루어
이름이 다 같이 보명이라 하고
차례대로 수기를 줄 것이니라.

8절 내가 세상을 떠난 후에도
많은 자들이 마땅히 부처를 이루어
그의 교화하는 세상도
또한 오늘날 나와 같을 것이니라,

9절 국토의 장엄하고 깨끗함과
또 모든 신통한 힘과
보살, 성문의 대중들과
정법과 그리고 상법도
수명의 겁이 많고 적음도
모두 위에서 말한 바와 같으리라.

10절 가섭이여 그대가 이미
오백의 자재한 자들을 알거니와
그 남은 여러 성문들도

또한 마땅히 거듭하여 이와 같으리니,
이 회상에 있지 않은 자들은
그대가 마땅히 잘 펼쳐서 말하여 주어라.

5장

1절 이때 오백 아라한이 부처님 앞에서 수기를 받고 기**뻐**
뛰면서, 곧 자리에서 일어나 부처님 앞에 나아가 머리
를 조아려 발에 예배하면서 뉘우치고 스스로 책망하
였습니다.

2절

1행 "세존이시여, 저희는 항상 생각하기를, 스스로가 최
상의 위없는 깨달음을 얻었노라 생각하였는데, 지금
에 와서야 지혜 없는 이와 같음을 알았나이다."

2행 "그 까닭이 무엇인가 하면 저희들도 응당 여래의 지
혜를 얻을 수 있건만, 문득 스스로가 조그마한 지혜로
만족하였기 때문입니다."

6장--다섯 번째 비유, 옷속의 보물

1절

1행 "세존이시여, 비유하면 어떤 사람이 친구의 집에 갔
다가 술에 취하여 자는데, 이때에 주인 친구는 관청
일로 마땅히 길을 떠나게 되었습니다. 그래서 값을
따질 수 없는 보배로 그 옷 속에 매어 주고 나갔습니
다."

"그 사람은 취하여 누워서 알지 못하였고, 깨어난 후에는 길을 떠나 다른 지방으로 두루 다니면서, 옷과 음식을 위하여 부지런히 애써 돈을 구하느라고 매우 큰 어려움을 겪으면서, 혹은 조금이라도 소득이 있으면 곧 만족하였습니다."

"오랜 후에 친구를 다시 우연하게 만나 보고는, 이렇게 말하였습니다."

"'애닳다, 이 사람아. 어찌하여, 옷과 음식을 위하여 이 지경이 되었는가. 내가 예전에 그대로 하여금 마음 대로 오욕락을 누리면서 편안히 살게 하려고 어느 날엔가 값을 따질 수 없는 보배 구슬을 그대의 옷 속에 매어 주지 않았던가. 지금도 현재 그대로 있는데, 그대가 알지 못하고 갖은 고생을 하면서 궁색한 생활을 하고 있으니, 매우 가련한 일이로다. 그대는 이제라도 가히 이 보배를 팔아서 필요한 물품을 바꾼다면, 항상 여의하여 부족함이 없을 것이니라.'하였습니다."

7장

1절

"부처님도 또한 이와 같아서 보살이시던 때에 저희들을 교화하여 일체 지혜의 마음을 내게 하였사오나, 곧 잊어버려 알지도 못하고 깨닫지도 못하고, 이미 아라한의 도를 얻고는 스스로 최상의 깨달음이라고 생각하였으므로, 살림이 곤궁하여 적은 것을 얻고 만족하게 여겼으나, 일체의 지혜를 얻으려는 염원은 오히려 남아 있어 잃어지지는 않았습니다."

2행 "이제 세존께서 저희들을 깨닫게 하시려고 이와같이 말씀하십니다."

3행 "'여러 비구들아, 너희들이 얻은 것은 최상의 위없는 해탈이 아니니라. 내가 오래 전부터 너희들로 하여금 부처님의 선근을 심게 하기 위하여, 방편으로 세상을 떠나가는 모양을 보이었더니, 그대들은 이것을 진실한 위없는 해탈을 얻었다고 하는구나.'"

4행 "세존이시여, 저희가 이제야 참으로 보살로서 위없이 높고 바른 완전한 깨달음의 수기를 받았음을 알았나이다.
이러한 인연으로 매우 크게 기뻐하여 일찍이 없던 일을 얻었습니다."

8장

1절 이때 아야 교진여 등이 이 뜻을 거듭 펴려고 게송으로 말하였습니다.

2절 저희들이 위없는
안온한 수기 주시는 음성을 듣고
기쁘고 일찍이 없던 일이어서
헤아릴 수 없는 지혜의 부처님께 예배드립니다.

3절 지금 세존 앞에서
스스로 모든 허물을 뉘우치옵고

헤아릴 수 없는 부처님 보배에서
작은 깨달음을 얻고
지혜 없고 어리석은 사람이
스스로 만족하다 여김과 같았습니다.

4절 비유컨대 빈궁한 사람이
친구의 집을 찾아가니
그 집이 매우 부유하여
여러 가지 좋은 음식을 갖추어 대접하고
값을 따질 수 없는 보배 구슬을
옷 속에 매어 주고
잠자코 볼 일을 보러 갔는데
이 사람이 잠들어 알지 못하였습니다.

5절 빈궁한 사람 깨어나서는
여러 곳으로 돌아다니며
옷과 음식을 벌며 살아가느라
매우 어려운 어려움을 겪고
조금만 얻어도 만족해하고
더 좋은 것 원하지 않았으며
옷 속에 값으로 따질 수 없는
보배 구슬이 있는 줄을 알지 못하였습니다.

6절 보배 구슬을 매어 준 친구가
오랜 후에 빈궁한 친구를 보고
웬일인가 책망하면서

옷 속의 구슬을 보여 주니
빈궁한 사람 구슬을 보고
그 마음 크게 환희하여
많은 살림을 마련해 놓고
다섯 가지 욕망을 맘껏 누렸습니다.

7절 저희들도 또한 그와 같아서
캄캄한 옛날 부처님께서
항상 연민하여 교화하시어
근본으로 하여금 위없는 서원 심게 하시나
저희들 지혜가 없으므로
알지도 못하고 또한 깨닫지도 못하여
작은 깨달음을 조금 얻고는
스스로 만족하여 구하지 않았습니다.

8절 이제 부처님께서 저희들을 깨우쳐
이것은 진실한 위없는 해탈이 아니니
위없는 부처님의 지혜를 얻어야
그것이 진실한 위없는 해탈이라 하시니
저희는 지금 부처님께옵서
수기를 주시는 장엄한 일과
또 차례로 수기 주심의 결정됨을 듣고
몸과 마음에 기쁨이 가득하옵니다.

묘법연화경 妙法蓮華經

제4권 第四卷

9 수학무학인기품 九 授學無學人記品

1장

1절 이때 아난과 라후라가 이렇게 생각하였습니다.

2절 '우리가 늘 생각하고 말하기를 수기를 받는다면 또한 얼마나 좋겠는가.'

3절 곧 자리에서 일어나 부처님 앞에 나아가 머리를 조아리며 발에 예배하고 함께 부처님께 말씀을 드렸습니다.

4절

1행 "세존이시여, 저희에게도 이 일에 또한 응당 베풀어 줌이 있을까 하나이다. 오직 여래만이 저희가 귀의할 바이옵니다. 또한 저희는 모든 세간의 하늘, 사람, 아수라들이 보고 아는 바이옵니다."

2행 "아난은 항상 시자가 되어 법장을 수호하여 가졌고, 라후라는 부처님의 아들이옵니다. 만일 부처님께서 위없이 높고 바른 완전한 깨달음의 수기를 주신다면, 저희의 소원이 충만하고, 여러 대중들의 소망도 또한 만족할 것입니다."

5절 이때에 공부하여 가는 자들과 공부를 마친 자들인 성문 제자 이천인이 모두 자리에서 일어나 오른쪽 어깨를 드러내고, 부처님 앞에 나아가 일심으로 합장하고 세존을 우러러보면서, 아난과 라후라의 소원과 같다고 하고 한쪽 곁에 머물러 서 있었습니다.

6절 이때에 부처님께서 아난에게 말씀하셨습니다.

1행 "너는 오는 세상에 마땅히 부처를 이루어 명호를 산해혜자재통왕여래, 응공, 정변지, 명행족, 선서, 세간해, 무상사, 조어장부 ,천인사, 불세존이라 할 것이니라."

2행 "마땅히 육십이억의 많은 부처님께 공양하며 법장을 수호한 연후에 위없이 높고 바른 완전한 깨달음을 얻으리라. 이십천만억 항하사의 모든 보살들을 교화하여 위없이 높고 바른 완전한 깨달음을 성취하게 할 것이니라."

3행 "나라의 이름은 상립승번이니, 그 국토가 청정하여 유리로 땅이 되었고, 겁의 이름은 묘음변만이며, 그 부처님의 수명은 헤아릴 수 없는 천만억 아승지겁이리라. 만일 사람이 천만억의 헤아릴 수 없는 아승지겁 동안에 산수로 계산하여도 능히 알지 못할 것이니라. 정법이 세상에 머무르기는 수명의 갑절이요, 상법은 정법의 갑절이 될 것이니라."

4행 "아난아, 이 산해혜자재통왕부처님에 대하여 시방의 헤아릴 수 없는 천만억 항하의 모래알같이 많은 부처님 여래가 함께 그 공덕을 찬탄할 것이니라."

2장

1절 이때, 세존께서 이 뜻을 거듭 펴시려고 계송으로 말씀하셨습니다.

2절 내가 이제 승가 대중들에게 말하노니
법을 수호하는 아난은
마땅히 많은 부처님께 공양하고
그런 연후에 위없는 바른 깨달음을 성취할 것이니라.

3절 그 명호를 부르기를
산해혜자재통왕부처님이시며,
그 국토는 청정하며
이름을 상립승번이라 할 것이니라.

4절 교화한 많은 보살의 수효는
그 수가 항하의 모래 수 같고
부처님의 크신 위덕의
명성이 시방에 가득할 것이니라.

5절 수명은 헤아릴 수가 없고
중생들을 가엾이 여기어
정법은 수명의 갑절이고
상법은 또 정법의 갑절이 될 것이니라.

6절 항하의 모래와 같이
수없는 많은 중생들
이 부처님의 법 가운데에서
부처님 길로 가는 인연을 심게 될 것이니라.

3장

1절 이때에 회중에 있던 새로 발심한 보살들인 팔천의 사
람들은 모두 다 이와같이 생각하였습니다.

2절 '우리들 또한 여러 큰 보살들이 이러한 수기를 받는 다는 것을 듣지 못하였는데,
어떠한 인연으로 많은 성문들이 이와 같은 훌륭한 수 기를 받을 수 있는 것인가!.'

3절 이때에 세존이 여러 보살의 마음으로 생각하는 바를 아시고 말씀하셨습니다.

4절

1행 "여러 선남자들이여, 내가 아난과 함께 공왕 부처님 계신 곳에서 동시에 위없이 높고 바른 완전한 깨달음 의 마음을 일으켰느니라. 아난은 항상 많이 듣기를 좋 아하였고, 나는 항상 부지런히 정진하였으므로, 이런 까닭으로 나는 이미 위없이 높고 바른 완전한 깨달음 을 얻어 성취하였느니라."

2행 "아난은 나의 법을 수호하고, 또한 장차 오는 세상의 여러 부처님 법장도 수호하면서, 많은 보살들을 교화 하여 성취시키리라. 그의 본래의 서원이 이와같으므 로 이런 수기를 받는 것이니라."

3행 "아난이 부처님 앞에서 자기의 수기 받음과 또 그 국 토의 장엄함을 듣고, 소원이 성취되어 마음이 크게 환 희하여 일찍이 없던 것을 얻었느니라."

4행 "즉시 과거세의 헤아릴 수 없는 천만억 많은 부처님의 법장을 기억하여 막힘없이 통달하니, 지금 들은 바와 같이, 또한 본래의 서원도 알았느니라."

9 수학무학인기품 九 授學無學人記品

4장

1절 이때에 아난이 게송으로 말하였습니다.

2절 세존께서는 매우 희유하시어
저로 하여금 지난 세상의
헤아릴 수 없는 많은 부처님 법을
오늘 들은 것처럼 생각게 하십니다.

3절 나는 이제 다시는 의심이 없으며
부처님의 도에 머물렀지마는
방편으로 부처님의 시자가 되어
모든 부처님 법을 수호하며 지키겠습니다.

5장

1절 이때 부처님께서 라후라에게 말씀하셨습니다.

2절

1행 "너는 오는 세상에 마땅히 부처가 되어 명호를 도칠보
화여래, 응공, 정변지, 명행족, 선서, 세간해, 무상사
조어장부, 천인사, 불세존이라 할 것이니라."

2행 "마땅히 열 세계에서 티끌 수와 같은 많은 부처님 여
래께 공양을 할 것이며 항상 여러 부처님의 장자가 될
것이니, 가히 지금과 같을 것이니라."

3행 "이 도칠보화 부처님의 국토의 장엄과 수명의 겁수와
교화하는 제자와, 정법과 상법이 또한 모두 산해혜자
재통왕여래와 같아서 다르지 않을 것이요, 또한 그 부
처님의 장자가 될 것이니라. 그런 연후에 마땅히 위없

이 높고 바른 완전한 깨달음을 얻을 것이니라."

6장

1절 이때에 세존께서 이 뜻을 거듭 펴시려고 게송으로 말
씀하셨습니다.

2절 내가 태자로 있을 때
라후라는 나의 큰아들이었나니
내가 이제 부처가 되니
법을 받고 법의 아들이 되었느니라.

3절 오는 세상에도
헤아릴 수 없이 많은 부처님을 친견하고
모두 그의 큰 아들들이 되어
한마음으로 부처님의 도를 구할 것이니라.

4절 라후라의 비밀한 행은
오직 내가 능히 알 것이니
현재에 나의 큰 아들이 되어
많은 중생들에게 본보기를 보일 것이니라.

5절 헤아릴 수 없이 많은 천만억의
공덕을 이루 헤아릴 수 없지만
부처님 법에 편안히 머물러
위없는 도를 구할 것이니라.

1절 이때 세존께서 공부하여 가는 자들과 공부를 마친 자들인 이천 사람들의 그 뜻이 부드럽고 고요하고 청정하여 한마음으로 부처님을 보고 있는 것을 보시고 부처님께서 아난에게 말씀하셨습니다.

2절

1행 "네가 공부하여 가는 자들과 공부를 마친 자들인 이천 사람을 보았느냐."

2행 "예 그러하옵니다, 이미 보았습니다."

3행 "아난아, 이 많은 사람들이 마땅히 오십세계의 티끌 수와 같은 많은 부처님 여래에게 공양하고 공경하고 존중하며 법장을 수호하다가, 맨 나중에 동시에 시방세계에서 각각 부처를 이룰 것이니라."

4행 "모두 다 명호가 같으며 보상여래, 응공, 정변지, 명행족, 선서, 세간해, 무상사, 조어장부, 천인사, 불세존이라 할 것이니라. 수명은 일겁이며, 국토의 장엄과 성문과 보살과 정법과 상법도 모두 같을 것이니라."

8장

1절 이때 세존께서 이 뜻을 거듭 펴시려고 게송으로 말씀하셨습니다.

2절 이 이천의 성문들과
지금 내 앞에 있는
모두에게 수기를 주리니

오는 세상에 마땅히 부처를 이룰 것이니라.

3절　공양할 모든 부처님은
위에서 말한 티끌 수 같으며
그 부처님의 법장을 수호하다가
후에는 마땅히 바른 깨달음을 성취할 것이니라.

4절　각각 시방 세계에서
모두 다 같은 명호로
한꺼번에 도량에 앉아
위없는 지혜를 증득하게 될 것이니라.

5절　모두 다 이름이 보상이 되며
국토와 그리고 제자들과
정법과 더불어 상법까지도
모두 다 같아 다름이 없을 것이니라.

6절　함께 모두 신통으로
시방 중생들을 제도하시니
명성이 널리 두루 퍼져서
점차 위없는 해탈에 들어가게 될 것이니라.

9장

1절　이때 공부하여 가는 자들과 공부를 마친 자들인 이천
사람들은 부처님께서 수기하심을 듣고 기뻐 날뛰며
게송으로 말하였습니다.

2절　세존께서는 지혜의 밝은 등불이시며
우리들에게 수기 주시는 음성을 들으니

마음에 환희함이 충만하여
감로수를 부어 주심을 보는 것과 같습니다.

묘법연화경 妙法蓮華經

제4권 第四卷

10 법사품 十 法師品

1절 이때에 세존께서 약왕보살과 인연있는 팔만 보살들에게 말씀하셨습니다.

2절

1행 "약왕이여, 그대는 이 대중 가운데 있는 헤아릴 수 없는 모든 하늘, 용왕, 야차, 건달바, 아수라, 가루라, 긴나라, 마후라가, 사람, 사람 아닌 자, 비구, 비구니, 우바새, 우바이, 성문을 구하는 자, 벽지불을 구하는 자, 부처님의 도를 구하는 자들을 보고 있는가!"

2행 "이와 같은 무리들에게 부처님 앞에서 묘법연화경의 한 게송 한 구절만이라도 듣고, 한마음으로 따라서 기뻐한 이들에게는 내가 모두 함께 수기하노라. 마땅히 위없이 높고 바른 완전한 깨달음을 얻을 것이니라."

3절 부처님께서 양왕보살에게 말씀하셨습니다.

4절

1행 "또 여래가 세상을 떠나신 후에라도 만약 어떤 사람이 묘법연화경의 한 게송이나 한 구절만이라도 듣고 한마음으로 따라서 기뻐하는 자에게도 내가 위없이 높고 바른 완전한 깨달음의 수기를 주노라."

2행 "만약 거듭하여 어떤 사람이 묘법연화경 가운데 한 구절이라도 받아 지니고 읽고 외우고 해설하고 사경하여 쓰거나, 이 경전을 공경하기를 부처님과 같이 하여 가지가지의 꽃, 향, 영락, 가루향, 바르는 향, 사르는

향, 당기, 번기, 의복, 악기와 노래로 공양하거나, 내
지 합장하고 공경한다면, 약왕이여 마땅히 알아라."

3행 "이 모든 사람들은 이미 십만억 부처님께 공양하였
고, 또 여러 부처님 계신 데서 큰 원력을 성취하였으
며, 중생들을 연민하는 까닭으로 이 인간 세계에 태어
날 것이니라."

4행 "약왕이여, 만일 어떤 사람이 묻기를 '어떠한 중생들
이 오는 세상에서 마땅히 부처를 이루겠느냐.' 하거
든, '응당 이러한 모든 사람들이 오는 세상에 반드시
부처를 이루리라.'고 대답하여라."

5행 "왜냐하면 만일 선남자, 선여인이 이 묘법연화경에
서 한 구절이라도 받아 지니고 읽고, 외우고, 해설하
고, 베껴 쓰며, 갖가지로 이 경에 공양하되 꽃, 향, 영
락, 가루향, 바르는 향, 사르는 향, 일산, 당기, 번기,
의복, 풍악으로 하거나 합장하고 공경하면, 이 사람은
모든 세간들이 응당 우러러 받드느니라. 응당 여래에
게 공양하는 것과 같이 공양할 것이니라."

6행 "마땅히 알아라. 이 사람은 대보살로서 위없이 높고
바른 완전한 깨달음을 성취하였지만, 중생들을 어여
삐 여기어서 이 세상에 태어나기를 원하여 묘법연화
경을 널리 분별하여 말할 것이니라."

7행 "하물며 전부를 능히 받아 지니며 가지가지로 공양하
는 자 말하여 무엇하겠는가!"

"약왕이여, 마땅히 알아라. 이 사람은 청정한 업의 과보를 스스로 버리고 내가 세상을 떠난 후에, 중생들을 어여삐 여긴 까닭으로 나쁜 세상에 태어나서, 이 법화경을 널리 말할 것이니라."

9행 "만일 이 선남자, 선여인이 내가 세상을 떠난 후에 능히 가만히 한 사람만을 위하여 법화경에서 한 구절만이라도 펼쳐서 말하여 준다면, 마땅히 알아라. 이 사람은 곧 여래의 심부름꾼이며, 여래가 보내신 자이며, 여래의 일을 행하는 자이니라."

10행 "하물며 대중 가운데서 여러 사람들을 위하여 널리 펼쳐서 말함일까 보냐."

11행 "약왕이여, 만일 어떤 악한 사람이 나쁜 마음을 가지고 한 겁 동안 부처님 앞에 나타나 항상 부처님을 훼방하고 욕하더라도 그 죄는 오히려 가벼우나, 만일 어떤 사람이 한 마디 나쁜 말로써 집에 있는 이나 집을 떠난 이가 법화경을 읽고 외우는 것을 훼방한다면, 그 죄는 매우 무거우리라."

12행 "약왕이여, 이 법화경을 읽거나 외우는 자가 있다면 마땅히 알아라. 이 사람은 부처님의 장엄으로 스스로를 장엄하는 자이며, 곧 여래께서 어깨에 업어 주는 자이니라."

13행 "그가 있는 곳을 향하여 마땅히 예배할 것이며, 한마음으로 합장하고 공경하고 공양하며, 존중하고 찬탄하며, 꽃, 향, 영락, 가루향, 바르는 향, 사르는 향, 비단 일산, 당기, 번기, 의복, 좋은 음식과 여러 가지 음악을 지어서 사람 가운데 최상의 공양거리로 공양할 것이며, 응당 하늘의 보배로써 뿌릴 것이며, 하늘의 보배를 가지고 응당 받들어 올려야 할 것이니라."

14행 "그 까닭이 무엇인가 하면 이 사람의 환희하여 펼쳐서 말하는 법문을 모름지기 잠깐이라도 듣는다면 곧 필경에는 위없이 높고 바른 완전한 깨달음을 얻게 될 것이니라."

2장

1절 이때 세존께서 이 뜻을 거듭 펴시려고 게송으로 펼쳐서 말씀하셨습니다.

2절 만약 부처님의 도에 머물러서
자연스러운 지혜를 이루고자 하면
항상 마땅히 법화경을 받아 지니는 자를
부지런히 공양하여야 할 것이니라.

3절 만일 누구나 속히
일체의 위없는 지혜를 얻고자 하면,
마땅히 이 법화경을 받아 지니고
받아 지니는 자를 공양하여야 할 것이니라.

4절 만약 어떤 사람이 능히
묘법화경을 받아 지니었다면
마땅히 알아라. 부처님의 심부름꾼이고

모든 중생들을 연민하는 사람이니라.

5절 　모든 이 묘법연화경을
　　　능히 받아 지니는 이들은
　　　청정한 국토를 버리고
　　　중생들을 연민하는 까닭으로 이 세상에 태어났느니라.

6절 　마땅히 알아라. 이와 같은 사람은
　　　스스로 태어나고자 하는 곳에 날 것이니라.
　　　능히 이 나쁜 세상에서
　　　위없는 법을 널리 펼쳐서 말할 것이니라.

7절 　응당 하늘의 꽃, 하늘의 향과
　　　하늘의 훌륭한 의복
　　　하늘의 묘한 보배로
　　　법을 말하는 자에게 공양하여야 할 것이니라.

8절 　내가 세상을 떠난 후 나쁜 세상에서
　　　능히 이 법화경을 받아 지니는 자에겐
　　　마땅히 합장하고 예배 공경하기를
　　　세존께 공양하듯 하여야 하느니라.

9절 　훌륭한 음식과 맛있는 차
　　　가지가지의 의복으로
　　　이런 부처님 제자에게 공양하고
　　　잠깐이라도 그 법문을 듣기를 원하여야 할 것이니라.

10절 　만일 능히 이 다음 세상에
　　　이 법화경을 지니는 자는

내가 그를 인간에 보내어
여래의 일을 행하게 함이니라.

11절 만일 한 겁 동안에
항상 나쁜 마음을 품고
성낸 얼굴로 부처님을 훼손하고 비방하면
헤아릴 수 없는 무거운 죄를 얻을 것이니라.

12절 이 법화경을 읽고
외우고 지니는 자를
잠깐만이라도 욕설하여도
그 죄는 저것보다 더욱더 클 것이니라.

13절 어떤 사람이 부처님의 도를 구하려고
한 겁 동안을
합장하고 내 앞에 서서
무수한 게송으로 찬탄하였느니라.

14절 이렇게 부처님을 찬탄한 연고로
헤아릴 수 없는 공덕을 얻을 것이니라.
이 경전을 지니는 자를 찬탄하면
그 복은 저것보다 더욱더 클 것이니라.

15절 팔십억 겁 동안
가장 훌륭하고 묘한 물건들과 음성과
또 더불어서 향과 맛으로
이 법화경을 지니는 이를 공양하여라.

16절 이와같이 공양을 마친 후에

만약 모름지기 잠깐이라도 법문을 듣는다면
곧 응당히 스스로 기쁘고 경사스러운 일이므로
내가 이제 큰 이익을 얻었노라고 할 것이니라.

17절 약왕이여, 이제 너에게 말하노라.
내가 말한 많은 경전이 있는 바
그러한 경전 가운데
법화경이 최고로 제일이 되느니라.

3장

1절 이때 부처님께서 거듭하여 약왕보살 마하살에게 말씀
하셨습니다.

2절

1행 "내가 말한 경은 헤아릴 수가 없어 천막억이고, 이미
말한 것, 지금 말하는 것, 장차 말할 것이 있는데, 그
가운데서 이 법화경이 가장 믿기 어렵고 이해하기도
어려우니라."

2행 "약왕이여, 이 법화경은 모든 부처님의 비밀하고 중
요한 법장이니, 함부로 선포하여 망령되이 사람들에
게 전하지 말아라."

3행 "모든 부처님 세존들의 수호하는 것으로서, 옛적부터
일찍이 드러나게 말하지 않았느니라."

4행 "이 법화경은 여래가 있는 현재에도 원망과 질시가 많
거늘 하물며 세상을 떠난 후에는 어떠하겠느냐."

5행 "약왕이여, 마땅히 알아라. 여래가 세상을 떠난 후에

능히 쓰고 지니고 읽고 외우고 공양하며, 다른 사람에게 말하는 자는, 여래가 곧 그에게 옷으로 덮어 줄 것이니라."

6행 "또 다른 세계의 현존하는 많은 부처님의 보호하고 생각하시는 바가 되리라."

7행 "이 사람에게는 크게 믿는 힘과 그리고 염원하는 힘과 많은 선근의 힘이 있으니, 마땅히 알아라. 이 사람은 여래와 더불어 함께 잘 것이며, 곧 여래가 손으로 그의 머리를 어루만져 주는 것이 되느니라."

8행 "약왕이여, 어디서든지 만약 말하거나 만약 읽거나 만약 외우거나 만약 쓰거나, 만약 경이 있는 곳에는 모두 응당 일곱 가지 보물로 탑을 쌓되, 지극히 높고 넓고 장엄하게 꾸밀 것이요, 모름지기 사리를 봉안하지 않아도 되느니라."

9행 "그 까닭이 무엇인가 하면 이 가운데에는 이미 여래의 전신이 있는 연고이니, 이 탑에는 마땅히 온갖 꽃과 향과 영락과 비단 일산과 당기와 번기와 악기와 노래로 공양하고 공경하며, 존중하고 찬탄할 것이니라."

10행 "만약 어떤 사람이 이 탑을 보고 예배하고 공양한다면, 마땅히 알아라. 이 사람은 모두 다 위없이 높고 바른 완전한 깨달음에 가까워진 줄을 알아야 할 것이니라."

11행 "약왕이여, 많은 사람들이 집에 있거나 출가하여 보살의 도를 수행하면서, 만약 능히 이 법화경을 보고, 듣고, 읽고, 외우고, 쓰고, 지니고, 공양하지 않는다면, 마땅히 알아라. 이러한 사람은 보살의 도를 잘 행하지 못하는 것이니라."

12행 "만약 이 법화경을 얻어 듣는 자라면 능히 보살의 도를 잘 행하는 것이니라. 그 중생들 가운데서, 부처의 도를 구하는 이가 이 법화경을 만약 보거나, 만약 듣고, 들어서 믿고, 이해하고, 받아 지닌다면, 마땅히 알아라. 이 사람은 위없이 높고 바른 완전한 깨달음에 가까워진 것이니라."

13행 "약왕이여, 비유하면 어떤 사람이 목이 말라 물을 구하려고 높은 등성이에 우물을 팔 때, 가히 마른 흙이 나오는 것을 보고는 물이 아직 먼 줄을 알거니와, 파기를 쉬지 아니하여 점점 더 파서 젖은 흙을 보고 점차 진흙이 나오게 되면, 그 마음에 결정코 물이 반드시 가까워진 줄을 아는 것과 같으니라."

14행 "보살도 또한 그와 같아서 이 법화경을 만일 듣지도 못하고 만일 이해하지도 못하고 능히 닦아 익히지도 못한다면, 마땅히 알아라. 이 사람은 위없이 높고 바른 완전한 깨달음에 이르름이 아직 멀었음을 알아야 할 것이니라."

15행 "만일 듣고 이해하고 사유하고 받아 익힌다면 반드시 위없이 높고 바른 완전한 깨달음의 얻음이 가까워진 줄을 알아야 할 것이니라."

16행 "그 까닭이 무엇인가 하면 모든 보살의 위없이 높고 바른 완전한 깨달음이 모두 다 이 법화경 속에 있기 때문이니라."

17행 "이 법화경은 방편의 문을 열어서 진실한 모양을 보이느니라. 이 법화경의 법장은 깊고 견고하며, 아득하고 멀기 때문에 능히 이를 사람이 없느니라."

18행 "이제 부처님께서 교화로써 보살들을 성취시키기 위하여 열어 보이시는 것이니라."

19행 "약왕이여, 만약 보살이 이 법화경을 듣고 놀라고 의심하고 두려워한다면 마땅히 알아라. 이는 새로 마음을 일으킨 보살이니라."

20행 "만약 성문이 이 법화경을 듣고 놀라고 의심하고 두려워한다면 마땅히 알아라. 이는 잘난체하고 교만한 자임을 알아야 할 것이니라."

21행 "약왕이여, 만일 선남자, 선여인이 여래가 세상을 떠난 후에 사부대중을 위하고자 이 법화경을 말하려면 어떻게 펼쳐서 말하여야 할 것인가!"

22행 "이 선남자, 선여인은 여래의 방에 들어가 여래의 옷을 입고 여래의 자리에 앉아 그리고 응당 사부대중을 위하여 이 법화경을 널리 펼쳐서 말하여야 할 것이니라."

23행 "여래의 방이란 일체 중생들 가운데에서 큰자비의 마음이고, 여래의 옷이란 부드럽고 화평하고 욕됨을 참는 마음이며, 여래의 자리란 일체의 법이 공함이니라."

24행 "이런 가운데 편안히 머물러 있으면서 게으름 없는 마음으로 여러 보살과 그리고 사부대중을 위하여 이 법화경을 널리 펼쳐서 말하여야 할 것이니라."

25행 "약왕이여, 내가 다른 국토에 교화시키는 사람을 보내어, 그를 위하여 법문을 들을 대중들을 모이게 하고, 또한 교화시키는 비구, 비구니, 우바새, 우바이들을 보내어 그의 법을 펼쳐서 말하는 것을 듣게 하리라. 여러 교화시키는 사람들의 법문을 듣고 믿고 받아 순종하고 거스르지 않을 것이니라."

26행 "만약 법을 펼쳐서 말하는 자가 한적하고 조용한 곳에 있다면, 내가 이때에 널리 하늘, 용왕, 귀신, 건달바, 아수라들을 보내어 그의 법을 펼쳐서 말하는 것을 듣게 하리라."

27행 "내가 비록 다른 나라에 있더라도 법을 펼쳐서 말하는 자로 하여금 때때로 나의 몸을 보게 할 것이며, 만약 이 법화경의 구절과 토를 잊으면 내가 말하여 주어 그로 하여금 다시 구족하게 할 것이니라."

4장

1절 　이때, 세존께서 이 뜻을 거듭 펴시려고 게송으로 말씀
　　　하셨습니다.

2절 　모든 게으름에서 벗어나고자 하거든
　　　응당 마땅히 이 법화경을 들어야 하나니
　　　이 법화경은 듣기도 어렵고
　　　믿어 지니기도 또한 어려우니라.

3절 　어떤 사람이 목마름에 모름지기 물을 얻고자
　　　높은 언덕 위에 우물을 팔 적에
　　　다만 마른 흙이 나옴을 보고는
　　　물이 아직 먼 줄을 알고
　　　점점 파서 습한 진흙이 나오는 것을 보고
　　　반드시 물이 가까운 줄을 아느니라.

4절 　약왕이여, 그대는 마땅히 알아라.
　　　이와 같은 많은 사람들이
　　　법화경을 듣지 못하면
　　　부처의 지혜가 심히 멀지만
　　　만약 이 깊은 법화경을 들으면
　　　결정코 성문의 법을 알 것이니라.

5절 　이 모든 경의 왕이니
　　　듣고 자세하게 사유한다면
　　　마땅히 알아라. 이 사람들은
　　　부처님의 지혜가 가까워졌음이니라.

6절 만일 어떤 사람이 이 법화경을 말하려면
응당 여래의 방에 들어가
여래의 옷을 입고
여래의 자리에 앉아
대중들에게 두려움 없이
널리 분별하여 말하여야 하느니라.

7절 큰 자비는 방이 되고
부드럽고 참는 것은 옷이 되고
모든 공한 법은 자리가 되니
이러한 곳에 앉아 법을 말할 것이니라.

8절 만일 이 법화경을 설할 때에
어떤 사람이 악한 말로 욕설을 하거나
칼로 치거나 몽둥이, 기와, 돌을 던져도
부처님을 생각하는 까닭으로 응당 참을 것이니라.

9절 나는 천만억 국토에서
청정하고 견고한 몸을 나타내어
헤아릴 수 없는 억 겁의
중생들을 위하여 법을 말할 것이니라.

10절 만약 내가 세상을 떠난 후에
능히 이 법화경을 설하는 자에게는
내가 사부대중을 교화시키기 위하여
비구, 비구니들과
그리고 청신사, 청신녀를 보내어

묘법연화경 妙法蓮華經

제4권 第四卷

11 견보탑품 十一 見寶塔品

1절 이때 부처님 앞에 일곱 가지 보물로 된 탑이 있으니, 높이가 오백 유순이요, 가로와 세로는 이백오십 유순인데, 땅에서 솟아 올라 허공 가운데에 머물러 있었습니다.

2절 가지가지의 보배로 장식하였는데, 난간이 오천이요, 감실이 천만이며, 헤아릴 수 없는 당기, 번기로 장엄하였고, 보배로 된 영락을 드리웠고 보배의 풍경 만억을 그 위에 달았다. 사면에서는 다마라발과 전단의 향기가 모두 나와서 세계에 충만하였으며, 모든 번기와 일산들은 금, 은, 유리, 자거, 마노, 진주, 매괴의 일곱 가지 보물들로 만든 것으로, 높이가 사천왕 궁전에까지 이르렀습니다.

3절 삼십삼천은 하늘의 만다라꽃을 비 내려 보배탑에 공양하며, 모든 하늘과 용과 야차와 건달바와 아수라와 가루라와 긴나라와 마후라가와 사람과 사람 아닌 이들 천만억 무리들도 모든 꽃, 향, 영락, 번기, 일산, 풍류로 보배탑에 공양하여 공경하고 존중하며 찬탄하였습니다.

4절 이때 보배 탑 안에서 큰 소리를 내어 찬탄하였습니다.

5절 "거룩하고 거룩하십니다. 석가모니 세존께서는 능히 평등한 큰 지혜로써 보살을 가르치는 법이며, 부처님들이 보호하고 생각하시는 법화경을 대중에게 설하시니, 이와 같고 이와 같습니다. 석가모니 세존께서 설하시는 바는 모두 진실이십니다."

6절 이때 사부대중은 큰 보배탑이 허공 가운데에 머물러 있음을 보고, 또 탑 안에서 나오는 음성을 듣고는 모두 법의 기쁨을 얻었으며, 괴이하고 일찍이 없던 일이라 생각하며 자리에서 일어나 공경하며 합장하고 한쪽에 물러나 있었습니다.

이때, 한 보살마하살이 있었으니, 이름이 대요설인데, 일체 세간의 천상, 인간과 아수라 등의 마음에 의심하는 바를 알고 부처님께 말씀을 드렸습니다.

7절 "세존이시여, 어떠한 인연으로 이 보배탑이 땅에서 솟아올랐으며, 또 그 안에서 이런 음성이 나오는 것입니까."

8절 이때, 부처님께서 대요설보살에게 말씀하셨습니다.

9절

1행 "이 보배 탑 안에는 여래의 온몸이 계시니라. 옛날 옛적에 동방의 헤아릴 수 없는 천만억 아승지 세계에 한 나라가 있었으니 이름이 보정이요, 그 나라에 부처님께서 계셨으니 이름이 다보여래였느니라."

2행 "그 부처님께서는 보살의 도를 행하실 적에 큰 서원을 세웠느니라."

3행 "'만일 내가 부처를 이루고 세상을 떠난 후에 시방의 국토에서 법화경을 말하는 곳이 있으면, 나의 탑이 이 법화경을 듣기 위한 까닭으로 그 앞에 솟아 올라 나타나서 증명하고 거룩하다고 찬탄할 것이니라.'"

4행 "그 부처님은 도를 이루시고 세상을 마치시려는 때를 맞이하여 천상, 인간의 대중 가운데서 여러 비구들에게 이렇게 말씀하였느니라."

5행 "'내가 세상을 떠난 후에 나의 온몸에 공양하려거든 응당 하나의 큰탑을 세우거라.' 하였느니라.

6행 "그 부처님은 신통력과 원력으로 시방 세계의 모든 곳에서 만일 법화경을 말하는 자가 있으면, 그 보배 탑을 모두 그 앞에 솟아나게 하고 그 탑 가운데에 온몸이 계시면서 말씀하시기를 '거룩하고, 거룩하여라.' 하고 찬탄하시느니라."

7행 "대요설이여, 지금 다보여래의 탑은 법화경을 말하는 것을 들으시려고 땅에서 솟아 올라 말씀하시기를 '거룩하고. 거룩하여라.' 고 찬탄하는 것이니라."

10절 이때 대요설보살은 여래의 신통한 힘으로써 부처님께 말씀을 드렸습니다.

11절 "세존이시여, 저희들이 그 부처님의 몸을 뵈옵기를 원하나이다."

12절 부처님께서 대요설 보살마하살에게 말씀하셨습니다.

13절

1행 "이 다보 부처님은 깊고도 중대한 서원이 있었느니라."

2행 "'만일 나의 보배탑이 법화경을 듣기 위하여 여러 부처님 앞에 솟아날 때 나의 몸을 그의 사부대중에게 보이고자 하면, 그 부처님의 여러 가지로 나타나는 몸들인 여러 부처님들께서 시방 세계에서 법을 말하고 있음으로 모두 한곳에 모은 후에라야 나의 몸을 나타내리라.'"

3행 "대요설이여, 나의 여러 가지로 나타나는 몸들인 여러 부처로서 시방 세계에서 법을 말하는 부처님들을 이제 응당 마땅히 모이게 하리라."

14절 대요설보살이 부처님께 말씀을 드렸습니다.

15절 "세존이시여, 저희들도 또한 원하건대 세존의 여러 가지로 나타나는 몸들인 여러 부처님들을 친견하고 예배하고 공양하고자 하나이다."

16절 이때, 부처님께서 미간 백호상으로 한 광명을 놓으시니, 곧 동방으로 오백만억 나유타 항하사와 같은 국토의 많은 부처님들을 친견하게 되었습니다.

17절 그 여러 국토는 모두 파리로 땅이 되어 있고, 보배 나무와 보배옷으로 장엄하였으며, 헤아릴 수 없는 천만억 보살들이 그 가운데 가득 찼으며, 보배 휘장을 둘러치고 보배 그물을 위에 덮었습니다.

18절 그 나라의 많은 부처님들이 크고 묘한 음성으로 여러 가지 법을 말하며, 또 헤아릴 수 없는 천만억 보살들이 많은 국토에 충만하여 대중에게 법을 말하는 것도

287

보게 되었습니다.

19절 남방, 서방, 북방과 네 간방과 상방과 하방에도 백호상의 광명이 비쳤으며 여러 곳이 또한 더불어 이와 같았습니다.

20절 이때 시방의 여러 부처님은 각각 모든 보살들에게 말씀을 하셨습니다.

21절 "선남자들아, 내가 이제 응당 사바세계의 석가모니부처님 계신 곳으로 갈 것이며, 아울러 다보여래의 보배탑에 공양할 것이니라."

22절 이때, 사바세계는 곧 변하여 청정하여지니, 유리로 땅이 되고 보배 나무로 장엄하였으며, 황금의 줄로 여덟길의 경계를 쳤으며, 여러 마을과 부락과 성시와, 큰바다, 큰 강, 큰 산, 큰 도랑, 큰 숲, 큰 덤불들이 없고, 큰 보배 향을 사르며, 만다라 꽃이 그 땅에 깔리고, 보배 그물과 보배 휘장을 그 위에 덮고 많은 보배풍경을 달았는데, 오직 이 회상의 대중들은 그냥 두고여러 천상, 인간 사람들을 옮겨서 다른 국토로 보내었습니다.

23절 이때, 여러 부처님은 각각 하나의 큰보살을 시자로 삼아 데리고 사바세계로 와서 각각 보배 나무 아래에 이르렀습니다.

24절 그 하나하나의 보배 나무들은 높이가 오백 유순이요, 가지와 잎과 꽃과 열매가 차례로 장엄되었으며, 여러 보배 나무 아래에는 모두 사자좌가 놓였는데 높이가 오 유순이며 또한 훌륭한 보배로 장식되었습니다.

25절 이때 여러 부처님은 각각 이 사자좌에 결가부좌하고 앉으셨으며. 이와같이 하여 점점 삼천 대천세계에 가득하였지만, 이에 석가모니 부처님의 한 방향의 여러 가지로 나타났던 몸들도 오히려 다 앉지 못하였습니다.

26절 이때, 석가모니부처님께서는 여러여러 가지로 나타나는 몸들인 부처님을 받아들이려고 팔방에 각각 이백만억 나유타 세계를 변화하여 모두 청정하게 하니 지옥과 아귀와 축생과 그리고 아수라는 없고, 또 모든 천상과 인간을 다른 국토로 옮겼습니다.

27절 그 변화한 세계들도 또한 유리로 땅이 되고 보배 나무로 장엄되었으며, 나무의 높이가 오백 유순이며, 가지와 잎과 꽃과 열매가 차례로 장엄되었으며, 나무 아래에는 모두 보배로 된 사자좌가 놓였는데, 높이가 오 유순이요, 갖가지의 많은 보배로 장엄하게 꾸며졌습니다.

28절 또한 큰 바다와 큰 강과 그리고 목진린타산과 마하목진린타산과 철위산과, 대철위산과 수미산 등의 많은 큰 산들이 없고, 통일되어 한 부처님의 세계가 되었는데, 보배로 된 땅이 반듯하고 평평하며, 찬란하게 보배로 얽어 만든 휘장을 위에 덮었고, 여러 번기와 일산을 달았으며, 큰 보배의 향을 사르고, 많은 하늘의 훌륭한 꽃들이 그 땅에 두루 덮였습니다.

29절 석가모니 부처님께서는 여러여러 가지로 나타났던 몸들인 부처님들을 앉으시게 하시려고 거듭하여 팔방에 각각 이백만억 나유타 세계를 변화시켜 모두 청정하게 하셨습니다. 지옥과 아귀와 축생과 그리고 아수라는 없었으며, 또 모든 천상, 인간들을 옮겨서 다른 국토로 보내었습니다.

30절 그 변화한 세계들도 또한 유리로 땅이 되고 보배 나무로 장엄되었으며, 보배 나무는 높이가 오백 유순이요, 가지와 잎과 꽃과 열매가 차례로 장엄되었으며, 나무 아래에는 모두 보배로 된 사자좌가 놓였는데, 높이가 오백 유순이요, 또한 훌륭한 보배들로 장식되었습니다.

31절 또한 큰 바다와 강과 계곡과 더불어 목진린타산과 마하목진린타산과 철위산과 대철위산과 수미산 등의 많은 큰 산들이 없고, 통일하여 한 부처님 세계가 되었는데, 보배로 된 땅이 반듯하고 평평하며, 찬란하게 보배로 얽어 만든 휘장을 그 위에 덮었고, 여러 번기와 일산을 달았으며, 큰 보배향을 사르고, 여러 하늘의 훌륭한 꽃들이 그 땅에 두루 깔렸습니다.

32절 이때, 동방의 석가모니의 여러 가지로 나타났던 몸들인 백천만억 나유타 항하사 국토 중의 많은 부처님들이 각각 법을 들으시려고 여기에 모이셨습니다. 이와 같이 차례로 시방 세계의 많은 부처님들이 모두 다 모여 와서 팔방에 앉으셨습니다. 이때, 하나하나의 방향마다 사백만억 나유타 국토에 많은 부처님 여래가 그 가운데 가득하게 찼습니다.

33절 이때, 여러 부처님께서 각각 보배 나무 아래에 있는 사자좌에 앉아서 모두 시자를 보내어 석가모니부처님께 문안드리고자 하여 각각 보배 꽃을 한 아름씩 가지고 가서 말씀드리라고 하셨습니다.

34절

1행 "선남자여, 너는 기사굴산 석가모니 부처님 계신 곳으로 가서 나의 말대로 문안하여라."

2행 "'작은 병환은 없으시고, 작은 시끄러움도 없으시고, 기력이 편안하시고 안락하시며, 그리고 보살과 성문 대중들도 안은하십니까.'"

3행 "이 보배 꽃을 부처님께 흩어서 공양하고 이렇게 말씀드려라."

4행 "'아무 부처님께서 함께 이 보배 탑을 열어 주시기를 원하옵니다.'"

35절 여러 부처님들도 또한 거듭하여 이와같이 시자를 보내었습니다.

36절 이때, 석가모니부처님은 여러 가지로 나타나는 몸들인 부처님들이 다 모여와서 각각 사자좌에 앉았고, 모든 여러 부처님들이 더불어 함께 보배 탑을 열고자 하심을 듣고는 곧 자리에서 일어나 허공 가운데에 올라가 머무르시었으며, 모든 사부대중은 일어서서 합장하고 한마음으로 부처님을 우러러보았습니다.

37절 이때, 석가모니 부처님은 오른손가락으로 일곱 가지 보물로 된 탑을 여니, 큰 소리가 나는 것이 잠겨 있는 자물쇠를 부수고 큰 성문을 여는 것과 같았습니다.

38절 곧 이때 회상에 있는 일체 대중들을 보니, 모두 다보 여래께서 보탑 안에서 사자좌에 앉으셨는데, 온몸이 흩어지지 아니하였으며 선정에 드신 것 같음을 보고, 또 다보여래의 말씀을 들었습니다.

39절 "거룩하시어라, 거룩하시어라. 석가모니 부처님은 이 법화경을 통쾌하게 말하시노라. 나는 이 법화경을 듣기 위하여 여기에 왔습니다."

40절 이때 사부대중은 과거의 헤아릴 수 없는 천만억 겁 전에 세상을 떠나신 부처님께서 이와같이 말씀하심을 보고, 일찍이 없었던 일이라 찬탄하면서 천상의 보배 꽃더미를 다보 부처님과 그리고 석가모니 부처님 위에 뿌렸습니다.

41절 이때 다보 부처님께서 보탑 속에서 자리의 반을 나누어 석가모니 부처님께 양보하시며 이와같이 말씀하셨습니다.

42절 "석가모니부처님이시여, 가히 이 자리에 앉으십시오."

43절 즉시 석가모니 부처님은 그 탑 안으로 들어가셔서 그 반의 자리에 결가부좌를 하시고 앉으셨습니다.

44절 이때 대중들은 두 여래께서 일곱 가지 보물로 된 탑 안에서 결가부좌를 하시고 사자좌에 앉으심을 보고 각각 이와 같은 생각을 하였습니다.

45절 '부처님의 자리는 높고도 먼 곳이오니, 오직 바라옵건 대, 여래께서 신통한 힘으로 우리들로 하여금 함께 허공에 머무르게 하여 주옵소서.'

46절 즉시 석가모니부처님은 신통한 힘으로 모든 대중을 이끌어 모두 허공에 머무르게 하시고, 큰 음성으로 널 리 사부대중들에게 말씀하셨습니다.

47절 "누가 능히 이 사바세계에서 법화경을 널리 말하겠느 냐. 지금이 바로 그때이니라. 여래는 오래지 않아서 마땅히 이 세상에서 떠나가리라. 부처는 이 묘법연화 경을 부촉하여 길이 머무르게 하고자 하느니라."

2장

1절 이때 세존께서 이 뜻을 거듭 펴시려고 게송으로 말씀 하셨습니다.

2절 거룩한 주인이신 세존께서
비록 세상을 떠나신 지 오래지만
보배의 탑 안에 계시면서
더욱이 법을 위하여 오시거늘
많은 사람들은 어찌하여

부지런히 법을 위하지 아니하는가!

3절　이 부처님께서 세상을 떠나신 지
　　　헤아릴 수 없는 겁이 지났지만
　　　곳곳에서 법을 들으려 함은
　　　만나기 어려운 까닭이니라.

4절　저 부처님의 본래 서원이
　　　내가 세상을 떠난 후에라도
　　　어느 곳에라도 찾아가서
　　　항상 법을 듣고자 하심이니라.

5절　또 나의 여러 가지로 나타나는 몸들인
　　　헤아릴 수 없는 많은 부처님
　　　항하사와 같은 이들
　　　모두 와서 법을 듣고자
　　　또 오래 전에 세상을 떠나신
　　　다보여래 뵈오려고
　　　각기 미묘하온 그 국토와
　　　그리고 수없는 제자들과
　　　천상, 인간, 용과 귀신
　　　모든 공양의 일 다 버리고
　　　법이 오래 머무르기를 원하여
　　　여기까지 오셨느니라.

6절　모든 부처님들 앉으시게 하려고
　　　신통한 힘으로써

많은 중생들을 옮겨 놓고
청정하게 국토를 치우셨도다.

7절   모든 부처님께서 각각
보배 나무 아래 가시니
맑고 깨끗한 연못에
연꽃으로 장엄함과 같음이라.

8절   그 보배 나무 아래
많은 사자좌가 놓였는데
부처님들 그 위에 앉으시어
광명으로 장엄하심이
어두운 밤에
큰 횃불을 켜 놓은 것과 같음이라.

9절   몸에서 풍기는 묘한 향기가
시방 세계에 가득하여
중생들이 향기를 맡고
기쁨을 스스로 참지 못하는 것이
비유컨대 큰 바람이
작은 나뭇가지에 부는 것과 같음이니라.

10절   이와 같은 방편으로
법으로 하여금 오래도록 머물도록
모든 대중에게 말하노니
내가 세상을 떠난 후에는
누가 능히 이 법화경을

수호하고 독송하겠는가!
지금 부처님 앞에서
스스로 서원하고 말을 하여라.

11절 다보여래 부처님께서
비록 세상을 떠나신 지 오래지만
큰 서원으로써
사자후를 하시나니
다보여래 부처님과
또 더불어서 나의 몸과
모아 놓은 화신 부처님들만이
마땅히 그 뜻을 아시느니라.

12절 많은 부처님 제자들아,
누가 능히 이 법을 수호하겠는가!
마땅히 큰 서원을 일으켜서
오래도록 머물도록 하여야 할 것이니라.

13절 능히 이 법화경의 법을
수호하는 자가 있다면
곧 나와 그리고 다보여래께
공양함이 되느니라.

14절 다보여래 부처님께서
보탑 안에 계시면서
항상 시방 세계 다니심은
이 법화경을 위하는 까닭이었느니라.

15절 또한 거듭하여
많은 여기 오신 화신 부처님의
모든 세계를 광명으로 장엄하는
자에게도 공양할 것이니라.

16절 만일 이 법화경을 말하면
곧 나와
다보여래와
또 모든 화신 부처님을 친견하게 되는 것이니라.

17절 모든 선남자들이여,
각자 깊이 사유하여라.
이것은 가장 어려운 일이니
마땅히 큰 서원을 일으켜라.

18절 다른 여러 경전들의
그 수효가 항하사 같으나
비록 이런 것들을 다 말한다 하여도
이보다는 어렵지 않느니라.

19절 만일 수미산을 들어다가
헤아릴 수 없이 먼
부처님 세계 밖에 던지는 일
또한 어려운 것이 아니니라.

20절 만일 발가락을 움직여서
대천세계 들어다가
먼 세계에 던지는 일

또한 어려운 것이 아니니라.

21절 만일 유정천 위에 올라서서
헤아릴 수 없이 많은 경을
대중들에게 펼쳐서 말함도
또한 어려운 것이 아니니라.

22절 만약 부처님께서 이 세상에서 떠나가신 후에
나쁜 세상 가운데서
능히 이 법화경을 말하는 것
이것이 곧 가장 어려운 것이니라.

23절 가령 어떤 사람이
손으로 허공을 휘어잡고
자유롭게 다니는 일
또한 어려운 것 아니니라.

24절 내가 세상을 떠나간 후에
만일 스스로 써서 지니고
만일 남을 시켜 쓰는 것
이것이 곧 가장 어려운 것이니라.

25절 만일 대지를
발톱 위에 올려놓고
범천까지 올라간다 하여도
또한 어려운 것 아니니라.

26절 부처님께서 세상을 떠나신 후에
나쁜 세상 가운데서

이 법화경을 잠깐만이라도 읽는 것
이것이 곧 가장 어려운 것이니라.

27절 가령 겁의 불이 활활 탈 때
마른 풀을 등에 지고
들어가도 타지 않는 것은
또한 어려운 것 아니니라.

28절 내가 세상을 떠난 후에
만일 이 법화경을 지니고
한 사람에게라도 말하여 주는 것
이것이 곧 가장 어려운 것이니라.

29절 만약 팔만 사천 법장과
십이부경을
사람들을 위하여 펼쳐서 말하며
듣는 모든 자들로 하여금
여섯 가지 신통을 얻게 하는 것
비록 능히 이와 같은 것
또한 어려운 것 아니니라.

30절 내가 세상을 떠난 후에
이 법화경의 말씀을 듣고
그 이치를 묻는 것
이것이 곧 가장 어려운 것이니라.

31절 만일 어떤 사람이 법을 말하여
천만억

헤아릴 수 없고 계산할 수 없는
항하사의 중생들로 하여금
아라한의 도를 얻게 하고
여섯 가지 신통을 구족하여
비록 이런 이익 있게 함도
또한 어려운 것 아니니라.

32절 내가 세상을 떠난 후에
만일 능히 이와같이
법화경을 받들어 가지는 것
이것이 곧 가장 어려운 것이니라.

33절 내가 부처님의 도를 위하므로
헤아릴 수 없는 국토에서
처음부터 지금까지
널리 많은 경을 말하였지만
그 가운데
이 법화경이 제일이니
만약 누가 능히 지닌다면
곧 부처님의 몸을 가짐이라.

34절 모든 선남자들이여,
내가 세상을 떠난 후에
누가 능히 이 법화경을
수지하고 읽고 외울 것인가!
지금 부처님 앞에서

스스로 원을 세우고 말하여라.

35절 이 법화경을 지니기가 어렵나니
만일 잠시라도 지닌 자라면
내가 곧 환희할 것이며
모든 부처님들도 또한 그러할 것이니라.

36절 이와같이 하는 사람은
모든 부처님들께서 찬탄하시며
이를 곧 용맹이라 하고
이를 곧 정진이라하며
이것의 이름을 계행이라 하고
두타행을 하는 자라 할 것이니라.

37절 곧 위없는 부처님의 도를
하루 빨리 얻을 것이며
능히 오는 세상에
이 법화경을 읽고 지니면
이를 진실한 부처님의 제자라 하며
깨끗한 땅에 머무를 것이니라.

38절 부처님께서 세상을 떠나신 후에
능히 이 이치를 잘 해설하면
모든 천상과 사람과
세간의 눈이 될 것이니라.

39절 두렵고 무서운 세상에서
능히 잠깐이라도 말한다면

일체의 천상, 인간들이
모두 응당히 공양할 것이니라.

묘법연화경 妙法蓮華經

제4권 第四卷

12 제바달다품 十二 提婆達多品

이때 부처님께서 모든 보살과 그리고 천상, 인간의 사
부대중들에게 말씀하셨습니다.

2절

1행 "내가 지난 과거에 헤아릴 수 없는 겁 동안에 법화경
을 구하기를 게으르지 아니하였으며, 여러 겁 동안에
항상 국왕이 되어 위없는 보리를 발원하고 구하는 데
마음이 물러나지 아니하였느니라."

2행 "육바라밀을 만족하기 위하여 부지런히 보시를 행하
느라고 마음으로 코끼리, 말, 일곱 가지 보물, 나라,
도성, 처자, 노비, 심부름꾼, 머리, 눈, 골수, 몸, 살,
손, 발을 아끼지 아니하였으며, 목숨도 아끼지 아니하
였느니라."

3행 "그때 세상 사람들의 수명이 헤아릴 수 없었지마는,
법을 위하는 까닭으로 국왕의 자리를 태자에게 위임
하고, 북을 두드려서 명령을 내려 사방으로 법을 구하
였느니라."

4행 "'누구든지 능히 나에게 대승의 법을 말하여 주는 자
가 있다면 내가 마땅히 종신토록 받들어 모시고 시중
들 것이니라.'하였느니라."

5행 "그때, 한 선인이 와서 왕에게 말하였느니라."

6행 "'나에게 대승경이 있으니, 이름이 묘법연화경이라.
만일 나의 뜻을 어기지 않으면 마땅히 잘 말하여 주리

라.'하였느니라."

"왕은 선인의 말을 듣고 크게 뛸 듯이 기뻐하면서 곧
선인을 따라가서 모든 것을 시중하였는데, 과실을 따
고, 물을 긷고 땔나무를 하고, 음식을 장만하며, 그리
고 몸으로 평상과 자리가 되었지마는, 몸과 마음이 게
으르지 아니하였느니라."

"이렇게 받들어 섬기기를 천 년이 지나도록 법을 위
하여 정성스럽고 부지런히 시중들어 조금도 부족함이
없게 하였느니라."

2장

이때 세존께서 이 뜻을 거듭 펴시려고 게송으로 말씀
하셨습니다.

내가 지나간 겁을 생각하니
대승의 법을 구하기 위하여
비록 나라의 왕이 되었어도
다섯 가지 욕망을 탐하지 않았느니라.

종을 치고 사방에 고하기를
누가 대승의 법을 가졌는가!
만일 나에게 말하여 준다면
마땅히 몸종이 되어 섬기리라.

이때 아사타 선인이
대왕에게 와서 아뢰었느니라.
"나에게 미묘한 법이 있어

세간에서 만나기 어려운 것
만일 능히 닦아 행할 수가 있다면
내가 마땅히 그대에게 말하여 주리라."

5절 이때 대왕은 선인의 말을 듣고
마음에 대단히 기쁨을 일으켜서
즉시 선인을 따라가
모든 일에 시중을 들었느니라.

6절 나무도 하고 그리고 나물도 캐어
때를 따라 공경해 받들며
묘한 법에 생각을 두는 까닭으로
몸과 마음이 괴로운 줄을 몰랐느니라.

7절 널리 모든 중생들을 위하여
대승법을 부지런히 구하고
또한 자기의 몸을 위하거나
다섯 가지 욕락을 위하지 않았느니라.

8절 큰 나라의 왕으로서
법을 부지런히 구한 까닭으로
마침내 이르러 부처가 됨을 얻어서
이제 너희에게 말하는 것이니라.

3장

1절 부처님께서 여러 비구들에게 말씀하셨습니다.

2절

1행 "이때의 왕은 바로 나의 몸이며, 선인은 지금의 제바달다이니라."

2행 "이 제바달다의 선지식을 말미암은 까닭에 나로 하여
금 육바라밀다와 자비희사와 삼십이상과 팔십 가지
잘생긴 모양과 자줏빛 황금색과 열 가지 힘과 네 가지
두려움 없음과 네 가지 붙들어 주는 법과 열여덟 가지
함께 하지 않는 법과 신통과 도력을 구족하게 하였느
니라."

3행 "바른 깨달음을 이루어 널리 중생들을 제도하게 되었음
도, 모두 제바달다 선지식을 인연하였기 때문이니라."

4행 "여러 사부대중들에게 이르노니, 제바달다는 이 후에
헤아릴 수 없는 겁을 지내고서 마땅히 부처를 이룰 것
이니라."

5행 "명호가 천왕여래, 응공, 정변지, 명행족, 선서, 세간
해, 무상사, 조어장부, 천인사, 불세존이며, 그 세계
의 이름은 천도라 하리라."

6행 "이때 천왕부처님은 이십중겁을 세상에 머물러 널리
중생들을 위하여 묘한 법을 말하리니, 항하사 중생들
이 아라한과를 얻고, 헤아릴 수 없는 중생들이 연각의
마음을 내며, 항하사 중생들이 위없는 도의 마음을 일
으켜 태어남도 사라짐도 없는 자리를 얻어 물러가지
않는 자리에 이를 것이니라."

7행 "이때 천왕부처님이 위없는 해탈을 얻으신 후에, 정법
이 이십 중겁 동안 세상에 머물러 있을 것이며, 전신사

리로 일곱 가지 보물로 된 탑을 세우리니, 높이는 육십 유순이고, 가로와 세로는 사십 유순이 될 것이니라."

8행 "여러 하늘과 사람들이 모두 다 여러 가지 꽃과 가루 향, 사르는 향, 바르는 향과 의복과 영락과 당기, 번 기와 일산과 풍류와 노래로 일곱 가지 보물로 된 탑에 예배하고 공양할 것이니라."

9행 "헤아릴 수 없는 중생들이 아라한과를 얻고, 헤아릴 수 없는 중생들이 벽지불을 깨달으며, 가히 생각으로 는 헤아릴 수 없는 중생들이 보리심을 내어 물러나지 않는 자리에 이를 것이니라."

3절 부처님께서 여러 비구들에게 말씀하셨습니다.

4절

1행 "오는 세상에 만일 선남자, 선여인이 이 묘법연화경의 제바달다품을 듣고 깨끗한 마음으로 믿고 공경하여 의 혹을 일으키지 아니하면, 지옥, 아귀, 축생의 길에 떨 어지지 아니할 것이며, 시방의 부처님 앞에 태어나고, 태어나는 곳마다 항상 이 법화경을 들을 것이니라."

2행 "만약 인간에나 천상에 태어나면 가장 훌륭하고 묘한 즐거움을 받고, 만일 부처님 앞이라면 연꽃 위에 변화 하여 태어날 것이니라."

5절 이때 하방의 다보여래를 따라온 보살이 있었으니, 그 명호가 지적이었으며 다보 부처님께 말씀을 드렸습니 다.

6절 "마땅히 본국으로 돌아가고자 하옵니다."

7절 석가모니부처님이 지적보살에게 말씀하셨습니다.

8절 "선남자여, 잠깐만 기다려라. 여기 한 보살이 있으니, 그 명호를 문수사리보살이라 하느니라.
이 보살을 만나 보고 묘한 법을 이야기한 다음에, 본국으로 돌아가거라."

9절 이때, 문수사리보살이 수레바퀴같이 큰 천 개의 잎이 있는 연꽃 위에 큰 수레와 같이 앉아 있었으며, 함께 온 보살들도 또한 보배 연꽃에 앉아있었는데. 큰 바닷 속 사가라 용궁으로부터 저절로 솟아오르더니 허공 가운데 머물러서 영취산에 이르렀습니다.

10절 연꽃에서 내려와 부처님 앞에 나아가 머리를 조아리며 두 세존의 발에 예경하였으며, 예경을 마치고 지적보살의 처소에 가서 서로 위문하고 한쪽에 물러가 앉았습니다.

11절 지적보살이 문수사리보살에게 물었습니다.

12절 "용궁에 가셔서 교화한 중생들이 그 얼마나 되십니까."

13절 문수사리보살이 대답하였습니다.

14절 "그 수효가 헤아릴 수가 없고 가히 계산할 수가 없고, 입으로 말할 수 없으며, 마음으로도 헤아릴 수 없나니, 그리고 잠깐만 기다리면 스스로 증명하여 알게 되실 것입니다."

15절 말이 다 끝나기도 전에 무수한 보살들이 보배 연꽃에 앉아 바다로부터 솟아 올라와 영취산에 나아가 허공에 머물러 있었습니다.

16절 이 많은 보살들은 모두 다 문수사리보살이 교화하여 제도한 자들이니, 보살의 행을 갖춘 이들은 함께 육바라밀다를 말하고, 본래의 성문들은 허공 가운데에서 성문의 행을 말하다가, 지금은 모두 대승의 공한 이치를 수행하는 자들이었습니다.

17절 문수사리보살이 지적보살에게 말하였습니다.

18절 "바다에서 교화한 그 일이 이와 같습니다."

4장

1절 이때 지적보살이 게송으로 찬탄하여 말하였습니다.

2절 큰 지혜와 덕과 용맹으로
헤아릴 수 없는 중생들을 교화하신 일
이제 이 여러 큰 모임의 대중들과
그리고 내가 모두 다 보았습니다.

3절 진실한 모양의 뜻을 펼쳐서 말하고
일승의 법을 열어 보이어
널리 많은 중생들을 제도하여
보리를 속히 성취되게 하였습니다.

5장

1절 문수사리보살이 말하였습니다.

2절 "나는 바다 가운데서 오직 항상 묘법연화경만을 잘 베풀어 말하였습니다."

3절 지적보살이 문수사리보살에게 물었습니다.

4절 "이 법화경은 매우 깊고 미묘하여 여러 경 가운데에서 보배이며, 세상에 있기 어려운 것이외다. 자못 중생들이 부지런히 정진하여 이 법화경을 닦아 행하면 속히 부처를 이룰 수 있습니까."

5절 문수사리보살이 말하였습니다.

6절

1행 "사가라 용왕에게 딸이 있어 나이 여덟 살인데, 지혜 있고 총명하여 중생들의 모든 근기를 잘 알고, 다라니를 얻었습니다."

2행 "여러 부처님께서 말씀하신 바의 깊고 비밀한 법장을 모두 다 능히 받아 지니었으며, 깊이 선정에 들어가 모든 법을 분명히 알고, 찰나 동안에 보리심을 일으켜 물러남이 없는 자리를 얻었으며, 변재가 걸림이 없고, 중생들을 어여삐 생각하기를 가히 갓난 자식같이 하였습니다."

3행 "공덕이 구족하여 마음으로 생각하고 입으로 펼쳐서 말함이 미묘하고 광대하며, 자비롭고 겸양하며, 뜻과 마음이 화평하여 능히 위없는 깨달음에 이르렀습니다."

7절 지적보살이 말하였습니다.

8절

1행 "내가 석가여래를 보니 헤아릴 수 없는 겁 동안에 어

311

려운 고행을 행하시고 공덕을 쌓아 보리의 도를 구하심에 잠깐도 쉬지 아니하셨나이다. 삼천 대천세계를 보아도, 겨자씨만한 곳에도 보살의 몸과 목숨을 버리지 않은 곳이 없습니다."

2행 "중생들을 위한 까닭이므로, 그러한 후에야 보리의 도를 이루셨는데, 이 용녀가 잠깐 동안에 정각을 이루었다는 말은 믿을 수가 없습니다."

9절 말을 마치고 나자, 이때 용왕의 딸이 홀연히 앞에 나타나서 머리를 조아려서 예경하고 한쪽에 물러갔습니다.

6장

1절 그리고 게송으로 찬탄하였습니다.

2절 죄와 복을 깊이 통달하시어
시방 세계 두루 비추시며
미묘하고 깨끗한 법의 몸
서른두 가지 훌륭한 몸매와
팔십 가지 잘생긴 모양으로
법의 몸을 장엄하게 꾸미시었습니다.

3절 천상과 인간 함께 떠받들고 우러르며
용과 귀신이 모두 공경하여
모든 중생들의 무리가 받들어
받들지 않는 자가 없습니다.

4절 또 듣고 보리를 이룬 일

오직 부처님만이 마땅히 알고 증명하시나니
나는 대승의 가르침 열어서
괴로운 중생들을 건지겠습니다.

7장

1절 이때 사리불이 용녀에게 말하였습니다.

2절

1행 "그대는 오래지 않아 위없는 도를 얻는다고 하지만, 이 일을 믿기가 어렵노라. 그 까닭이 무엇인가 하면 여인의 몸은 때 묻고 더러워서 법의 그릇이 아니거늘, 어떻게 능히 위없는 보리를 얻을 수 있다고 하겠는가."

2행 "부처님의 길은 멀고 멀어서, 헤아릴 수 없는 겁을 지나면서 부지런히 수행을 쌓으며, 여러 가지를 구족하게 닦고 난 후에라야 이내 이룰 수 있는 것이 아니던가."

3행 "또, 여인의 몸에는 가히 다섯 가지의 장애가 있나니 첫째로 얻을 수 없는 것이 범천왕이 되는 것이고, 둘째는 제석천왕이 되는 것이며, 셋째는 마왕이 되는 것이고, 넷째는 전륜성왕이 되는 것이며, 다섯째는 부처님의 몸이 되지 못하는 것이 그것이니라."

4행 "어찌하여 여인의 몸으로 속히 부처를 이루어 얻었다고 하느냐."

3절 이때 용녀에게 하나의 보배 구슬이 있으니, 값이 삼천 대천세계에 상당하였으며, 그것을 부처님께 바치니, 부처님께서 곧 받으시자. 용녀가 지적보살과 사리불 존자에게 말하였습니다.

4절 "내가 보배 구슬을 바치는 것을 세존께서 받으시니, 그 일이 **빠르옵니까, 빠르지 않습니까.**"

5절 대답하되, "매우 **빠르니라.**"

6절 용녀가 말하였습니다.

7절 "여러분들의 신통한 힘으로 나의 부처를 이루는 것을 보십시오, 그보다도 더 **빠를** 것입니다."

8절 이때 여러 모인 대중들이 함께 보니, 용녀가 홀연히 남자로 변하여서 보살의 행을 갖추고, 곧 남방의 더러움이 없는 세계에 가서 보배로운 연꽃에 앉아 바른 깨달음을 성취하였습니다. 서른두 가지 훌륭한 몸매와 팔십 가지 원만한 모양을 갖추고, 널리 시방의 모든 중생들을 위하여 미묘한 법을 펼쳐서 말하였습니다.

9절 이때, 사바세계의 보살과 성문과 천룡 팔부와 사람과 사람 아닌 자들이, 모두 용녀가 부처를 이루어, 널리 이때의 대중들인 사람과 천상들을 위하여 법을 말하는 것을 멀리서 보고는, 마음이 크게 환희하여 모두 다 먼 곳에서 예경을 하였습니다.

10절 헤아릴 수 없는 중생들은 법을 듣고 깨달아 물러남이 없는 자리를 얻었고, 헤아릴 수 없는 중생들은 도의 수기를 받았으며, 더러움이 없는 세계는 여섯 가지로 진동하였습니다. 사바세계의 삼천 중생들은 물러남이 없는 지위에 머무르고, 삼천 중생들은 보리심을 일으켜 수기를 받았습니다.

11절 지적보살과 그리고 사리불과 모든 대중들이 잠자코 믿고 마음 깊이 받아들였습니다.

묘법연화경 妙法蓮華經

제4권 第四卷

13 권지품 十三 勸持品

1절 이때 약왕보살마하살과 더불어 대요설보살마하살이
이만 보살 권속과 함께 모두 부처님 앞에서 이와같이
서원하였습니다.

2절

1행 "오직 원하옵건대, 세존이시여, 염려하지 마시옵소
서. 저희들이 부처님께서 세상을 떠나신 후에도 마땅
히 이 법화경을 받들어 지니고 읽고 외우며 말하겠나
이다."

2행 "후세의 나쁜 세상 중생들이 선근은 적어지고 뛰어난
체하고 교만한 마음이 많아, 재물의 공양만을 탐내며,
착하지 못한 뿌리를 증장하고 해탈을 멀리 여의어 비
록 교화하기 어렵사오나, 저희들이 마땅히 크게 참는
힘으로 이 법화경을 읽고 외우고 받아 지니고 말하고
사경하고, 갖가지로 공양하여 몸과 목숨을 아끼지 않
겠습니다."

3절 이때 대중들 가운데 있던 오백 아라한으로서 수기 받
은 자들이 부처님께 말씀을 드렸습니다.

4절 "세존이시여, 저희들도 또한 스스로 서원하나니 다른
국토에도 널리 이 법화경을 널리 기쁘게 말하겠습니
다."

5절 또 공부하여 가는 자들과 공부를 마친 자들인 팔천 명
의 수기를 받은 자들이 자리에서 일어나 합장하고 부

처님을 향하여 이와같이 서원하였습니다.

6절 "세존이시여, 저희들도 또한 마땅히 다른 국토에도 이 법화경을 널리 기쁘게 말하겠습니다. 그 까닭이 무엇인가 하면 이 사바세계의 나라 안의 사람들은 악한 자들이 많고 뛰어난 체하고 교만한 생각을 품었으며, 공덕이 천박하고, 화를 잘 내고 아둔하여 아첨함이 많아 마음이 진실하지 못한 까닭입니다."

7절 이때 부처님의 이모이신 마하파사파제 비구니가 공부하여 가는 자들과 공부를 마친 자들인 비구니 육천인과 함께 자리에서 일어나 한마음으로 합장하고 부처님을 우러러보며 잠깐도 한눈을 팔지 아니하였습니다.

8절 이때 세존께서 마하파사파제비구니에게 말씀하셨습니다.

9절

1행 "어찌하여 근심하는 얼굴로 여래를 보시는가. 그대의 마음에 생각하기를, 내가 그대의 이름을 불러서 위없이 높고 바른 완전한 깨달음의 수기를 주지 않는다고 생각하시는가."

2행 "마하파사파제비구니여, 내가 먼저 모든 성문들을 한꺼번에 모두 다 수기를 주었느니라. 이제 그대가 수기를 알고자 하려거든, 오는 세상에 마땅히 육만 팔천억 많은 부처님의 법 가운데서 큰 법의 스승이 되고, 공부하여 가는 자들과 공부를 마친 자들인 비구니 육천 사람들도 모두 법의 스승이 될 것이니라. 그대는 이리하여 점점 보살의 도를 구족하여 마땅히 부처님 이름을 얻을 것이니라.”

“명호를 일체중생희견여래, 응공, 정변지, 명행족, 선서, 세간해, 무상사, 조어장부, 천인사, 불세존이라 할 것이니라.

마하파사파제여, 이 일체중생희견부처님과 더불어 육천의 보살이 차례차례 수기를 주면서 위없이 높고 바른 완전한 깨달음을 얻을 것이니라.”

10절 이때 라후라의 어머니인 야수다라 비구니는 이와같이 생각하였습니다.

11절 ‘세존께서 수기를 주시는 가운데 홀로 나의 이름만을 말하지 않으시는구나.’

12절 부처님께서 야수다라에게 말씀하셨습니다.

13절

1행 “그대는 오는 세상에서 백천만억 모든 부처님의 법 가운데서 보살의 행을 닦아 큰 법의 스승이 되었다가, 점점 부처님의 도를 갖추고 좋은 국토에서 마땅히 부처님 이름을 얻을 것이니라.”

2행 “명호를 구족천만광상여래, 응공, 정변지, 명행족, 선서, 세간해, 무상사, 조어장부, 천인사, 불세존이라 하리니, 그 부처님의 수명은 헤아릴 수 없는 아승기겁이 될 것이니라.”

14절 이때 마하파사파제 비구니와 더불어 야수다라 비구니
가 그 권속들과 함께 모두 크게 환희하여 일찍이 없던
것을 얻었습니다.

2장

1절 즉시 부처님 앞에서 게송으로 말하였습니다.

2절 세존께서는 길을 인도하는 스승으로서
천상, 인간을 편안하게 하시니,
저희들이 수기하심을 듣고
구족하여 마음이 편안하여졌습니다.

3장

1절 모든 비구니들이 이 게송을 말하고 부처님께 말씀을
드렸습니다.

2절 "세존이시여, 저희들도 또한 능히 다른 국토에서 이
법화경을 널리 베풀어 말하겠습니다."

3절 이때 세존께서 팔십만억 나유타의 모든보살마하살들
을 보시었습니다.

4절 이 많은 보살들은 모두 다 물러나지 않은 자리를 얻은
자들로서 물러남이 없는 법의 수레바퀴를 굴리고 모
든 다라니를 얻었습니다.

5절 곧 자리에서 일어나 부처님 앞에 나아가 한마음으로
합장하고 이와같이 생각하였습니다.

6절 '만약 세존께서 우리들에게 명하여 이 법화경을 지니
고 펼쳐서 말하라고 하시면, 마땅히 부처님의 가르침

과 같이 널리 이 법을 베풀어 말할 것이리라.'

^{7절} 또 이렇게 생각하였습니다,

^{8절} '부처님께서 지금 잠자코 계시며 당부하심이 없으시니, 우리는 마땅히 어떻게 하여야 하는가.'

^{9절} 이때 많은 보살들이 부처님의 뜻에 순종하고, 또한 자기들의 본래의 서원도 만족시키고자, 곧 부처님 앞에서 사자후로 서원을 말하였습니다.

^{10절}

^{1행} "세존이시여, 저희들도 여래가 세상을 떠나신 후에 시방 세계로 다니면서, 능히 중생들로 하여금 이 법화경을 사경하고 받아 지니고, 읽고 외우고, 그 이치를 해설하며, 법대로 수행하고 바른 생각을 가지게 하겠나이다. 이것이 모두 부처님의 위신력이옵니다."

^{2행} "오직 바라옵건대, 세존께서는 다른 지방에 계시더라도 멀리서 보살펴 주옵소서."

4장

^{1절} 즉시 여러 보살들이 함께 소리를 높여 게송으로 말하였습니다.

^{2절} 오직 원하옵건대 염려하지 마옵소서.
부처님께서 세상을 떠나신 후에,
두렵고 무서운 나쁜 세상에서
저희들이 마땅히 널리 펼쳐서 말하겠습니다.

^{3절} 여러 지혜가 없는 사람들이

나쁜 말로 욕을 하고 꾸짖거나
또한 칼과 몽둥이로 치더라도
저희들 모두 마땅히 참아 내겠습니다.

4절   악한 세상의 비구들은
삿된 지혜와 아첨하는 마음과
얻지 못한 것을 얻었다 말하며
교만한 마음이 가득 차거나
혹은 한적한 수행처에 있어
누더기 입고 한가히 앉아
스스로 참된 도를 닦는다 말하면서
사람을 가볍게 천시하는 이 있을 것입니다.

5절   이익과 공양 받을 것만을 탐내고 집착하여
세상 사람들에게 법을 말하며
세상 사람의 공경받기를
여섯 가지의 신통을 얻은 아라한처럼 할 것입니다.

6절   이런 사람들은 나쁜 마음으로
항상 세속 일만 생각하면서
한적한 수행처의 이름을 빌어
우리들의 허물만 들추어낼 것입니다.

7절   이와 같은 말을 하며
이 여러 비구들은
이익과 공양 받음을 탐내어
외도의 학설을 말하며

스스로 경전을 조작하여
세상 사람을 속이고
명예를 구하기 위하여
이 경을 분별하여 말한다고 할 것입니다.

8절 언제나 대중들 가운데 있으면서
우리를 훼방하기 위하여
국왕이나 대신이나
바라문이나 거사들이나
그 밖의 여러 비구대중들에게
우리가 나쁘다고 비방하여 말하고
삿된 소견의 사람이라 말하고
외도의 논장을 말하는 이라고 말하더라도
우리는 부처님을 공경하므로
모두 다 모든 악한 것에서 참겠습니다.

9절 그들이 비웃어 말하되
"너희들이 모두 부처라."
이렇게 가볍게 업신여기는 말을
모두 다 마땅히 참아 내겠습니다.

10절 흐리고 악한 세상에서
많은 여러 가지 무서운 일들이 많을지니
나쁜 귀신이 그의 몸에 들어가
우리를 욕설하고 훼방하여도
우리는 부처님을 믿음으로써

마땅히 참는 갑옷을 입어
이 법화경을 베풀어 말하기 위하여
이 모든 어려운 일들을 참아 내겠습니다.

11절 우리는 목숨도 아끼지 않고
다만 위없는 도를 아끼며
우리들은 오는 세상에서
부처님께서 부촉하시는 바를 보호하고 지니겠습니다.

12절 세존께서는 마땅히 아실 것입니다.
혼탁한 세상의 나쁜 비구들은
부처님께서 교묘한 방편과
마땅하게 말씀한 법을 알지 못하고
욕설을 하고 배척도 하며
때로는 몰아 내쫓아
탑과 사원에서 멀리 떠나게 하여도
이와 같은 여러 가지 나쁜 짓을
부처님 부촉을 생각하여
모두 다 마땅히 참아 내겠습니다.

13절 여러 마을과 도시에서
법을 구하는 이가 있으면
우리는 모두 그의 처소에 가서
부처님 부촉하신 법을 말하겠습니다.

14절 우리는 세존의 심부름꾼
대중에 있어 두려움이 없이

우리는 마땅히 바르게 법을 펼쳐서 말할 것이니
원하건대 부처님께서 편안히 계시옵소서.

15절　우리는 세존과
모든 시방에서 오신 부처님 앞에서
이와 같은 서원을 발원하나니
부처님께서는 저희들의 마음을 알아 주시옵소서.

묘법연화경 妙法蓮華經

제5권 第五卷

14 안락행품 十四 安樂行品

1장

이때 문수사리법왕자 보살마하살이 부처님께 말씀을 드렸습니다.

2절

1행 "세존이시여, 이 모든 보살들은 매우 있기 어려운 일입니다. 부처님을 존경하고 따르는 까닭에 큰 서원을 일으키고, 미래의 악한 세상에서 이 법화경을 보호하여 지니며 읽고 펼쳐서 말하여 주려고 하나이다."

2행 "세존이시여, 보살마하살이 미래의 나쁜 세상에서 어떻게 능히 이 법화경을 펼쳐서 말하여야 하겠습니까."

3절 부처님께서 문수사리보살마하살에게 말씀하셨습니다.

4절 "만약 보살마하살이 미래의 나쁜 세상에서 이 법화경을 펼쳐서 말하고자 하면, 마땅히 네 가지 법에 편안히 머물러야 하느니라."

2장––첫 번째 법

1절

1행 "첫 번째는, 보살의 행을 행할 곳과 더불어 친하고 가까이하여야 할 곳에 편안히 머물러서 능히 중생들에게 이 법화경을 펼쳐서 말하여 줄 수 있느니라."

2행 "문수사리보살이여, 어떠한 것을 보살마하살의 행할 곳이라 이름하느냐 하면."

3행 "만약 보살마하살이 인욕의 자리에 머물러 있으면서 부드럽고, 화평하고, 착하고, 순종하며, 갑자기 포악하지도 아니하고, 마음에 또한 놀람이 없으며. 또 거듭하여 법에 있어서도, 행하는 바도 없고 모든 법의 여실한 모양을 관찰하여, 또한 행하지도 아니하고 분별하지도 아니함을 이를 이름하여 보살마하살의 행할 곳이라 하느니라."

4행 "무엇을 이름하여 보살마하살의 친하고 가까이하여야 할 곳이라 하느냐 하면."

5행 "보살마하살은 국왕이나 왕의 아들들이나 대신이나 관원들을 친하고 가까이하지 말아야 하느니라."

6행 "모든 외도인 범지나, 니건자들과, 더불어 세속의 문필을 일삼는 이와 외도의 서적을 찬탄하는 이와 그리고 유물론적인 외도와 세상의 도리에 역행하는 외도 또한 가까이 친하지 말아야 할 것이니라."

7행 "모든 흉악한 장난과 서로 때리고 씨름하는 일과 더불어 나라연 등의 가지가지 장난꾼을 또한 가까이 친하지 말아야 하느니라."

8행 "전타라와 더불어 돼지, 양, 닭, 개를 키우는 이와 사냥하고 고기 잡는 모든 나쁜 짓 하는 이와 같은 무리들과 혹여 이러한 자들이 오면 곧 법을 펼쳐서 말하여 줄 뿐, 아무것도 바라는 바가 없어야 하며 또한 가까이 친하지 말아야 할 것이니라."

9행 "명성을 구하는 비구, 비구니, 우바새, 우바이들을 또한 문안도 하지 말아야 하느니라."

10행 "만약 방 안에서나, 만약 거닐 때에나, 만약 강당에서나, 함께 있지도 말아야 하느니라."

11행 "혹시 찾아오더라도 적당하게 법을 펼쳐서 말하여 줄 뿐, 바라고 구하는 바가 없어야 할 것이니라."

12행 "문수사리보살이여, 또 보살마하살은 응당 여인의 몸에 대하여 능히 욕망을 일으키는 모양을 취하여 법을 말하지도 말고, 또한 보기를 좋아하지도 말 것이며, 만약 남의 집에 들어가더라도 소녀, 처녀, 과부들과 더불어 함께 말하지 말아야 할 것이니라."

13행 "또한, 다섯 가지 사내 아닌 사람을 가까이하거나 친하지 말아야 할 것이니라."

14행 "혼자서 다른 이의 집에 들어가지 말아야 할 것이니라.

15행 "만약 인연이 있어서 혼자 들어가게 될 적에는 다만 한마음으로 부처님을 생각하여야 할 것이니라."

16행 "만약 여인 위하여 법을 펼쳐서 말하게 되거든, 이를 드러내어 웃지도 말고, 가슴을 드러내지도 말며, 더불어 법을 위해서라도 오히려 친하지 말아야 하거늘, 하물며 다른 일에야 말할 것이 있겠느냐."

17행 "나이 어린 제자나 사미나 어린애 기르기를 좋아하지 말며, 또한 같은 스승을 섬기기를 즐기지 말아야 할 것이니라."

18행 "항상 좌선하기를 좋아하여 한적한 곳에서 머물며 그 마음을 다잡아 닦아야 하느니라."

19행 "문수사리보살이여, 이것을 이름하여 첫 번째로 친하고 가까이하여야 할 곳이라 하느니라."

3장--두 번째 법

1절

1행 "또다시 보살마하살은, 모든 법이 공함을 관찰하기를 진실한 모습과 같이하여, 뒤바뀌지도 아니하고 흔들리지도 않으며, 물러남도 없고 굴리지도 말아야 할 것이니라."

2행 "허공과 같이 성품이 있는 바가 아니므로, 온갖 언어의 길이 끊어져서 생겨나지도 않고, 나오지도 않고, 일어나지도 않으며, 이름도 없고, 모양도 없고, 있는 바가 아니어서 헤아릴 수도 없고, 끝도 없고, 걸림도 없고, 막힘도 없으며. 다만 인연으로 있는 것이며, 뒤바뀌어 생겨나는 까닭이니라."

3행 "항상 이와같이 법의 모양을 즐겨서 관하여야 할 것이니라. 이것을 이름하여 보살마하살의 두 번째 친하고 가까이하여야 할 곳이라 말하느니라."

1절　이때 세존께서 이 뜻을 거듭 펴시려고 게송으로 펼쳐
서 말씀하셨습니다.

2절　만약 어떤 보살들이
미래의 악한 세상에서
두렵고 무서운 마음이 없이
이 법화경을 펼쳐서 말하고자 하면
응당 행할 곳과
또 친하고 가까이할 곳에 들어가야 할 것이니라.

3절　항상 국왕이나
또한 국왕의 아들
대신이나 벼슬아치들
흉악하거나 장난꾼이거나 희롱하는 자들
그리고 전타라
외도와 범지들을 멀리하여야 할 것이니라.

4절　또한 뛰어난 체하고 교만한 사람이나
소승의 법을 탐착하여
삼장을 배우는 자들과는
친하고 가까이하지 말아야 할 것이니라.

5절　파계한 비구들이나
이름뿐인 아라한이나
또한 희롱하고 웃기는 비구니들도
친하고 가까이하지 말아야 할 것이니라.

6절   깊이 다섯 가지 욕락을 탐착하고
현세에서 삿된 법을 구하려는
모든 우바이들을
모두 친하거나 가까이하지 말아야 할 것이니라.

7절   만약 이런 사람들이
좋은 마음으로
보살 있는 곳으로 와서
부처님의 가르침을 들으려 하면
보살은 곧
두려움 없는 마음으로
바라는 마음도 품지 말고
법을 펼쳐서 말하여 주어야 할 것이니라.

8절   과부거나 처녀거나
또 여러 가지 사내 아닌 이를
깊게 친하는 것들을
모두 친하거나 가까이하지 말아야 할 것이니라.

9절   또한 백정이나 망나니나
사냥하고 고기 잡고
이익을 위하여 살생하는 자들을
친하고 가까이하지 말아야 할 것이니라.

10절   어육을 팔아 생활하거나
여인을 매매하거나
이와 같은 사람들을

모두 친하고 가까이하지 말아야 할 것이니라.

11절 흉악한 힘 겨루기나
여러 가지 장난하는 사람이나
모든 음란한 여자들을
친하고 가까이하지 말아야 할 것이니라.

12절 으슥하거나 외딴 곳에서
여인에게 법을 펼쳐서 말하지 말며
만일 법을 말하더라도
희희낙락 웃지 말아야 할 것이니라.

13절 마을에 가서 걸식할 때엔
다른 비구와 함께 가며
만일 다른 비구가 없을 때엔
한마음으로 부처님만을 생각하여야 할 것이니라.

14절 이것이 곧 이름하여
행할 곳, 친하거나 가까이 하여야 할 곳이니
이와 같은 두 곳에선
능히 편안하게 법을 펼쳐서 말할 것이니라.

15절 또 거듭하여 행하지 말아야 할 것이
상, 중, 하로 나누는 법과
함이 있다, 함이 없다
진실한 법이다, 진실한 법이 아니다 라고 분별하는 것
이니라.

16절 또한 이것은 남자다, 이것은 여자다

분별하지 말아야 할 것이며
모든 법을 얻었다 하지 말며
안다거나, 보려고도 하지 말아야 하느니라.
이것을 곧 이름하여
보살의 행할 곳이라 하는 것이니라.

17절 일체의 모든 법이
텅 비어서 있는 바도 없고
항상 머물러 있는 것도 없으며
또한 일어남도 멸함도 없나니
이것을 이름하여 지혜 있는 자의
친하고 가까이할 곳이라 하는 것이니라.

18절 뒤바뀌어
모든 법이 있다 없다
실상이다, 실상이 아니다
일어남이다, 일어남이 아니다 분별하는 것이니라.

19절 한적한 곳에서 고요히 머물러
그 마음을 붙들고 닦아
편안하게 머물러 움직이지 아니 하기를
수미산과 같이 하여야 할 것이니라.

20절 관일체법 개무소유 유여허공 무유견고
불생불출 부동불퇴 상주일상 시명근처
일체의 법을 관하여
모든 것이 있는 바가 없어

마치 허공과 같아서

견고함이 없으며

오는 것도 없고 가는 것도 없으며

움직임도 없고 물러남도 없으며

언제나 한 모양에 머물러야 하느니라.

이것을 이름하여 친하고 가까이할 곳이라 하느니라.

21절 만약 어떤 비구가

내가 세상을 떠난 후에

이러한 행할 곳과

또 친하고 가까이할 곳에 들어간다면

이 법화경을 펼쳐서 말할 때

겁나고 나약함이 없을 것이니라.

22절 개화연창 설사경전 기심안은 무유겁약

보살이 어떤 때에는

고요한 방에 들어가 앉아서

올바른 생각으로

뜻을 따라 법을 관하고

선정에서 일어나

여러 나라 임금들과

왕자와 백성들과

바라문 등을 위하여

펼쳐서 말하여 교화할 때

이 법화경을 펼쳐서 말하면

그 마음이 편안하여

겁나거나 나약함이 없을 것이니라.

23절 문수사리보살이여,

보살이 처음 법에 잘 머물러

이를 이름하여

능히 후세에

법화경을 펼쳐서 말함이라 하는 것이니라.

5장--세 번째 법

1절

1행 "또 문수사리보살이여, 여래가 세상을 떠난 후에 말법 세상에서 이 법화경을 펼쳐서 말하려거든, 응당 안락한 행에 머물러야 할 것이니라."

2행 "만약 입으로 펼쳐서 말할 때에나 만일 법화경을 읽을 때, 사람들과 즐기며 더불어 법화경의 허물을 말하지 말것이며, 또한 여러 나머지 법의 스승들을 경멸하지 말 것이며, 다른 이의 좋은 일, 나쁜 일과 잘잘못을 말하지 말아야 할 것이니라."

3행 "성문들에 대해서도 또한 이름을 들먹여 그 허물을 말하지도 말고, 또한 이름을 불러 가며 잘한다고 칭찬도 미덕도 하지 말 것이며, 또한 원망하고 싫어하는 마음도 일으키지 말아야 할 것이니라."

4행 "이와같이 안락한 마음을 잘 닦음으로써 모든 듣는 이들이 그 뜻을 어기지 않을 것이니라.”

“묻는 일이 있으면 소승법으로 대답하지 말고, 다만 대승으로써 풀어 펼쳐서 말하여 그들로 하여금 일체의 위없는 지혜를 얻게 할 것이니라.”

6장

1절 이때 세존께서 이 뜻을 거듭 펴시려고 게송으로 펼쳐서 말씀하셨습니다.

2절 보살은 항상 즐겁고
안은하게 법을 펼쳐서 말하여라.

3절 맑고 깨끗한 땅에
자리를 차려 놓고
몸에는 기름을 발라서
더러운 때를 씻어 버리고
깨끗한 새 옷을 입어
안팎을 모두 깨끗이 하고
법상에 편안히 앉아
물음에 따라서 펼쳐서 말하여 주어라.

4절 만약 비구나
또한 비구니나
여러 남자 신도나
또 여자 신도나
국왕이나 왕자나
신하들과 백성들이 있으면

미묘한 이치를
온화한 얼굴로 펼쳐서 말하여 주어라.

5절 만일 어려운 질문이 있으면
이치를 따라 대답하며,
인연과 비유로써
자세히 분별하여 말하여 주어라

6절 이와 같은 방편으로
모두 다 발심하게 하여
점점 더 이익을 쌓아
부처님 도에 들어가게 할 것이니라.

7절 게으르고 태만한 생각을 버리고
또 해태한 생각과
여러 근심과 걱정을 버리고
자비의 마음으로 법을 펼쳐서 말하여라.

8절 밤낮으로 어느 때에나
위없는 도의 가르침을 펼쳐서 말할 적에
여러 가지 인연이며
헤아릴 수 없는 비유로써
중생들을 깨우쳐서
모두로 하여금 기쁘게 하여 주어라.

9절 의복이나 침구나
음식과 탕약들
그 가운데

바라는 바가 없어야 하느니라.

10절 다만 한결같은 생각으로
법을 펼쳐서 말한 인연으로
중생들과 또한 내가 함께
부처님의 도를 이루기를 원하여라.

11절 이것이 곧 큰 이익 있는
편안하고 즐거운 공양이니라.

12절 내가 세상을 떠난 후에
만일 어떤 비구가
능히 묘법연화경을
펼쳐서 말하면
마음에 성나고 미워하는 등의
여러 가지 괴롭거나 장애가 없을 것이니라.

13절 또한 근심 걱정하는 일이나
더불어 욕하고 때리는 자도 없고
또 무서운 두려움이나 공포
칼이나 막대로 맞는 일도 없고
또한 쫓겨나는 일도 없으리니
잘 참음에 편안히 머무르기 때문이니라.

14절 지혜로운 자가 이와같이
그 마음을 잘 닦으면
능히 안락에 머무름이
항상 나의 말과 같을 것이니라.

15절 그 사람의 공덕은
천만억 겁을 지내면서
숫자로 계산하거나 비유로써도
능히 모두 다 말로 다할 수가 없느니라.

7장

1절

1행 "또 문수사리보살이여, 보살마하살이 오는 말법 시대
에 법이 없어지려 할 적에 이 법화경을 받아 지니고
읽고 외우려 하는 이는, 질투하고 속이려는 마음을 품
지 말아야 하느니라."

2행 "또한 부처님의 도를 배우는 자를 업신여기고 꾸짖어
서 그의 잘잘못을 찾아내려 하지 말아야 하느니라."

3행 "만약 비구, 비구니, 우바새, 우바이로서 성문을 구하
는 자, 벽지불을 구하는 자, 보살의 도를 구하는 자를
괴롭게 하여, 그로 하여금 의심하고 후회하게 하고 그
들에게 말하기를, '너희들은 도에서 떠나 있음이 매우
멀어서 마침내 능히 일체의 위없는 지혜를 얻지 못하
리라. 그 까닭이 무엇인가 하면 너희는 방일한 사람으
로서 도에 대하여 게으르기 때문이니라.'고 하지 말아
야 하느니라."

4행 "또다시, 모든 법을 희롱거리로 논쟁하며 다투는 일
이 응당 없어야 하느니라."

5행 "마땅히 일체 중생들에게는 큰 자비의 생각을 일으키

고, 모든 여래에게는 인자한 아버지라는 생각을 일으키며, 모든 보살들에게는 큰 스승이라는 생각을 일으켜야 하고, 시방의 모든 대보살들에게는 항상 응당히 간절한 마음으로 공경하고 예배하여야 하느니라."

6행 "일체 중생들에게는 평등하게 법을 펼쳐서 말하되, 법에 순응하여 말을 많이도 하지 말고, 말을 적게도 하지 말며, 내지 법을 깊이 사랑하는 자에게라도 또한 많이 말하지 말아야 하느니라."

7행 "문수사리보살이여, 이 보살마하살이 미래의 말세에 법이 없어지려 할 때에, 이 셋째 안락행을 성취함이 있는 자는 이 법을 말할 때에 능히 괴롭거나 어지러움이 없을 것이니라."

8행 "좋은 도반을 만나서 함께 이 법화경을 읽고 외우면, 또 많은 대중들이 와서 듣고 지니게 될 것이니, 듣고는 능히 지니고, 지니고는 능히 외우고, 외우고는 능히 펼쳐서 말하며, 펼쳐서 말하고는 능히 사경하며, 만약 다른 사람을 시켜서 사경하게 하여 법화경을 여러권 공양하면 공경하고 존중하며 찬탄함을 얻을 것이니라."

8장

1절 이때 세존께서 이 뜻을 거듭 펴시려고 게송으로 말씀하셨습니다.

2절 만약 이 법화경을 펼쳐서 말하려면

마땅히 질투와 성냄과 교만과
아첨과 삿됨과 거짓된 마음을 버리고
항상 바르고 곧은 행을 닦으며
사람을 멸시하지 말고
또한 법을 희롱거리로 논하지 말며
다른 이로 하여금 의심하고 후회하지 않게 하며
너는 부처를 이룰 수 없다고 말하지 말아라.

3절 이 부처님 제자가 법을 펼쳐서 말하려거든
항상 부드럽고 온화하고 능히 잘 참으며
모든 것을 자비로 대하여
게으른 마음을 일으키지 않아야 하느니라.

4절 시방의 큰 보살들이
중생들을 연민하여 도를 행하는 까닭이므로
응당 공경하는 마음을 일으켜서
이는 곧 '나의 큰 스승이라.'고 하여라.

5절 모든 부처님 세존은
위없는 아버지라는 생각을 일으켜서
교만한 마음을 깨뜨려서
법을 펼쳐서 말함에 장애가 없게 하여라.

6절 세 번째의 법이 이와 같나니
지혜로운 자는 응당 잘 수호하여
한마음으로 안락한 행을 하면
헤아릴 수 없는 중생들이 공경할 것이니라.

1절

1행 "또 문수사리보살이여, 보살마하살이 미래의 말세에 법이 사라지려 할 적에, 법화경을 지니고 있는 자는, 집에 사는 사람에거나 출가한 사람들에게나 크게 자비심을 일으키어라. 보살이 아닌 사람들에게도 크게 자비한 마음을 일으키어, 응당 이렇게 생각하여야 하느니라."

2행 "'이와 같은 사람들은 곧 크게 잃어버리는 것이니, 여래께서 방편으로 마땅하게 말씀한 법을 듣지도 못하고, 알지도 못하며, 깨닫지도 못하여, 묻지도 않고, 믿지도 않으며, 이해하지도 못하는구나.'"

3행 "그 사람들이 비록 이 법화경을 묻지도 않고 믿지도 않으며, 이해하지도 못하더라도, 나는 위없이 높고 바른 완전한 깨달음을 얻을 때, 어느 곳에 있더라도 신통의 힘과 지혜의 힘으로 이끌어서 이 법 가운데 머무르게 하리라.'할 것이니라."

4행 "문수사리보살이여, 이 보살마하살이 여래가 세상을 떠나신 후에 네 번째 법을 성취한 자는, 이 법을 펼쳐서 말할 때에 허물이 없을 것이니라."

5행 "항상 비구, 비구니, 우바새, 우바이, 국왕, 왕자, 대신, 인민, 바라문, 거사 등이 공양하고 공경하고 존중하고 찬탄하며, 허공의 모든 천인들이 법을 듣기 위하여 또한 항상 따라다니며 받들 것이니라."

6행 "만일 마을에나 도시에나 한가한 삼림 속에 있을 적에
어떠한 사람이 와서 어려운 질문을 하고자 하면, 모든
천인들이 밤낮으로 항상 법을 위하는 까닭으로 보호
하여 지켜주고 능히 듣는 자로 하여금 모두 기쁨을 얻
게 할 것이니라."

7행 "그 까닭이 무엇인가 하면 이 법화경은 일체의 과거,
미래, 현재의 모든 부처님께서 신통한 힘으로 수호하
시기 때문이니라."

8행 "문수사리보살이여, 이 법화경은 헤아릴 수 없는 국
토 가운데에서 내지 이름도 가히 얻어 듣지도 못하거
늘, 하물며 보고 받아 지니고 읽고 외우는 것을 얻는
것이야 말할 것이 있겠느냐."

10장──여섯 번째 비유, 상투 속의 보배 구슬 비유

1절

1행 "문수사리보살이여, 비유컨대 전륜성왕이 위력으로
여러 나라를 항복 받으려 할 적에 여러 작은 왕들이
그의 명령에 따르지 아니하면, 이때에 전륜왕은 여러
가지 군대를 일으키고 가서 토벌할 것이니라."

2행 "왕은 병사들 가운데 싸워서 공이 있는 자를 보고는
곧 크게 환희하여 공을 따라 상을 주는데, 혹은 밭
과 집과 마을과 고을을 주기도 하고, 혹은 의복과 몸

을 장엄할 것을 주기도 하고, 혹은 가지가지의 진귀한 보물, 금, 은, 유리, 자거, 마노, 산호, 호박, 코끼리, 말, 수레, 노비, 사람들을 주기도 하지만 오직 상투 속에 있는 밝은 구슬만은 주지 않느니라."

3행 "그 까닭이 무엇인가 하면 홀로 전륜성왕의 정수리에만 이 구슬이 있는 것인데, 만일 이것을 주면 왕의 모든 권속들이 반드시 크게 놀라고 괴이하게 여길 것이기 때문이니라."

11장

1절

1행 "문수사리보살이여, 여래도 또한 다시 이와 같아서 선정과 지혜의 힘으로 법의 나라를 얻어 삼계의 왕이 되었는데, 모든 마왕들이 수긍하고 굴복하여 따르지 않으면 여래의 현명하고 위대한 모든 장수들이 더불어서 함께 싸울 것이니라."

2행 "그 공이 있는 자에게는 마음이 또한 환희하여 사부대중 가운데서 여러 가지 경을 펼쳐서 말하여 그 마음을 기쁘게 하고 선정과 해탈과 무루의 뿌리와 힘과 모든 법의 재물과, 또 거듭하여 위없는 해탈의 성을 주어 말하기를 모든 번뇌의 얽매임에서 벗어남을 얻었다 하며, 그 마음을 인도하여 모두로 하여금 기쁘게 하지만 이 법화경만은 펼쳐서 말하여 주지 않느니라."

 3행 "문수사리보살이여, 전륜성왕이 모든 병사들 가운데

제5권 第五卷

에서 큰 공을 세운 자를 보고는 마음이 매우 기뻐서 그 믿기 어려운 구슬을 오래도록 상투 속에 넣어 두고 다른 사람에게 주지 않던 것을 주는 것과 같느니라.”

4행 “여래도 또한 거듭하여 이와같이 삼계의 가운데에서 큰 법왕이 되어 바른 법으로 일체 중생들을 교화하시느니라.”

5행 “어질고, 거룩한 군사가 오음의 마구니와, 번뇌의 마구니와, 죽음의 마구니들과 더불어 함께 싸워서 큰공이 있어 삼독을 멸하고 삼계에서 벗어나 마구니의 그물을 깨뜨리는 것을 보았느니라.”

6행 “이때 여래는 또한 크게 환희하여, 이 법화경이 중생들로 하여금 능히 일체의 지혜에 이르게 하지만 일체 세간과는 위배됨이 많고 믿기 어려우므로 먼저 말씀하시지 아니하던 것을 이제사 펼쳐서 말씀하시는 것이니라.”

7행 “문수사리보살이여, 이 법화경은 모든 여래의 제일 훌륭한 말씀이니라. 여러 말씀 가운데 가장 깊은 것이어서 나중에 일러주는 것은, 마치 저 힘센 왕이 오래 보호하던 밝은 구슬을 지금에야 주는 것과 같느니라.”

8행 “문수사리보살이여, 이 법화경은 모든 부처님 여래의 비밀한 법장이므로 모든 경 가운데에서 가장 으뜸가는 것으로, 오랜 세월에 수호하여 망령되이 말씀하시

지 않던 것을 비로소 오늘에야 너희들에게 주기 위하
여 펼쳐서 말하고 베푸는 것이니라."

12장

1절 이때 세존께서 이 뜻을 거듭 펴시고자 게송으로 펼쳐
서 말씀하셨습니다.

2절 항상 인욕의 행을 하시고
모두를 슬프고 불쌍히 여겨
이에 능히 부처님께서 찬탄하시는
법화경을 펼쳐서 말하리라.

3절 응생자비
미래의 말세에서
이 법화경을 지니는 자는
집에 있거나 출가했거나
또는 보살이 아닌 이에게까지
응당 자비한 마음을 일으켜야 할 것이니라.

4절 이런 자들은 이 법화경을
듣지도 못하고 믿지도 않아서
곧 크게 잃어버릴 것이니라.

5절 내가 부처님의 도를 이루어서
여러 가지 방편으로
이 법을 펼쳐서 말하여서
그 가운데 머무르게 할 것이니라.

6절 비유하여 말하면

힘이 강한 전륜성왕이
전쟁을 하고 공 있는 자에게
여러 가지 재물로 상을 주느니라.

7절 코끼리, 말, 수레와
몸을 장엄하는 도구와
또 좋은 집과 전답이며
마을과 도성을 주기도 하고
혹은 입을 옷과
갖가지의 진기한 보배들과
노비와 재물들을
매우 기쁘게 주느니라.

8절 용맹하고 날랜 군사가
능히 어려운 일을 하였으면
왕의 상투 속에 있던
밝은 구슬을 뽑아서 주느니라.

9절 여래도 또한 그와 같아서
모든 법의 왕이 되어
인욕의 큰 힘과
지혜의 보물 창고로
큰 자비로
법에 맞게 세상을 교화하느니라.

10절 모든 사람들이
많은 번뇌에 시달리면서

해탈을 구하려고
많은 마군들과의 싸움을 보았느니라.

11절 이러한 중생들을 위하여
가지가지의 법을 펼쳐서 말할 때
크나큰 방편으로
많은 경을 펼쳐서 말하느니라.

12절 이때에 중생들이
그 힘을 얻은 줄 알고
나중에야 그들을 위하여
법화경을 펼쳐서 말하여 주는 것이니
전륜왕이 상투에 꽂았던
밝은 구슬을 주는 것과 같은 것이니라.

13절 이 법화경은 존중스러운 것
모든 경 가운데 으뜸이니.
내가 항상 수호하고
함부로 열어서 보여 주지 않았으나
지금이 바로 그때이기에
너희들에게 펼쳐서 말하여 주는 것이니라.

14절 내가 세상을 떠난 후에
부처님의 도를 구하는 자가
편안함을 얻고자
이 법화경을 펼쳐서 말하려 하거든
응당 마땅히 이와같이

네 가지 법에 친하고 가까이하여야 할 것이니라.

15절 이 법화경을 독송하는 자는
항상 근심과 걱정이 없고
또 다른 병통도 없어지고
얼굴은 깨끗하며
빈궁하고 하천한 곳에
태어나지 아니할 것이니라.

16절 중생들이 보기를 좋아함이
성현을 사모함 같고
하늘의 여러 동자들이
따라와서 시중들 것이니라.

17절 칼이나 몽둥이라도, 범하지 못하고
독약도 능히 해하지 못하며
만약 어떤 이가 욕하고 비방하면
그 입이 곧 막혀질 것이니라.

18절 어느 곳을 다니어도 두려움이 없으며
사자의 왕과 같고
지혜의 밝은 광명이
해가 비추는 것과 같을 것이니라.

19절 만약 꿈속에서도
다만 묘한 일만 보게 되며
모든 여래가
사자좌에 앉아

많은 비구 대중들에게 둘러싸여
법을 펼쳐서 말함을 보게 될 것이니라.

20절 또 용왕과 신장들과
아수라 등
항하의 모래 수 같은
무리들이 공경하고 합장할 때
스스로 그 몸이
법을 펼쳐서 말하는 것을 보게 될 것이니라.

21절 또 모든 부처님들께서
형상의 모습은 금빛으로
헤아릴 수 없는 광명을 놓아
온갖 것을 비추며
청정한 음성으로
모든 법을 펼쳐서 말씀하시는 것을 보게 될 것이니라.

22절 부처님께서 사부대중들을 위하여
위없는 법을 펼쳐서 말씀하실 때
자신의 몸이 그 속에서
합장하고 부처님을 찬탄하는 것을 보게 될 것이니라.

23절 법을 듣고 즐겁고 기뻐하여
부처님께 공양하고
다라니 법을 얻어
물러나지 않는 지혜를 증득함을 보게 될 것이니라.

24절 부처님께서 그 마음이

깊이 부처님의 도에 들어간 것을 아시고
곧 수기를 주시어
최고의 바른 깨달음을 이루게 할 것이니라.

25절 선남자여 너는
마땅히 오는 세상에
헤아릴 수 없는 지혜인
부처님의 큰 도를 얻을 것이니라.

26절 그 국토는 장엄하고 청정하여
넓고 크고 비교할 데가 없고
또한 사부대중들이
합장하고 법을 들을 것이니라.

27절 또 자신의 몸이
삼림 속에 있어
착한 법을 닦아 익혀서
모든 실상을 증득하고
선정에 깊이 들어
시방의 부처님을 친견하는 것을 보게 될 것이니라.

28절 모든 부처님의 몸은 금빛이고
백 가지의 복된 모양으로 장엄되었는데
법을 듣고 남에게 말하는
항상 이러한 좋은 꿈을 꾸게 될 것이니라.

29절 또 꿈속에 국왕이 되어
궁전과 권속과

또 다섯 가지 묘한 욕망도 버리고
도량으로 나아가서
보리수 아래 앉아서
사자좌에 머무르게 될 것이니라.

30절 도를 구하기를 칠일이 지나면
모든 부처님의 지혜를 얻어
위없는 도를 성취한 후에
일어나 법의 수레바퀴를 굴리게 될 것이니라.

31절 사부대중에게 법을 말씀하시기를
천만억 겁을 지나
새어남이 없는 묘한 법을 펼쳐서 말씀하시어
헤아릴 수 없는 중생들을 제도하고
그런 후에 마땅히 위없는 해탈에 들기를
연기가 다하고 등불이 꺼지는 것과 같으리라.

32절 만약 미래의 악한 세상에서
이 제일의 법을 펼쳐서 말하면
이 사람이 얻는 큰 이익은
위의 모든 공덕과 같을 것이니라.

묘법연화경 妙法蓮華經

제5권 第五卷

15 종지용출품 十五 從地涌出品

1장

1절　이때, 다른 세계에서 온 모든 여덟 항하사 수효보다 많은 보살마하살들이, 대중 가운데서 일어나 합장 예배하고 부처님께 말씀을 드렸습니다.

2절　"세존이시여, 만약 저희들이 부처님께서 세상을 떠나신 후에 이 사바세계에 있으면서 부지런히 정진하며 수호하여 읽고 외우고 사경하며 공양함을 허락하신다면, 이 법화경을 마땅히 이 국토에서 널리 펼쳐서 말하겠습니다."

3절　이때 부처님께서 보살마하살들에게 말씀하셨습니다.

4절　"그만두어라, 선남자여. 그대들까지 이 법화경을 수호할 필요는 없느니라. 그 까닭이 무엇인가 하면 이 사바계에는 육만 항하사의 보살마하살이 있고, 낱낱 보살에게는 각각 육만 항하사의 권속들이 있나니, 이 사람들은 모두 능히 내가 세상을 떠난 후에 이 법화경을 수호하여 읽고 외우고 널리 펼쳐서 말할 것이기 때문이니라."

5절　부처님께서 이와같이 펼쳐서 말씀하실 때에 사바세계의 삼천 대천세계의 땅이 모두 갈라지면서 그 속에 있던 헤아릴 수 없는 천만억 보살마하살이 동시에 솟아올랐습니다.

6절　이 많은 보살들의 몸은 모두 다 금빛이고, 서른두 가지의 훌륭한 몸매와 헤아릴 수 없는 광명을 갖추었는데, 먼저부터 이 사바세계의 아래 있었던 이들로서 이 세계 허공 가운데에 머물렀는데 이 모든 보살들은 석가모니 부처님의 말씀하시는 음성을 듣고 아래로부터 솟아 올라온 것입니다.

7절 이 한 사람 한 사람의 보살들은 모두 대중들을 인도하는 우두머리로서 각각 육만 항하사의 권속을 거느렸습니다.

8절 또 오만, 사만, 삼만, 이만, 일만 항하사의 권속들을 거느렸습니다.

9절 또한 거듭하여, 내지 한 항하사, 반 항하사, 사분의 일 항하사, 내지 천만억 나유타 분의 일 항하사의 권속들을 거느렸습니다.

10절 또한 거듭하여 천만억 나유타 권속, 또한 거듭하여 억만 권속, 또한 거듭하여 천만, 백만 권속, 내지 일만 권속, 또한 거듭하여, 일천, 일백, 내지 열 권속, 또한 거듭하여 다섯, 넷, 셋, 둘, 하나의 제자들을 거느렸습니다.

11절 또한 거듭하여 다만 홀로 번거로움을 멀리 떠난 이와 같은 수행자들이 헤아릴 수 없고 끝이 없어 숫자나 비유로써도 능히 다 알 수가 없었습니다.

12절 이 많은 보살들이 땅에서 솟아 나와 각각 허공으로 솟아 올라서 일곱 가지 보물로 된 탑 안에 계신 다보여래와 석가모니부처님의 처소에 이르러 두 세존을 향

357

하여 머리를 조아려 예배하고, 또 모든 보배 나무 아래 사자좌에 앉아계신 부처님 처소에 이르러서 또한 모두 다 예배하였습니다,

13절 오른쪽으로 세 번씩 돌고 합장하고 공경하여 모든 보살이 갖가지로 찬탄하는 법대로 찬탄하고는 한쪽에 물러나 머물러서 두 분의 세존을 우러러보았습니다.

14절 이 여러 보살마하살들이 땅에서 솟아 올라와서 모든 보살이 갖가지로 법을 찬탄하고 부처님을 찬탄하니 이와 같은 시간이 오십소겁이었습니다.

15절 이때 석가모니 부처님께서는 잠자코 앉으셨고, 또 모든 사부대중 또한 모두 잠자코 앉아 오십소겁이 지났으나, 부처님의 신통한 힘에 의하여 모든 대중은 한 나절같이 생각되었습니다.

16절 이때 사부대중들은 또한 부처님의 신통의 힘으로써 모든 보살들이 헤아릴 수 없는 백천만억 국토의 허공에 가득함을 보았습니다.

17절 이 보살 대중 가운데 네 명의 이끌어주시는 스승이 있었으니, 첫 번째의 이름은 상행이고, 두 번째의 이름은 무변행이고, 세 번째의 이름은 정행이고, 네 번째의 이름은 안립행이었습니다

18절 이 네 분의 보살들은 그 대중 가운데서 가장 으뜸이며 상수가 되어 인도하는 스승들인데, 대중 앞에서 제각기 합장하고 석가모니부처님을 뵈옵고 문안하며 말씀

을 드렸습니다.

19절 "세존이시여, 작은 병도 없으시고, 작은 고뇌도 없으시며, 안락한 행을 하시며, 응당 제도를 받는 자들이 교화를 잘 받으며, 세존께 피로함을 일으키게 하지는 아니 합니까."

2장

1절 이때 네 분의 큰 보살들이 게송으로 펼쳐서 말하였습니다.

2절 세존께서는 안락하시며
작은 병도 없고, 작은 고뇌도 없으시며
중생들을 교화하시기에
피로하지나 않으십니까!

3절 또 모든 중생들이
교화를 잘 받으며
세존으로 하여금
피로함을 일으키지는 않으십니까.

3장

1절 이때 세존께서 보살 대중 가운데서 이와같이 말씀하셨습니다.

2절

1행 "그러하다, 그러하다, 모든 선남자들이여. 여래는 안락하고 작은 병도 없고 작은 고뇌도 없으며, 모든 중생들도 제도하기 쉬워 피로하지 아니하느니라."

2행 "그 까닭이 무엇인가 하면 이 모든 중생들은 세세생생에 항상 나의 교화를 받았고, 또한 과거의 여러 부처님께도 공양하고 존중하며 모든 선근을 심었기 때문이니라."

3행 "이 모든 중생들은 처음 나의 몸을 보고 나의 말을 듣고는 곧 모두 믿어서 지녀 여래의 지혜에 들어갔나니라."

4행 "처음부터 소승을 배워 익힌 자는 제외할 것이나, 이런 사람들도 내가 이제 또한 그로 하여금 이 법화경을 듣고 부처님의 지혜에 들어감을 얻게 할 것이니라."

4장

1절 이때 모든 큰 보살들이 게송으로 펼쳐서 말하였습니다.

2절 거룩하고, 거룩하십니다.

크게 뛰어나신 세존이시여.

모든 중생들을

가히 쉽게 교화하여 제도하신다 하시며

그들이 능히 여러 부처님께

매우 깊은 지혜를 물어서

듣고는 믿고 행한다 하오니

저희들도 따라서 기뻐합니다.

5장

1절 이때 세존께서는 상수인 모든 큰 보살들을 찬탄하시었습니다.

2절 "착하고, 착하여라, 선남자여. 그대들이 능히 여래를

제5권 第五卷

따라 기뻐하는 마음을 일으키는구나.”

3절 이때 미륵보살과 더불어 팔천 항하사 모든 보살들은
모두 이렇게 생각하였습니다.

4절 ‘우리는 옛적부터 지금까지 이와같이 대보살마하살들
이 땅에서 솟아 올라와서 세존 앞에 머물러 합장하고
공양하며, 여래께 문안드리는 것을 보지도 못하고 듣
지도 못하였도다.’

6장

1절 이때 미륵보살마하살은 팔천 항하사 모든 보살들의
마음으로 생각하는 바를 알고, 또 자기의 의심도 해
결하고자 합장하고 부처님을 향하여 게송으로 말씀을
드렸습니다.

2절 헤아릴 수 없는 천만억
여러 보살 대중은
일찍이 보지 못한 바이오니
원하건대 양족존께서는 펼쳐서 말씀하여 주옵소서.

3절 이들은 어디로부터 왔으며
어떠한 인연으로 모였습니까.
거대한 몸과 크나큰 신통
지혜도 생각으로는 헤아리기가 어려우며
그 뜻과 생각이 견고하고
크게 인욕하는 힘이 있어
중생들이 기쁜 마음으로 보게 되는 바이오니

어느 곳으로부터 왔습니까.

4절 낱낱의 모든 보살들이
거느리고 온 많은 권속들은
그 수효가 헤아릴 수 없어
항하의 모래와 같사옵니다.

5절 혹은 어떤 큰 보살은
육만 항하사의 권속을 거느리고 있으며
이와 같은 많은 대중들이
한마음으로 부처님의 도를 구합니다.

6절 이 여러 큰 스승들은
육만 항하사의 수와
함께 와서 부처님께 공양하옵고
또 이 법화경을 수호하고 지닙니다.

7절 오만 항하사 권속을 거느린 이
그 수효 이보다 많으며
사만 항하사 및 삼만 항하사
이만 항하사, 일만 항하사
일천 항하사, 일백 항하사
내지 일 항하사
반 및 삼 사분의 일 항하사
억 만분의 일 항하사
천만 나유타
만억의 모든 제자

내지 반억

그 수가 거듭하여 앞에보다 많습니다.

8절 백만 내지 일만

일천 더불어 일백

오십과 더불어 일십

내지 삼 이 일

권속 없는 혼자 몸으로

혼자 있기 좋아하는 이

모두 부처님께 함께 와서

그 수가 앞에보다 더욱 많습니다.

9절 이와같이 많은 대중을

만약 어떤 사람이 숫자로 헤아려

항하사 겁을 다한다 하여도

오히려 능히 다 알 수가 없을 것입니다.

10절 이렇게 많은 큰 위덕과

정진하는 보살 대중은

누가 그들에게 법을 펼쳐서 말하여

교화하여 성취하게 하였습니까?

11절 누구를 따라서 처음 발심하였고

어떠한 부처님 법을 칭찬하고 찬탄하며

어떠한 경을 받아 지녀 수행하였으며

어떠한 부처님의 도를 닦아 익혔습니까.

12절 이와같이 많은 보살들이

신통과 큰 지혜의 힘으로

사방의 땅이 갈라지면서

모두 그 속에서 솟아 올라왔습니다.

13절 세존이시여, 제가 예전에

일찍이 이러한 일을 본 적이 없사오니,

원하건대 그들이 떠나온

국토의 이름을 펼쳐서 말씀하여 주옵소서.

14절 제가 항상 여러 국토를 다녔지만

일찍이 이러한 대중들을 본 적이 없으며

제가 이 대중들 가운데

이에 한 사람도 알지 못하오며

홀연히 땅에서 솟아 올라온

원하건대 그 인연을 펼쳐서 말씀하여 주시옵소서.

15절 지금 이 큰 모임에 있는

헤아릴 수 없는 백천억의

이 많은 보살들이

모두 이 일을 알고자 하옵니다.

16절 이 여러 보살들의

처음과 나중의 인연을

헤아릴 수 없는 위덕을 갖추신 세존이시여

오직 원하건대 저희 대중들의 의심을 풀어 주소서.

7장

1절 이때 석가모니부처님의 여러 가지로 나타나는 몸들인 많은 부처님들로서 헤아릴 수 없는 천만억 다른 국토에서 오신 분들이 팔방의 많은 보배 나무 아래에 있는 사자좌에서 가부좌를 하고 앉아 계셨습니다.

2절 그 부처님들의 시자들도 각각 이 보살 대중들이 삼천대천세계의 사방에서 땅으로 솟아 올라와 허공에 머물러 있음을 보고, 각자 그것을 부처님께 말씀을 드렸습니다.

3절 "세존이시여, 이 헤아릴 수 없고 끝이 없는 아승지 보살 대중들은 어디로부터 왔습니까."

4절 이때, 여러 부처님들이 각각 그 시자들에게 말씀하셨습니다.

5절

1행 "모든 선남자들아, 잠깐만 기다려라. 여기 보살마하살이 있으니, 명호가 미륵보살이니라. 석가모니 부처님의 수기를 받아 이 다음에 부처를 이룰 것이니라."

2행 "이 일을 물어서 부처님께서 지금 곧 대답하시리니, 그대들은 스스로 마땅히 인연에 대하여 듣게 될 것이니라."

6절 이때 석가모니 부처님께서 미륵보살에게 말씀하셨습니다.

7절

1행 "착하고, 착하도다, 미륵보살이여. 그대 능히 부처님께 이와 같은 큰일을 묻는구나. 그대들은 마땅히 모두

다 한마음으로 정진의 갑옷을 입고, 견고한 뜻을 일으
켜라.”

2행 “여래께서 지금 여러 부처님의 지혜와 여러 부처님의
자재한 신통의 힘과, 여러 부처님의 사자같이 놀라운
힘과 모든 부처님의 위엄 있고 용맹하고 크신 세력의
힘을 나타내어 일으켜 펼쳐서 보이고자 하느니라.”

8장

1절 이때, 세존께서 이 뜻을 거듭 펴시고자 게송으로 펼쳐
서 말씀하셨습니다.

2절 마땅히 한마음으로 정진하여라.
내가 이제 이 일을 펼쳐서 말하고자 하니
의심과 자책하지 말아라.
부처님의 지혜는 생각으로는 알기가 어려우니라.

3절 그대들은 지금 믿는 힘을 들어내어
참고 선함에 머물러라.
예전에 듣지 못하였던 법을
이제 모두 마땅히 듣고 얻을 것이니라.

4절 내가 이제 너희들을 편안하게 위로하노니
의심과 두려움을 품지 말아라.
부처님께서는 진실하지 않은 말씀이 없으시고
지혜도 가히 헤아리기가 어려우니라.

5절 얻은 바 제일가는 법
매우 깊어 분별하기 어렵지만

이와같이 지금 마땅히 펼쳐서 말하리니
너희들은 한마음으로 들을 것이니라.

9장

이때, 세존께서 이 게송을 펼쳐서 말씀하시고 미륵보살에게 말씀하셨습니다.

2절

1행 "내가, 이제 이 대중들 가운데서 널리 그대들에게 말하리라. 미륵보살이여, 이 많은 헤아릴 수 없고 숫자로도 계산 할 수 없는 아승지 대보살마하살들이 땅에서 솟아 올라온 일은 너희가 일찍이 보지 못한 것이니라."

2행 "나는 이 사바세계에서 위없이 높고 바른 완전한 깨달음을 얻은 후에 이 많은 보살들을 교화하고 지도하여, 그 마음을 조복하고 도에 대한 마음을 일으키게 하였느니라."

3행 "이 모든 보살들은 모두 이 사바세계의 아래 그 세계의 허공 가운데에 머물러 있으면서, 모든 경전을 읽고 외우고 통달하고 사유하고 분별하여 바르게 기억하였느니라."

4행 "미륵보살이여, 이 많은 선남자들은 대중 가운데 있으면서도 말을 많이 하기를 좋아하지 않고, 항상 고요한 곳에서 부지런히 정진하기를 좋아하여 일찍이 쉬지 아니하였느니라."

5행 "또한 인간에나 천상에 의지하여 머무르지 아니하고 항상 깊은 지혜를 좋아하여 걸림이 없으며, 또한 항상 모든 부처님의 법을 좋아하여 한마음으로 정진하여 위없는 지혜를 구하였느니라."

10장

1절 이때, 세존께서 이 뜻을 거듭 펴시려고 게송으로 펼쳐서 말씀하셨습니다.

2절 미륵보살이여, 마땅히 알아라.
이 여러 큰 보살들은
숫자로 헤아릴 수 없는 겁으로부터
부처님의 지혜를 닦아 익혔으니
모두 내가 교화한 바이니
큰 도의 마음을 일으키게 하였느니라.

3절 이들은 다 나의 아들들이니
이 세계를 의지해
항상 두타의 행을 하고
고요한 곳을 좋아했으며
시끄러운 대중처소를 버리고
많은 말을 좋아하지 않았느니라.

4절 이와 같은 모든 아들들은
나의 도의 법을 배워 익혀
밤낮으로 항상 정진하여
부처님의 도를 구하기 위하여
이 사바세계의

아래의 허공 가운데 머무는 것이니라.

5절 　뜻과 생각의 힘이 견고하고
　　　항상 부지런히 지혜를 구하여
　　　가지가지 묘한 법을 펼쳐서 말하여
　　　그 마음에 두려움이 없었느니라.

6절 　내가 가야성
　　　보리수 아래에 앉아
　　　최상의 바른 깨달음 성취함을 얻고
　　　위없는 법의 수레바퀴를 굴리었느니라.

7절 　이에 교화하여
　　　처음으로 도의 마음을 일어나게 하였으며
　　　지금 모두 물러남이 없는 자리에 머물러
　　　모두 마땅히 부처님 이룸을 얻었느니라.

8절 　내가 이제 진실한 말을 펼쳐서 말할 것이니
　　　그대들은 한마음으로 믿을 것이니라.
　　　내가 오랜 옛적부터
　　　이 대중들을 교화하였느니라.

11장

1절 　이때 미륵보살마하살과 또 수없는 많은 보살들이 마음에 의심을 일으키고 일찍이 없던 괴이한 일이라 하며 이와같이 생각하였습니다.

2절 　'어떻게 세존께서 이 짧은 시간에 이와같이 교화하여 헤아릴 수 없고 끝이 없는 아승지의 많은 큰 보살들로

하여금 위없이 높고 바른 완전한 깨달음에 머무르게
하시었는가.'

3절 곧 부처님께 말씀을 드렸습니다.

4절

1행 "세존이시여, 여래께서는 태자로 계시다가 석가족의
궁궐에서 나오시어 가야성에서 멀지 않는 도량에 앉
아 위없이 높고 바른 완전한 깨달음을 성취함을 얻으
셨습니다."

2행 "그때부터 지금까지 비로소 사십여 년이 지났는데,
세존께서는 어떻게 이 짧은 시간에 큰 부처님의 일을
지으셨습니까. 부처님의 위신력이십니까, 부처님의
공덕이십니까."

3행 이와 같은 헤아릴 수 없는 큰 보살 대중들을 마땅히
교화하여 위없이 높고 바른 완전한 깨달음을 이루게
하시었나이까."

4행 "세존이시여, 이 큰 보살 대중들을, 가령 어떠한 사람
이 천만억 겁 동안 세어도 그 수를 능히 다할 수 없으
며 그 끝을 알 수가 없습니다."

5행 "이들은 오랜 옛날부터 지금까지 헤아릴 수 없고 끝이
없는 부처님 계신 곳에서 많은 선근을 심고 보살의 도
를 성취하며, 항상 범행을 닦았다고 하십니다."

6행 "세존이시여, 이러한 일은 세상에서는 믿기 어려운
일입니다."

7행 "비유하면, 어떤 사람이 얼굴이 아름답고 머리카락이 검은 이십오 세쯤의 젊은이로서, 백 살 된 노인을 가리켜 내 아들이다 라고 말하고, 그 백 살 된 노인도 또한 젊은이를 가리켜 나의 아버지라 말하고, 나를 낳아 길렀다 한다면, 이 일은 믿기 어려울 것입니다."

8행 "부처님께서도 또한 이와 같아서 도를 얻으신 지 실로 오래지 아니 되셨는데, 이 큰 대중인 많은 보살들은 이미 헤아릴 수 없는 천만억겁에 부처님의 도를 위하여 부지런히 정진하였으며, 헤아릴 수 없는 백천만억 삼매에 잘 들어가고 나오고 머물러서 큰 신통을 얻고, 오래도록 범행을 닦았으며, 능히 모든 선한 법을 잘 차례차례 익히어 문답에 능하여 사람 가운데 보배로, 모든 세간에서 매우 희유한 일입니다."

9행 "오늘 세존께서 두루 말씀하시기를, '부처님의 도를 얻었을 때에 처음으로 마음을 일으키게 하고 교화하고 지도하여 이끌어서 위없이 높고 바른 완전한 깨달음에 향하게 하셨다.'하였습니다."

10행 "세존께서는 부처님을 이루신 지 오래지 않았는데 어떻게 능히 큰 공덕을 지으셨습니까."

11행 "저희들은 비록 거듭하여 부처님께서 마땅함을 따라, 펼쳐서 말씀하신 가르침이나, 부처님께서 하신 말씀은, 일찍이 허망하지 않다고 믿으며, 부처님께서는 모두 다 통달하였음을 압니다."

12행   "그러나 모든 새로 발심한 보살들이 부처님께서 세상을 떠나신 후에 만일 이 말씀을 듣고, 혹 믿어 받지 아니하고 법을 파괴하는 죄업의 인연을 일으킬 것이옵니다."

13행   "오직 그러하오니 세존이시여, 원하옵건대 풀어 펼쳐서 말씀하셔서 저희들의 의심을 제거하게 하여 주시며, 또한 오는 세상의 모든 선남자들이 이 사실을 듣고 또한 의심을 일으키지 않게 하여 주시옵소서."

12장

1절   이때, 미륵보살이 이 뜻을 거듭 펴려고 게송으로 펼쳐서 말하였습니다.

2절   부처님께서 예전에 석가족에서
출가하여 가야성 근처의
보리수 아래 앉으신 지
얼마 되지 않았는데
이 많은 부처님 제자들은
그 수를 가히 헤아릴 수가 없습니다.

3절   이미 오래 전부터 부처님의 도를 행하여
신통한 힘에 머물렀으며
보살의 도를 잘 배우고
세상의 법에 물들지 않았습니다.

4절   연꽃이 물에 있는 것과 같이
땅에서 힘차게 솟아 올라와

모두 공경하는 마음을 일으키어
세존 앞에 머물렀으니
이 일은 생각으로는 헤아리기가 어렵거늘
어떻게 가히 믿을 수 있겠습니까.

5절　부처님께서 도를 얻으신 지 매우 가깝고
이룩한 일은 매우 많으니
원하건대, 대중의 의심을 없애기 위하여
사실대로 분별하여 펼쳐서 말씀하여 주옵소서.

6절　비유하면, 젊은이로서
겨우 이십오 세쯤 된 자가
백 살 된 사람을 가리키면서
머리가 희고 얼굴이 쭈그러진 자가
이 사람을 내가 낳았다 하고
아들도 또한 아버지라 말한다면
아버지는 젊고 아들은 늙었으니
온 세상이 믿지 아니할 것입니다.

7절　세존도 또한 이와 같아서
도를 얻은 지 매우 가까운데
이 많은 보살들은
뜻이 굳고 겁 많고 약하지 않으며
헤아릴 수 없는 겁으로부터
보살의 도를 행하였습니다.

8절　어려운 질문도 답을 잘하고

그 마음에 두려움이 없으며
참는 마음이 결정되었고
단정하고 위엄과 덕이 있어
시방 부처님들께서 칭찬을 하시고
능히 잘 분별하여 펼쳐서 말하옵니다.

9절　사람이 많이 있는 곳을 좋아하지 아니하고
항상 선정에 머물기를 좋아하면서
부처님의 도를 구하기 위하여
이 세계 아래 허공 가운데에 머물렀습니다.

10절　저희들은 부처님께 들어서
이러한 일을 의심함이 없지만
원하건대 부처님께서 미래 세상을 위해
풀어 말씀하시고 열어서 이해하게 하여 주옵소서.

11절　만약 이 법화경을
의심하여 믿지 않는 자가 있다면
곧 마땅히 악도에 떨어질 것이니
원하옵건대, 이제 풀어 펼쳐서 말씀하여 주시옵소서.

12절　이 헤아릴 수 없는 보살들을
어떻게 짧은 시간에
교화시키고 그들로 하여금 발심을 시켜서
물러남이 없는 자리에 머무르게 하셨습니까.

묘법연화경 妙法蓮華經

제5권 第五卷

16 여래수량품 十六 如來壽量品

1절 이때, 부처님께서 여러 보살과 더불어 모든 대중들에게 말씀하셨습니다.

2절 "여러 선남자들이여, 너희들은 마땅히 여래의 진실하고 참된 말을 믿고 이해하여야 할 것이니라."

3절 거듭하여 대중에게 말씀하셨습니다.

4절 "너희들은 마땅히 여래의 진실하고 참된 말을 믿고 이해할 것이니라."

5절 또 거듭하여 모든 대중들에게 말씀하셨습니다.

6절 "너희들은 마땅히 여래의 진실하고 참된 말을 믿고 이해할 것이니라."

7절 이때, 보살 대중들은 미륵보살이 상수가 되어 합장하고 부처님께 말씀을 드렸습니다.

8절

1행 "세존이시여, 간절히 원하옵건대 펼쳐서 말씀하여 주옵소서. 저희들은 마땅히 부처님의 말씀을 믿고 받아들이겠습니다."

2행 "세존이시여, 간절히 원하옵건대 펼쳐서 말씀하여 주옵소서. 저희들은 마땅히 부처님의 말씀을 믿고 받아들이겠습니다."

3행 "세존이시여, 간절히 원하옵건대, 펼쳐서 말씀하여 주옵소서. 저희들은 마땅히 부처님의 말씀을 믿고 받아들이겠습니다."

9절 이와같이 세 번이나 말씀드리며 거듭하여 말하였습니다

10절 이때, 세존께서는 모든 보살들이 세 번 청하여 그치지 아니할 것임을 아시고 말씀하셨습니다.

11절

1행 "그대들은 여래의 비밀하고 신통한 힘을 자세히 들어라."

2행 "모든 세간의 하늘과 사람과 또 아수라들은 모두 지금의 석가모니부처님은 가필라의 궁전에서 나와 가야성으로 가서 멀지 아니한 도량에 앉아 위없이 높고 바른 완전한 깨달음을 얻었다고 생각할 것이니라."

3행 "그러나 선남자들이여, 내가 진실로 부처를 이룬 것은 헤아릴 수 없고 끝이 없는 백천만억의 나유타 겁이니라."

4행 "비유하면, 오백천만억 나유타 아승지 삼천 대천세계를 가령 어떤 사람이 부수어 가는 티끌을 만들어 가지고, 동쪽 오백천만억 나유타 아승지 세계를 지나서 한 티끌을 내려놓고, 또 이와같이 동쪽으로 가면서 그 티끌이 다하도록 하였느니라."

5행 "여러 선남자들이여, 어떻게 생각하느냐. 이 모든 세계를 가히 생각하고 계산하여 그 수효를 알 수 있겠는가 없겠는가."

12절 미륵보살 등이 함께 부처님께 말씀을 드렸습니다.

1행 "세존이시여, 이 모든 세계는 헤아릴 수 없고 끝이 없어 숫자로도 계산하여 알 수가 없사오며, 또한 마음의 힘으로도 미칠 수가 없습니다."

2행 "모든 성문이나 벽지불들이 샘이 없는 지혜로 능히 생각으로 헤아려도 그 수효의 한계를 알 수 없으며, 물러남이 없는 지위에 머무른 저희들도 이러한 일들을 또한 통달할 수가 없습니다."

3행 "세존이시여, 이와 같은 모든 세계는 헤아릴 수 없고 끝이 없는 것이옵니다."

14절 이때, 부처님께서 큰 보살대중들에게 말씀하셨습니다.

15절

1행 "모든 선남자들이여, 이제 마땅히 분명하게 그대들에게 널리 말할 것이니라."

2행 "이 모든 세계에, 만일 작은 티끌을 내려놓거나 또는 내려 놓지 아니한 것을 모두 티끌로 만들어 한 티끌로 한 겁을 삼는다 하여도, 내가 부처를 이루어 온 지는 거듭하여 이보다 더 지난 것이 백천만억 나유타 아승지 겁이니라."

3행 "이때로부터 나는 항상 이 사바세계에 있으면서 법을 펼쳐서 말하여 교화하였고, 또한 다른 세계의 백천만억 나유타 아승지 국토에서도 중생들을 인도하여 이익 되게 하였느니라.

4행 "모든 선남자들이여, 이러한 가운데에서 나는 연등부처 등이 되었다고 말하였고, 또 거듭하여 그 세상에서 떠나갔다고 말하였느니라. 이와 같은 것은 모두 다 방편으로 분별한 것이니라."

5행 "모든 선남자들이여, 만일 어떤 중생들이 나에게 오면, 내가 부처의 눈으로 그의 믿음과 모든 근성이 날카롭고 아둔함을 관찰하여, 응당 제도할 방법에 따라 여러 곳에서 말하는 이름이 자연히 같지 않고, 나이도 많기도 하고 적기도 하며, 또한 다시 나타내기를 마땅히 '이 세상에서 떠나간다'고 말하기도 하고, 또 가지가지 방편으로 미묘한 법을 펼쳐서 말하여 능히 중생들로 하여금 환희한 마음을 일으키게 하였느니라."

6행 "모든 선남자들이여, 여래가 많은 중생들이 작은 법을 좋아하여 덕이 엷고 죄업이 무거운 자를 보면, 이 사람을 위하여, '나는 젊어서 출가하여 위없이 높고 바른 완전한 깨달음을 얻었다'고 펼쳐서 말하느니라. 그러나 내가 참으로 부처를 이룬 지는 이와같이 오래 되었느니라. 다만 방편으로 중생들을 교화하여 부처님의 도에 들어오게 하기 위하여 이와 같은 말을 하는 것이니라."

7행 "여러 선남자들이여, 여래가 펼쳐서 말씀한 경전들은 모두 중생들을 제도하기 위한 것이므로, 혹은 나의 몸을 말하고, 혹은 다른 이의 몸을 말하며, 혹은 나의 몸을 보이고, 혹은 다른 이의 몸을 보이며, 혹은 나의 일을 보이고, 혹은 다른 이의 일을 보이지만, 여러 가지 말로 말한 것이 모두 다 진실하여 허망하지 아니하느니라."

8행 "그 까닭이 무엇인가 하면 여래는 실제와 같이 삼계의 모양을 알고 보나니, 태어나고 죽고, 혹은 물러가거나 혹은 나오거나 함이 없으며, 또한 세상에 존재하는 이도 없고, 또한 세상을 떠난 자도 없으며, 진실하지도 아니하고 허망하지도 않으며, 같지도 않고, 다르지도 않나니, 삼계를 삼계로 보는 것이 같지 않기 때문이니라."

9행 "이와 같은 일을 여래는 밝게 보아 그릇됨이 없건마는, 모든 중생들에게는 가지가지 성품과, 가지가지 욕망과, 가지가지 행동과, 가지가지 생각과, 분별이 있기 때문에, 그들로 하여금 많은 선근을 일으키게 하기 위하여 여러 가지 인연과 비유와 언사로 가지가지의 법을 펼쳐서 말씀하시어 부처님의 일을 지어 일찍이 잠깐도 쉬지 않았느니라."

10행 "이와같이 내가 부처를 이룬 지 매우 많이 오래이니라. 수명이 헤아릴 수 없는 아승지겁이어서 항상 머물러 있고 멸하지 않느니라."

11행 "여러 선남자들이여, 내가 본래 보살의 도를 행하여 이룩한 수명은 지금도 오히려 다하지 아니하며 거듭하여 위의 수명의 곱절이니라."

12행 "그리고 지금 진실로 세상을 떠나는 것이 아니지마는 문득 말하기를, 마땅히 세상을 떠남에 들리라 함은 여래가 이러한 방편으로써 중생들을 교화함이기 때문이니라."

13행 "어떠한 까닭이냐. 만일 부처님이 세상에 오래 머무른다면, 덕이 엷은 사람들이 선근을 심지 아니하고 빈궁하고 하천하면서도, 다섯 가지 욕락에 탐착하여 기억하고 생각하는 허망한 소견의 그물에 들어가게 될 것이기 때문이니라."

14행 "만약 여래가 항상 있고 세상을 떠나시지 아니함을 보면, 문득 교만한 마음을 일으키고 게으른 생각을 품어서 능히 만나기 어렵다는 생각과 공경하는 마음을 일으키지 아니할 것이니라. 이러한 까닭으로 여래는 방편으로 펼쳐서 말씀하시는 것이니라."

15행 "비구들이여, 마땅히 알아라. 모든 부처님께서 세상에 오시는 일은 가히 만나기가 매우 어려우니라."

16행 "왜냐하면, 많은 덕이 엷은 사람들은 헤아릴 수 없는 백천만억 겁을 지나서야 혹은 부처를 보기도 하고 혹은 보지 못하기도 하느니라."

17행 "이러한 까닭으로 나는 말하노라."

18행 "'여러 비구들이여, 여래는 가히 만나 뵈옵기 어렵다.'"

"중생들이 이와 같은 말을 들으면, 반드시 마땅히 만나 뵙기 어렵다는 생각을 일으키고, 사모하는 마음을 품어, 부처님을 목마르게 우러러서 선근을 심게 되느니라."

20행 "이러한 까닭으로 여래는 비록 진실로 세상을 떠나는 것이 아니지마는 세상을 떠난다고 말하는 것이니라."

21행 "또 선남자들이여, 모든 부처님 여래의 법이 모두 다 이와같이 중생들을 위하는 것이므로, 모두 다 진실하여 허망하지 아니하느니라."

2장--일곱 번째 비유, 훌륭한 의사

1절

1행 "비유하면, 훌륭한 의사가 지혜 있고 총명하고 통달하여 약방문과 약을 분명하게 알아 모든 병을 잘 치료하였느니라."

2행 "그 사람은 아들들이 많았는데 대략 열, 스물, 백에 이르렀느니라."

3행 "볼 일이 있어 멀리 다른 나라에 간 동안에 여러 아들들이 독약을 먹은 후에 독기가 발작하여 혼미하고 어지러워 땅에 뒹굴고 있었느니라."

4행 "이때, 그들의 아버지가 집에 돌아와 보니, 여러 아들들이 독약을 먹고는 혹은 본마음을 잃어버리기도 하였고, 혹은 아주 잃어버리지 않은 아들도 있었느니라.

멀리서 그의 아버지를 보고 모두 크게 기뻐하여 절하고 꿇어앉아 문안하고 말하였느니라."

5행 "'안녕히 다녀오셨습니까. 저희들이 어리석고 미련하여 잘못 독약을 먹었으니, 바라옵건대 구원하시어 다시 목숨을 살려주시옵소서.' 하였느니라."

6행 "아버지는 아들들의 괴로워함을 보고, 이와 같은 여러 가지 약방문에 의지하여 빛과 향기와 좋은 맛을 모두 다 구족한 좋은 약초를 구하여 찧고 두드리고 화합하여 여러 아들에게 주어 먹어라 하면서 이렇게 말하였느니라."

7행 "'이 훌륭한 약은 빛깔과 향기와 감미로운 맛을 모두 갖춘 것이니, 너희들이 먹으면 괴로움과 고통에서 속히 벗어나서 다시는 무거운 병이 없을 것이니라.'고 하였느니라."

8행 "그 여러 아들 가운데 마음을 잃지 않은 자는 이 좋은 약의 빛과 향기가 훌륭함을 보고 곧 먹어서 병이 다하고 제거되어 나았느니라."

9행 "나머지 마음을 잃어버린 자들은 그 아버지가 온 것을 보고 비록 또한 기뻐서 문안하고 병을 치료하는 것을 찾고 구하지만 그러나 그 약을 잘 먹으려 하지 않았느니라."

10행 "왜냐하면, 독의 기운이 깊이 들어가 본래의 마음을 잃은 까닭으로, 그 좋은 빛과 향기를 갖춘 약을 좋지 않은 것이라고 생각하였기 때문이니라."

11행 "아버지는 이와같이 생각을 하였느니라."

12행 "'이 아들들은 가히 가엾구나. 독약에 중독이 되어 마음이 모두 뒤집혀 있구나. 비록 나를 보고 기뻐하며 병을 고쳐 달라고 하면서도 이와같이 좋은 약을 잘 먹지 않으니, 내가 이제 마땅히 방편을 펼쳐서 말하여 이 약을 먹게 하리라.' 곧 이와같이 펼쳐서 말을 하였느니라."

13행 "'너희들은 마땅히 알아라. 나는 이제 노쇠하고 늙어서 죽을 때가 가까워졌느니라. 이 훌륭한 약을 지금 여기에 두겠으니, 너희가 가져다 먹어라. 차도가 있으리니 근심하지 말아라.'"

14행 "이와같이 이야기 하고 다시 다른 나라에 가서 사람을 보내어 전하였느니라."

15행 "'너의 아버지가 이미 죽었느니라.'"

16행 "이때, 여러 아들들은 아버지가 세상을 버리고 죽었다는 말을 듣고 마음에 크게 걱정하고 괴로워하면서 이와같이 생각하였느니라."

17행 "'만일 아버지가 계신다면 우리들을 어여삐 여겨 능히 구해주시련마는, 이제 우리를 버리고 타국에서 돌아가셨으니, 우리는 외로운 고아로서 다시 의지할 부모님이 없구나.'"

18행 "항상 비통하고 슬픔에 **빠졌었는데** 마침내 마음으로 깨달아서 이에 이 약의 빛과, 향과, 맛이 감미로움을 알고 곧 취하여 먹어서 독한 병이 모두 다 나았느니라."

19행 "그 아버지는 아들들의 병이 모두 쾌차하였다는 소식을 듣고 다시 돌아와서 모두를 만나 보았느니라."

3장

1절

1행 "모든 선남자들이여, 어떻게 생각하느냐. 어떤 사람이 능히 이 훌륭한 의사의 거짓말한 죄를 말할 이가 있겠느냐."

2행 "그렇지 않습니다, 세존이시여."

2절 부처님께서 말씀하셨습니다.

3절

1행 "나도 또한 이와 같아서 부처를 이룬 지가 헤아릴 수 없고 끝이 없는 백천만억 나유타 아승지겁 전이지만, 중생들을 위하는 까닭으로 방편의 힘으로 '마땅히 세상을 떠난다.'라고 펼쳐서 말한 것이다."

2행 "또한 능히 법과 같으므로 내가 허망하다고 허물을 말할 자는 없으리라."

4장

1절 이때, 세존께서 이 뜻을 거듭 펴시려고 게송으로 펼쳐서 말씀하셨습니다.

2절 내가 부처를 이룬 때로부터

지내 온 많은 겁의 수효는
헤아릴 수 없는 백천만억
아승지이니라.

3절 항상 법을 펼쳐서 말하여
숫자로 헤아릴 수 없는 억의 중생들을 교화하여
부처님의 도에 들어가게 한 것이
헤아릴 수 없는 겁을 지내 왔느니라.

4절 중생들을 제도하기 위하여
방편으로 세상 떠남을 나타내지만
참으로 이 세상에서 떠나가는 것이 아니고
항상 머물러서 이 법을 펼쳐서 말하느니라.

5절 나는 항상 여기에 머무르면서
많은 신통의 힘으로
뒤바뀐 중생들로 하여금
비록 가까이에 있어도 보지 못하게 한 것이니라.

6절 중생들은 내가 세상을 떠나는 것을 보고
널리 사리를 공양하며
함께 모두 연모하는 마음을 품고
목마르게 우러르는 마음을 일으키느니라.

7절 중생들은 이미 믿고 조복되어
바탕이 정직하고 뜻이 부드러우며
한결같은 마음으로 부처님을 보고자
스스로 몸과 목숨을 아끼지 않는다면

그때에 나와 또 여러 스님들이
함께 영취산에 나타날 것이니라.

8절 　내가 이때에 중생들에게 펼쳐서 말하기를
'항상 여기에 머물러 있고 세상을 떠나지 않지만
방편의 힘으로써
세상을 떠남과, 항상 머물러 있음을 나타내느니라.

9절 　다른 세계의 중생들 가운데
공경하고 믿고 즐거워하는 자가 있다면
나는 거듭하여 그 가운데서
위없는 법을 펼쳐서 말하는 것이니
너희들은 이러한 것을 듣지 못하고
다만 내가 세상을 떠났다고만 생각하느니라.

10절 　나는 여러 중생들이
괴로움의 바다에 빠져 있음을 보았기에
몸을 나타내지 아니하고
그들로 하여금 목말라 우러름을 일으키게 하여
그 마음으로 인하여 연모하여야만
이에 나타나서 법을 펼쳐서 말하느니라.

11절 　신통의 힘이 이와 같아서
아승지겁에
항상 영취산에 있거나
또는 다른 여러 곳에 머무르니라.

12절 　중생들이 겁이 다하거나

큰 불이 타는 것을 볼 때에도
나의 이 국토는 안온하여
하늘과 사람들이 항상 가득히 충만하고
동산, 숲, 많은 강당, 누각은
가지가지의 보배로 장엄하였느니라.

13절 보배 나무의 꽃과 과일이 많고
중생들이 즐거이 노닐며
많은 천인들은 하늘의 북을 치며
항상 많은 악기들을 연주하고
만다라꽃을 비처럼 내려서
부처님과 또 대중들에게 흩뿌리느니라.

14절 나의 정토는 훼손됨이 없지만
중생들이 불에 타는 것을 보고
근심과 두려움과 많은 괴로움이
이와같이 남김없이 충만함을 보느니라.

15절 이 모든 죄 지은 중생들은
악한 업의 인연으로
아승지겁을 지나도록
삼보의 이름조차도 듣지 못하느니라.

16절 많은 공덕을 닦아서
부드럽고 화평하고 근본이 정직한 자는
곧 모두 나의 몸이 이곳에 있어
법을 펼쳐서 말함을 보게 될 것이니라.

17절 　혹은 어느 때에는 이 중생들을 위하여
　　　부처님의 수명은 헤아릴 수 없다고 말하고
　　　오래도록 부처님을 보는 자에겐
　　　부처님은 만나기가 어렵다고 펼쳐서 말하느니라.

18절 　나의 지혜의 힘이 이와 같아서
　　　지혜의 광명이 헤아릴 수 없이 비추고
　　　수로 헤아릴 수 없는 겁을 사는 수명은
　　　오래도록 닦은 업으로 얻은 것이니라.

19절 　너희들 지혜 있는 자들은
　　　이에 의심을 일으키지 말고
　　　마땅히 끊어서 영원히 없애 버려라.
　　　부처님의 말씀은 진실하여 허망하지 않느니라.

20절 　훌륭한 의사가 좋은 방편으로
　　　중독된 아들의 병을 고치기 위하여
　　　실로는 있지만 죽었다 말한 것이
　　　능히 허망하다 말할 이 없는 것과 같느니라.

21절 　나도 또한 이 세상의 아버지로서
　　　모든 고통과 근심하는 자를 구원하려고
　　　뒤바뀐 범부를 위하여
　　　실로는 머무르면서도
　　　이 세상에서 떠나간다 말하는 것이니라.

22절 　언제나 나를 볼 수 있다고 한다면
　　　교만하고 방자한 생각을 일으키어

방일하여 다섯 가지 욕락에 집착하고
악도에 떨어질 것이니라.

23절 내가 항상 중생들이
도를 행하기도 하고 도를 행하지 않음을 알아서
응당 가히 제도할 바를 따라
생각하여 가지가지 법을 펼쳐서 말하느니라.

24절 늘 스스로 이러한 생각을 하기를
어떻게 하여야 중생들로 하여금
위없는 지혜에 들어감을 얻게 하여
속히 부처의 몸을 성취하게 할 것인가!

묘법연화경 妙法蓮華經

제5권 第五卷

17 분별공덕품 十七 分別功德品

1절 이때, 큰 법회에서 부처님께서 말씀하시는 수명의 겁
수가 이와같이 오래임을 듣고, 헤아릴 수 없고 끝이
없는 아승지의 중생들이 큰 이익을 얻었습니다.

2절 이때, 세존께서 미륵보살마하살에게 말씀하셨습니다.

3절

1행 "미륵보살이여, 내가 이와같이 여래의 수명이 길고
오래임을 말할 때에 육백 팔십만억 나유타 항하사 중
생들이 생겨남이 없는 법의 자리를 얻었느니라"

2행 "거듭하여 천 배의 보살마하살은 문지 다라니문을 얻
었느니라."

3행 "거듭하여 한 세계의 미진수와 같이 많은 보살마하살
들은 걸림 없이 말을 잘하는 변재를 얻었느니라."

4행 "거듭하여 한 세계의 미진수와 같이 많은 보살마하살
들은 백천만억의 헤아릴 수 없는 선다라니를 얻었느
니라."

5행 "거듭하여 삼천 대천세계의 미진수와 같이 많은 보살
마하살들은 능히 물러남이 없는 법의 수레바퀴를 굴
리었느니라."

6행 "거듭하여 이천 중천세계의 미진수와 같이 많은 보살
마하살들은 능히 청정한 법의 수레바퀴를 굴리었느니
라."

7행 "거듭하여 소천세계의 티끌 수와 같이 많은 보살마하

살들은 여덟 생에 마땅히 위없이 높고 바른 완전한 깨
달음을 얻었느니라."

8행 "거듭하여 사사천하의 미진수와 같이 많은 보살마하
살들은 네 번 다시 태어나는 동안에 마땅히 위없이 높
고 바른 완전한 깨달음을 얻었느니라."

9행 "거듭하여 삼사천하의 미진수와 같이 많은 보살마하
살들은 삼생에 마땅히 위없이 높고 바른 완전한 깨달
음을 얻었느니라."

10행 "거듭하여 이사천하의 미진수와 같이 많은 보살마하
살들은 두생에 마땅히 위없이 높고 바른 완전한 깨달
음을 얻었느니라."

11행 "거듭하여 일사천하의 미진수와 같이 많은 보살마하
살들은 한생에 마땅히 위없이 높고 바른 완전한 깨달
음을 얻었느니라."

12행 "거듭하여 여덟 세계의 미진수와 같이 많은 중생들은
모두 다 위없이 높고 바른 완전한 깨달음의 마음을 일
으켰느니라."

4절 부처님께서, 이 많은 보살마하살들이 큰 법의 이익 얻
은 일들을 펼쳐서 말씀하실 때, 허공 가운데에서 만다
라화와 마하만다라화가 비처럼 내려서 헤아릴 수 없
는 백천만억 보배 나무 아래 있는 사자좌에 앉으신 여
러 부처님께 흩뿌려졌습니다.

5절 아울러 일곱 가지 보물로 된 탑 안의 사자좌에 앉으신

393

석가모니부처님과 또 오래 전에 세상을 떠나신 다보여래께 또한 흩날리고, 모든 큰 보살들과 사부대중들에게도 흩뿌려졌습니다.

6절 또, 전단향과 침수향 등의 보드라운 가루가 비처럼 내리고, 허공 가운데에서는 하늘의 북이 저절로 울려 묘한 소리가 깊고도 멀리 울렸습니다.

7절 또 일천 가지 하늘 옷이 비 내리듯이 여러 가지 영락, 진주영락, 바니주영락, 여의주영락을 아홉 방향에 두루 드리우고, 모든 보배 향로에 값을 메길 수 없는 향을 사르니, 저절로 두로 퍼져 큰 모임에 공양하였습니다.

8절 한 분 한 분 부처님의 위에는 여러 보살들이 번기와 일산을 들고 차례차례 올라가 범천에까지 이르며, 이 여러 보살들은 미묘한 음성으로 헤아릴 수 없는 게송을 읊어 모든 부처님들을 찬탄하였습니다.

2장

1절 이때, 미륵보살이 자리에서 일어나 오른쪽 어깨를 드러내고 합장하고 부처님을 향하여 게송으로 말씀을 드렸습니다.

2절 부처님께서 펼쳐서 말씀하신 희유한 법은
예전에는 일찍이 듣지 못하였으며
세존께서는 큰 힘이 있으시고
수명은 가히 헤아릴 수가 없습니다.

3절 수로 헤아릴 수 없는 많은 부처님의 제자들
세존께서 분별하시여
법의 이익을 얻은 자들을 펼쳐서 말씀하심을 듣고
기쁨이 몸에 가득합니다.

4절 혹은 물러남이 없는 자리에 머무르고
혹은 다라니를 얻었으며
혹은 걸림이 없는 변재를 얻고
만억의 선다라니를 지녔습니다.

5절 혹은, 대천세계에 있는
미진수와 같은 보살들도
각각 모두 능히
물러남이 없는 법의 수레바퀴를 굴립니다.

6절 거듭하여 중천세계에 있는
미진수와 같은 보살들도
각각 모두 능히
청정한 법의 수레바퀴를 굴립니다.

7절 거듭하여 소천세계에 있는
미진수와 같은 보살들도
각각 여덟 생을 있으면서
마땅히 부처님 이룸을 얻었습니다.

8절 거듭하여 넷, 셋, 둘
이와 같은 사천하의
미진수와 같은 보살들도

그 생의 수에 따라 부처를 이루었습니다.

9절 혹은, 한 사천하의
미진수와 같은 보살들은
남은 한생에 있으면서
마땅히 일체의 지혜를 이루었습니다.

10절 이와 같은 중생들이
부처님의 수명이 길고 오래임을 듣고
헤아릴 수 없는 번뇌가 다 없어진
청정한 과보를 얻었습니다.

11절 거듭하여 여덟 세계에 있는
미진수와 같은 중생들은
부처님의 수명이 길고 오래임의 말씀을 듣고
모두 위없는 마음을 일으켰습니다.

12절 세존께서 헤아릴 수 없고
가히 생각할 수 없는 법을 펼쳐서 말씀하시어
많은 이익을 받은 자들이
허공과 같이 끝이 없습니다.

13절 하늘의 만다라꽃과
마하만다라꽃이 비 내리듯 하니
제석천왕, 범천왕들이 항하사같이
수로 헤아릴 수 없이 많이 부처님 세계로 왔습니다.

14절 전단향과 침수향이 비 내리듯
왕성하게 어지러이 떨어지고

새가 허공에서 날아 내림과 같이
흩뿌려져서 모든 부처님께 공양하였습니다.

15절 하늘의 북은 허공 가운데에서
저절로 묘한 소리를 내고
천만 가지의 하늘옷들이
빙빙 돌면서 내려왔습니다.

16절 여러 가지 보배로 만든 묘한 향로에
값을 매길 수 없는 향을 사르니
저절로 모든 곳에 두루 퍼져서
모든 세존께 공양하였습니다.

17절 그 큰 보살 대중들이
일곱 가지 보배로 된 번기와 일산을 드니
높고 묘하여 천만억 가지가
차례차례로 범천에 올라갔습니다.

18절 한 분 한 분의 모든 부처님 앞에
보배로운 깃대와 뛰어난 번기를 달고
또한 천만 가지 게송으로
모든 여래를 노래로 칭송하였습니다.

19절 이와 같은 가지가지 일들은
예전에는 일찍이 있지 않던 일이며
부처님의 수명이 헤아릴 수 없음을 듣고
일체 모두 다 환희하였습니다.

20절 부처님의 명호가 시방세계에 들려

널리 중생들을 이익 되게 하고
일체의 선근을 갖추어
위없는 마음을 도와 주셨습니다.

3장

1절　이때, 부처님께서 미륵보살마하살에게 말씀하셨습니다.

2절

1행　"미륵보살이여, 어떠한 중생들이 부처님의 수명이 이와같이 길고 오래임을 듣고 이에 능히 한 생각이라도 믿음을 내면, 그의 얻는 바의 공덕은 헤아릴 수가 없느니라."

2행　"만약 선남자 선여인이 위없이 높고 바른 완전한 깨달음을 위하여 팔십만억 나유타겁 동안에 다섯 가지의 깨달음을 얻고자 하는 보살의 수행인 보시 바라밀다, 인욕 바라밀다, 정진 바라밀다, 선정 바라밀다를 행하고, 지혜바라밀다는 제외하느니라."

3행　"이때의 공덕은 앞의 공덕에 비하여 백분의 일, 천분의 일, 백천만억분의 일에도 미치지 못하며, 또 숫자와 비유로도 능히 알지 못하느니라."

4행　"만약 선남자 선여인이 이와 같은 공덕이 있다면 위없이 높고 바른 완전한 깨달음에서 물러남이 없느니라."

4장

1절 이때, 세존께서 이 뜻을 거듭 펴시려고 게송으로 말씀
하셨습니다.

2절 만약 어떤 사람이 부처님의 지혜를 구하고자
팔십만억 나유타 겁의 시간을 지나면서
다섯 가지 바라밀다를 행하였느니라.

3절 이렇게 많은 겁 동안에
부처님께 보시와 공양을 하고
또 인연 따라 깨달은 제자들과
아울러 많은 보살 대중들에게
진귀하고 맛나는 음식
훌륭한 의복과 잠자리
전단나무로 사원을 짓고
숲과 동산으로 장엄하여
이와같이 보시하였으며
갖가지로 모두 미묘하게
모든 겁이 다하도록 하여
부처님의 도에 회향하였느니라.

4절 또, 계율을 잘 지니되,
청정하여 모자람이 없어
위없는 도를 구하여
많은 부처님들께서 칭찬하였느니라.

5절 또는, 거듭하여 인욕의 행을 하며

부드럽고 화평한 데 머물러
여러 가지 나쁜 일들이 닥치더라도
그 마음이 가벼이 흔들리지 않았느니라.

6절 모든 법을 얻었다는 자가
잘난체하고 교만한 마음을 품어서
멸시하고 괴롭혀도
이와 같은 것 모두 다 능히 참았느니라.

7절 또 거듭하여 부지런히 정진하고
뜻과 생각이 항상 견고하며
헤아릴 수 없는 억겁 동안
한결같은 마음으로 게으르고 나태함이 없었느니라.

8절 또, 헤아릴 수 없는 겁 동안에
고요하고 한적한 곳에서 머물러
혹은 앉았거나 혹은 거닐거나 하면서
졸음을 없애고 항상 마음을 다스렸느니라.

9절 이러한 인연으로
능히 깊은 선정에 들어가서
팔십억만겁에 편안히 머물러
마음이 산란하지 않았느니라.

10절 이 한마음의 복을 지님으로써
간절히 위없는 도를 구하려고
자신이 일체의 지혜를 얻어
모든 선정의 극치까지 다하였느니라.

11절 이 사람이 백천만억의
      겁을 지내 오면서
      모든 공덕을 수행하여
      위에서 말한 것과 같다 하여도
      어떤 선남자 선여인 등이
      내가 말하는 수명이 길다는 것을 듣고
      이에 한 생각으로 믿으면
      그 복은 저 앞의 것보다 많을 것이니라.

12절 만약 어떠한 사람이
      일체의 모든 의심과 잘못이 모두 다 있지 아니하고
      깊은 마음으로 잠깐만이라도 믿는다면
      그 복은 이와 같으니라.

13절 그 어떠한 모든 보살들이
      헤아릴 수 없는 겁에 도의 행을 할 적에
      내가 펼쳐서 말한 수명을 듣고
      이 즉시 능히 믿고 얻을 것이니라.

14절 이와 같은 모든 사람들이
      이 법화경을 머리에 이고
      원하기를 내가 오는 세상에 오래 살면서
      중생들을 제도할 것이며
      오늘날 세존과 같이
      모든 석가종족의 왕과같이
      도량에서 사자의 음성으로

두려움 없이 법을 펼쳐서 말하면서
우리들도 오는 세상에
모든 사람의 존경을 받으며
도량에 앉아 있을 때에
수명을 말할 때 또한 이와 같으리라.

15절 만약 깊은 마음이 있는 자로서
청정하고도 근본이 정직하며
많이 듣고 능히 모두 지니고
뜻을 따라 부처님의 말씀을 이해하면
이와 같은 사람들은
이에 대하여 의심이 없을 것이니라.

5장

1절

1행 "또 미륵보살이여, 만일 어떤 이가 '부처님의 수명이 길고 오래이다' 라는 것을 듣고 그 말의 뜻을 이해한다면, 이 사람의 얻는 공덕은 헤아릴 수 없으며, 능히 여래의 위없는 지혜를 일으킬 것이니라."

2행 "하물며 이 법화경을 듣거나, 만일 사람들을 시켜서 듣게 하거나, 만일 스스로 지니거나, 만일 사람들을 시켜서 지니게 하거나, 만일 스스로 사경을 하거나, 만일 사람들을 시켜서 사경을 하게 하거나, 만일 꽃과 향과 영락과 당기, 번기와 비단, 일산과 향유와 등불로써 널리 법화경을 공양한다면, 이 사람의 공덕은

헤아릴 수 없고 끝이 없어 능히 일체의 위없는 지혜가
일어나게 될 것이니라."

3행 "미륵보살이여, 만일 선남자 선여인이 내가 말하는
수명이 길고 오래임을 듣고, 깊은 마음으로 믿고 이해
하면, 곧 부처님께서 항상 기사굴산에 계시면서 함께
큰보살들과 많은 성문 대중들에게 둘러싸여 법을 펼
쳐서 말하심을 보게 될 것이니라."

4행 "또, 이 사바세계의 그 땅이 유리와 같아서 평탄하고
반듯하며, 염부단금으로 여덟 갈래의 길로 경계가 되
고, 보배 나무가 줄을 지었으며, 모든 대와 누각이 모
두 다 보배로 이루어졌고, 그 보살 대중들이 그 안에
함께 살고 있음을 볼 것이니라. 만약 능히 이와같이
관하는 자가 있다면 마땅히 이와같이 알 것이니, 깊이
믿고 이해하는 모양이라 하느니라."

5행 "또 거듭하여 여래가 세상을 떠나신 후에 만약 이 법
화경을 듣고 헐뜯고 비방하지 않으며, 따라서 기뻐하
는 마음을 일으키면, 마땅히 알아라. 그것은 이미 깊
이 믿고 이해하는 모양이라 하느니라."

6행 "어찌 하물며 읽고 외우고 받아 지니는 자일까 보냐.
이 사람은 곧 여래를 머리에 이고 받드는 것이 되느니
라."

7행 "미륵보살이여, 이러한 선남자 선여인은 나를 위하여
모름지기 거듭하여 탑과 사원을 세우고 또 승방을 짓

고 네 가지 일로써 대중들의 승가에 공양하지 않아도
되느니라."

"왜냐하면, 이 선남자 선여인이 이 법화경을 받아 지
니고 읽고 외우는 자는, 이미 탑을 세우고 승방을 짓
고 대중 승가에 공양한 것과 같기 때문이니라."

"곧, 부처님의 사리로 일곱 가지 보물로 된 탑을 세울
적에 높이와 넓이가 점점 좁아져서 범천에까지 이르
게 하고, 여러 가지 번기와 일산, 또 많은 보배로 된
풍경을 달며, 꽃과 향과 영락과 가루향, 바르는 향,
사르는 향과 여러 가지 북과 악기와 퉁소와 저와 공후
로 가지가지 춤을 추고 노닐며, 신묘한 음성으로 노래
하고 찬탄할 것이니라. 곧 헤아릴 수 없는 천만억겁에
이렇게 공양하여 마친 것과 같으니라."

"미륵보살이여, 만일 내가 세상을 떠난 후에 이 법화
경을 듣고 능히 받아 지니거나, 만일 스스로 사경하거
나, 만일 남을 시켜 사경하게 하거나 한다면, 곧 사원
을 건립하게 될 적에. 붉은 전단향 나무로 모든 전당
은 서른두 개의 전당이며, 높이가 팔다라수이며, 높
고 넓고 장엄하고 아름다워 백천 비구가 그 안에 머무
르며, 동산과 산림과 목욕하는 못과 거니는 마당, 선
방과 의복, 음식과 평상과 침구와 탕약 등의 온갖 좋
은 기구가 그 안에 충만할 것이며, 이와 같은 승방과
전당과 누각이 백천만억이어서 그 수량을 헤아릴 수

없으리라, 이러한 것들로 바로 눈앞에서 나와 또 비구 승가에 공양함과 같은 것이니라."

11행 "이와 같은 까닭으로 내가 펼쳐서 말하느니라. 여래 가 세상을 떠난 후에 만약 어떤 사람이 받아 지니고 읽고 외우고 다른 이에게 말하여 주며, 만약 스스로가 쓰거나, 만일 남을 시켜 써서 법화경을 여러 권 공양 한다면, 모름지기 다시 탑과 사원을 짓거나, 또 승방 을 조성하거나, 승가 대중들에게 공양하지 않아도 되 느니라."

12행 "하물며 거듭하여 어떤 사람이 능히 이 법화경을 받아 지니고, 겸하여 보시와 계율과 인욕과 정진과 선정과 지혜를 행한다면, 그 공덕이 가장 수승하여 헤아릴 수 없고 끝이 없느니라."

13행 "비유하면 마치 허공의 동, 서, 남, 북과 네 간방과 상 방과 하방이 헤아릴 수 없고 끝이 없음과 같느니라. 이 사람의 공덕도 또한 그와 같아서 헤아릴 수 없고 끝이 없어서 일체의 위없는 지혜에 빨리 이르게 될 것 이니라."

14행 "만약 어떤 사람이 이 법화경을 읽고 외우고 받아 지 니고, 남에게 펼쳐서 말하여 주거나 만일 스스로가 사 경하거나 만일 남을 시켜 사경하게 하면, 거듭하여 능 히 탑을 세우고 또 승방을 조성하고 성문 대중들을 공 양하고 찬탄하며, 또한 백천만억 가지 찬탄하는 법으로써 보살의 공덕을 찬탄할 것이니라.”

15행 “또 다른 이를 위하여 가지가지 인연으로 이 법화경을 뜻에 따라 풀어 펼쳐서 말하고, 거듭하여 능히 계행을 청정하게 가지며, 더불어서 부드럽고 화평한 이들과 함께 있고, 욕됨을 참아 성내지 않으며, 뜻이 견고하고 항상 좌선하기를 숭상하여 모든 깊은 선정을 얻고 용맹하게 정진하여 모든 선한 법을 섭수하여 가지면, 총명하고 지혜로워서 어려운 물음을 잘 답할 것이니라.”

16행 “미륵보살이여, 내가 세상을 떠난 후에 모든 선남자 선여인들이 이 법화경을 받아 지니고 읽고 외우면 거듭하여 이와 같은 선한 공덕이 있으리라. 마땅히 알아라. 이 사람은 이미 도량에 나아가 보리수 아래에 앉아 있음과 같아서 위없이 높고 바른 완전한 깨달음에 가까워진 것이니라.”

17행 “미륵보살이여, 이 선남자 선여인이 만약 앉아 있거나 만약 서 있거나 만약 거니는 곳이라면, 여기에 응당 탑을 세울 것이며. 하늘과 사람들은 모두 응당히 부처님의 탑과 같이 공양을 하여야 할 것이니라.”

6장

1절 이때, 세존께서 이 뜻을 거듭 펴시려고 게송으로 말씀하셨습니다.

2절 만약 내가 세상을 떠난 후에

능히 이 법화경을 받들어 지니면
이 사람의 복은 헤아릴 수 없음이
위에서 말함과 같아서
이것은 곧 일체의
모든 공양을 갖춘 것이 되느니라.

3절 사리탑을 세워서
일곱 가지 보배로 장엄하고
찰간이 매우 크고 높은데
점점 좁아져서 범천에 이르고
천만억 개의 보배 풍경을 달아
바람이 불면 묘한 소리가 나며
또, 헤아릴 수 없는 겁 동안에
이 탑에 공양하기를
꽃과 향과 영락과
하늘 옷과 하늘 악기로 하며
향유와 우유의 등을 켜서
두루 에워싸서 항상 밝게 비추며
나쁜 세상 말법 시대에
이 법화경을 지니는 자는
이미 이러한 여러 가지
공양을 모두 구족함과 같이 될 것이니라.

4절 만일 능히 이 법화경을 지니면
곧 부처님께서 현재하여 계심과 같으며

우두 전단향으로 승방을 짓되

승당이 서른두 개이며

높이가 팔다라수가 되고

좋은 음식과, 훌륭한 의복과

평상과 침구가 구족할 것이며

백천 대중이 머물러 있고

동산과 숲과 많은 목욕할 연못이며

거니는 뜰과 또 좌선하는 굴 등

가지가지의 것이 다 장엄한 것을

공양함과 같은 것이니라.

5절 만약, 믿고 이해하는 마음으로

받아 지니고, 읽고, 외우고 사경하고

만약 거듭하여 남을 시켜 사경하게 하거나

또 법화경 여러 권을 공양하여

꽃과 향과 가루향을 흩뿌리고

수만담복과 아제목다가를

섞어 짠 기름으로 항상 불을 밝히어

이와같이 공양한 자는

헤아릴 수 없는 공덕을 얻을 것이며

허공이 끝이 없는 것과 같이

그 복도 또한 이와 같으니라.

6절 하물며 거듭하여 이 법화경을 지니며

보시와 계행을 겸하고

인욕하고 선정을 즐기고
성 안 내고 악한 말을 아니 함이겠는가!
7절　부처님 탑을 공경하고
여러 비구 스님들에게 겸손하고
교만한 마음을 멀리 버리고
항상 지혜를 사유하며
어려운 것을 물어봐도 화내지 아니하고
그 성품을 따라서 풀어 펼쳐서 말하여 주면
만약 이러한 행을 닦는다면
그 공덕은 가히 헤아릴 수가 없을 것이니라.

8절　만약 이러한 법의 스승이
이와 같은 공덕을 성취한 것을 보게 되면
응당 하늘의 꽃을 흩뿌리고
하늘의 옷으로 그의 몸을 감싸주고
머리를 숙여 발에 예배하여
부처님을 생각함 같은 마음을 일으켜야 하느니라.

9절　또 응당 이러한 생각하기를
오래지 않아 도량에 나아가서
번뇌가 없고 함이 없음을 얻어
널리 모든 인간과 천상을 이익 되게 할 것이니라.

10절　그가 머무르는 곳이나
거닐고 앉고 눕는 곳이나
내지 한 게송을 펼쳐서 말하는 곳이라도

그곳에 응당 탑을 세우고
묘하고 좋게 장엄하여
가지가지로 공양할 것이니라.

11절 부처님 제자가 이러한 경지에 머무르면
곧 부처님께서 받아 쓰심이니
항상 그 가운데서 계시며
거닐으시고 또 앉으시며 누우실 것이니라.

묘법연화경 妙法蓮華經

제6권 第六卷

18 수희공덕품 十八 隨喜功德品

1장

1절 이때 미륵보살마하살이 부처님께 말씀을 드렸습니다.

2절 "세존이시여, 만약 선남자 선여인이 이 법화경을 듣고 따라서 기뻐하는 자는 그 복을 얻는 바가 얼마나 되겠습니까."

2장

1절 게송으로 말하였습니다.

2절 세존께서 세상을 떠나신 후에
이 법화경을 듣고
만약 능히 따라서 기뻐하는 자는
그 복을 얻는 바가 얼마나 되겠습니까.

3장

1절 이때, 부처님께서 미륵보살마하살에게 말씀하셨습니다.

2절

1행 "미륵보살이여, 여래가 세상을 떠나신 후에 만약 비구, 비구니, 우바새, 우바이나 또 그 밖에 지혜 있는 자로서 만약 나이가 들었거나 만약 젊은이거나 이 법화경을 듣고 따라서 기뻐하며, 법회에서 나와 다른 곳에 이르러서, 혹은 승방에서 있거나 혹은 한적한 곳에서 있거나, 혹은 도시나 거리에서나, 마을이나 길거리에서 이와같이 그 들은 바와 같이 부모나, 친척이나, 착한 친구 등, 아는 이들을 위하여 힘에 따라서 펼쳐서 말하였느니라."

2행 "이 모든 사람들이 듣고 기뻐하여 다시 다른 이에게 전하고, 그 다른 사람이 기뻐하여 또한 다른 이에게 전하여, 이와같이 전하고 또 전하여 오십 번째에 이르렀느니라."

3행 "미륵보살이여, 그 오십 번째의 선남자 선여인이 듣고 따라서 기뻐한 공덕을 내가 펼쳐서 말하리니, 그대는 마땅히 잘 들어라."

4행 "만약 사백만억 아승지 세계의 육도 사생의 중생들로서, 알로 태어나는 것, 태로 태어나는 것, 습기로 태어나는 것, 변화하여 태어나는 것, 만약 형상이 있는 것, 형상이 없는 것, 생각이 있는 것, 생각이 없는 것, 생각이 있지 않은 것 생각이 없지 않은 것, 발이 없는 것, 발이 두 개인 것, 발이 네 개인 것, 발이 여러개인 것들이 있느니라."

5행 "이와 같은 중생들 속에 있는 어떤 사람이 복을 구하려고 그들의 욕망에 따라서 오락거리를 주는데, 모두 다 낱낱 중생들에게 염부제를 가득히 채운 금, 은, 유리, 자거, 마노, 산호, 호박 등의 여러 가지 신묘한 보물과 또 코끼리, 말, 수레와 일곱 가지 보배로 지은 궁전, 누각 등을 주었느니라."

6행 "이 큰 시주자가 이와같이 팔십 년 동안 보시하고는 이러한 생각을 하였느니라."

7행 "'내가 중생들에게 보시하기를 오락거리를 갖추어서 욕망을 따라 하였으나, 그러나 이 중생들이 모두 이미 늙어서 나이가 팔십이 넘어 머리가 희고 얼굴이 쭈그러져서 죽을 때가 오래지 아니하였으니, 이제는 마땅히 부처님 법으로 가르쳐서 인도하리라.'"

8행 "곧 그 중생들을 모아 잘 베풀어서 불법으로 교화하며, 보여 주고 가르쳐서 이익을 얻게 하고 기쁘게 하여, 일시에 모두 다 수다원의 도와, 사다함의 도와, 아나함의 도와, 아라한의 도를 얻어 모든 번뇌가 없어지고, 깊은 선정에 모두 다 자재함을 얻고, 여덟 가지 해탈을 구족하게 하였느니라."

9행 "그대는 어떻게 생각하는가. 이 큰 시주자가 얻는 공덕이 얼마나 많겠는가."

3절 미륵보살이 부처님께 말씀드렸습니다.

4절 "세존이시여, 이 사람의 공덕이 매우 많아 헤아릴 수 없고 끝이 없나이다. 만약 이 시주자가 다만 중생들에게 일체의 오락거리만 보시하였어도 공덕이 헤아릴 수 없거늘, 하물며 아라한과를 얻게 함이겠습니까."

5절 부처님께서 미륵보살에게 말씀하셨습니다.

6절

1행 "내 이제, 그대에게 분명하게 말하노라. 이 사람이 모든 오락거리로 사백만억 아승지 세계의 여섯 갈래의 중생들에게 보시하고, 또 아라한과를 얻게 하여준 공덕은, 오십 번째 사람이 법화경의 한 게송을 듣고 따라서 기뻐한 공덕만 같지 못하며, 백분의 일에도, 천분의 일에도, 백천만억분의 일에도 미치지 못하며, 이에 숫자와 비유로도 능히 다하지 못하느니라."

2행 "미륵보살이여, 이와같이 오십 번째 사람이 법화경의 전하여져 온 법을 듣고 따라서 기뻐한 공덕은 오히려 헤아릴 수 없고 끝이 없으며 아승지와 같느니라."

3행 "어찌 하물며 맨 처음에 그 회중에서 듣고 따라서 기뻐한 이의, 그 복덕은 더욱 수승하여 헤아릴 수 없고 끝이 없는 아승지로도 가히 비교함을 얻을 수가 없느니라."

4행 "또 미륵보살이여, 만약 어떤 사람이 이 법화경을 위하여 승방에 가서 머물거나 만약 앉아 있거나, 만약 서있거나 모름지기 잠깐만이라도 듣고 받아들여도, 이 인연 공덕으로 다음에 태어 날 적에는 대단히 좋고 훌륭한 코끼리와 말과 수레와 진기한 보배로 꾸민 연을 타고, 또 하늘 궁전에 올라갈 것이니라."

5행 "만약 거듭하여, 어떤 사람이 법을 강론하는 처소에 앉았을 적에 다른 사람이 오면, 그 사람에게 권하여 앉아서 듣게 하거나, 만약 자기가 앉은 자리를 반으로 나누어 앉게 하면, 이 사람의 공덕은 다음에 태어날 적에 제석천왕이 앉는 곳이거나, 또는 범천왕이 앉는 곳이거나, 또는 전륜성왕의 앉는 곳의 자리를 얻게 될 것이니라.”

“미륵보살이여, 만약 다시 어떤 사람이 다른 이에게
말하기를 ‘저기 법화경 말하는 데가 있으니 함께 가서
듣자.’ 곧 그 말을 듣고 이내 가서 잠깐만 듣게 하더라
도, 이 사람의 공덕은 다음에 태어날 적에 다라니 보
살과 더불어 함께 한 곳에 태어남을 얻게 될 것이니
라.”

“근성이 총명하고 지혜가 있어서, 백천만번 태어나도
벙어리가 되지 않으며, 입에서 냄새가 나지 않으며,
혀에 항상 병이 없으며, 입에 또한 병이 없으며, 이는
더럽거나 검지도 아니하고, 누렇거나 성글지도 아니
하고, 또한 빠지지도 아니하고 들쭉날쭉하지도 아니
하고, 옥니도 없을 것이며. 입술은 아래로 처지지도
위로 걷어 올라가지도 아니하고, 또한 거칠지도 오그
라듦도 없고, 추함도 거북한 곳도 없고, 부스럼과 종
기도 없고, 또한 언청이도 안 되고, 또한 비뚤어지지
도 아니하고, 두텁거나 크지도 아니하고, 또한 퍼렇
지도 아니하여서 모든 가히 나쁜 것들이 없을 것이니
라.”

“코는 납작하지도 않고 또한 비뚤어지지도 않으며,
얼굴의 색은 검지도 않고, 또한 좁거나 길지도 아니하
며, 또한 굴곡지거나 오목하지도 않아서, 일체가 가히
기뻐하지 않을 모습이 있지 아니하느니라, 입술, 혀,

치아가 모두 다 잘생기고, 코는 길고 높고 곧으며, 얼굴의 모양은 원만하고, 눈썹이 높고 길며, 이마가 넓고 반듯하며, 사람의 모습이 구족하며, 태어날 적마다 부처님을 뵈옵고 법을 듣게 되며 가르침을 믿고 지니게 될 것이니라."

9행 "미륵보살이여, 그대는 또한 생각해 보아라. 이 한 사람만을 권하여서 법을 듣게 한 공덕이 이러하거든, 어찌 하물며 한마음으로 듣고 말하고 읽고 독송하며 대중들에게 다른 이를 위해서 분별하여 주며 말함과 같이 수행함이겠느냐."

4장

1절 이때 세존께서 이 뜻을 거듭 펴시려고 게송으로 말씀하셨습니다.

2절 만약 어떤 사람이 법회에서
이 법화경을 듣고 얻어서
내지 한 게송만이라도
따라서 기뻐하며 다른 이에게 펼쳐서 말하여 주어
이와같이 차례로 전하여 가르쳐서
오십 번째 사람에게 이를 때
맨 나중의 사람이 얻는 복을
이제 마땅히 분별하여 말할 것이니라.

3절 여기 큰 시주자가 있어
헤아릴 수 없는 중생들에게

팔십 년이 되도록

그 뜻에 따라서 원하는 대로 채워 주었느니라.

4절   그들이 쇠하고 늙은 모습이

머리가 세고 얼굴이 쭈그러지고

이가 빠지고 몸이 야위어진 모양을 보고

오래지 않아 죽으리라 생각하였느니라.

5절   내가 이제는 응당히 마땅하게 교화하여

도의 결과를 얻게 하여금

곧 방편을 펼쳐서

위없는 깨달음의 진실한 법을 말하였느니라.

6절   이 세상은 모두 견고하지 못해

물거품 같고 불꽃 같으니

그대들은 모든 것들에 응당 마땅히

속히 싫고 벗어날 마음을 일으켜야 하느니라.

7절   여러 사람들이 이 법을 듣고

모두 아라한을 얻어

여섯 가지의 신통을 구족하여

세 가지 밝음, 여덟 가지 해탈을 갖추었지만

최후의 오십 번째 사람이

한 게송을 듣고 따라서 기뻐하면

이 사람의 복이 앞에보다 수승하나니

가히 비유로도 말할 수 없느니라.

8절   이와같이 전하여 들은 것도

그 복덕이 헤아릴 수 없거늘,
하물며 법회하는 곳에서
처음 듣고 따라서 기뻐한 자이겠느냐!

9절 만약 한 사람만이라도 권하여
인도하여 법화경을 듣게 하고
말하기를 '이 경은 깊고 묘하여
천만 겁에도 만나기 어렵도다.'

10절 곧 그 가르침 듣고 가서
이에 비록 잠깐 동안만이라도 듣게 한다면
그 사람이 얻을 복의 과보를
이제 마땅히 분별하고 펼쳐서 말하리라.

11절 세세생생 입에 병이 없고
이는 성글거나 누르고 검지 않으며
입술은 두텁지도 언청이도 아니어서
가히 나쁜 모양은 있지 않으며
혀는 마르지도 검지도 짧지도 않고
코는 높고 길고 곧으며
이마는 넓고 반듯하고 바르며
얼굴과 눈이 모두 다 단정하며
사람들이 기쁘게 대하며
입에서는 냄새가 없고
우담발라의 꽃 향기가
언제나 그 입을 따라서 나올 것이니라.

12절　만약 승방에

　　　법화경을 듣고자 가서

　　　모름지기 잠깐만이라도 듣고 기뻐한다면

　　　지금 마땅히 그 복을 펼쳐서 말하리라.

13절　다음 생에는 천상과 인간에 태어나서

　　　좋은 코끼리, 말, 수레와

　　　보배로 꾸민 연을 얻을 것이며

　　　또 하늘 궁전에 타고 오를 것이니라.

14절　만약 법을 강의하는 곳에서

　　　사람을 권하여 앉게 하고 듣게 한다면

　　　이 인연의 복으로

　　　제석천왕, 범천왕, 전륜성왕의 자리를 얻을 것이니
　　　라.

15절　어찌 하물며 한마음으로 듣고

　　　그 뜻을 취하여 풀어 펼쳐서 말해 주고

　　　말한 것과 같이 행을 하여 닦으면

　　　그 복은 가히 끝이 없을 것이니라.

묘법연화경 妙法蓮華經

제6권 第六卷

19. 법사공덕품 十九 法師功德品

1절 이때 부처님께서 상정진 보살마하살에게 말씀하셨습니다.

2절

1행 "만약 선남자 선여인이 이 법화경을 받아 지니거나, 만약 읽거나, 만약 외거나, 만약 풀어 펼쳐서 말하여 주거나, 만약 사경을 한다면, 이 사람은 마땅히 팔백 가지 눈의 공덕과, 천이백 가지 귀의 공덕과, 팔백 가지 코의 공덕과, 천이백 가지 혀의 공덕과, 팔백 가지 몸의 공덕과, 천이백 가지 뜻의 공덕을 얻을 것이니, 이러한 공덕으로 육근이 장엄하게 되어 모두 청정하게 될 것이니라."

2행 "이 선남자 선여인은 부모가 낳아 준 청정한 눈으로 삼천 대천세계의 안과 밖에 있는 산과 숲과 강과 바다를 볼 것이니, 아래는 아비지옥에 이르고, 위로는 유정천에까지 이를 것이니라."

3행 "또한 그 가운데 있는 모든 중생들을 볼 것이며, 또 업의 인연과 과보로 태어나는 곳도 모두 다 볼 것이며 모두 다 알 것이니라."

2장

1절 이때 세존께서 이 뜻을 거듭 펴시려고 게송으로 펼쳐서 말씀하셨습니다.

2절 만약 큰 대중 가운데서

두려움이 없는 마음으로
법화경을 펼쳐서 말하여 준다면
그 공덕에 대하여 너는 잘 들어라.

3절 이 사람은 팔백 가지
수승한 눈의 공덕을 얻으리니
이렇게 장엄하였으므로
그 눈은 매우 청정할 것이니라.

4절 부모가 낳아준 눈으로
모든 삼천 대천세계의 안팎에 있는
미루산과 수미산과
또 철위산과
아울러 그 밖에 여러 산과 숲과
큰 바다와 강과 시내와
아래로는 아비지옥과
위로는 유정천까지 볼 것이니라.

5절 그 가운데 많은 중생들을
일체 모두 다 보게 될 것이니
비록 천안통은 얻지 못하였어도
육안의 보는 힘은 이와 같으니라.

3장

1절

1행 "거듭하여 상전진보살이여, 만약 선남자 선여인이 이
법화경을 받아 지녀서 만약 읽거나 만약 외우거나 만

약 풀어 펼쳐서 말하여 주거나, 만약 사경하여 쓴다
면, 일천이백 가지 귀의 공덕을 얻을 것이니라.”

2행 “이 청정한 귀로 삼천 대천세계의 아래로는 아비지옥
에서 위로는 유정천에 이르기까지 그 가운데 안과 밖
의 가지가지 있는 바의 말과 소리를 들을 것이니라.”

3행 “즉, 코끼리의 소리, 말의 소리, 소의 소리, 수레의 소
리, 우는 소리, 수심하는 소리, 소라의 소리, 북의 소
리, 종의 소리, 방울의 소리, 웃는 소리, 말하는 소리
를 들을 것이니라.

4행 “또 남자의 소리, 여자의 소리, 동자의 소리, 동녀의
소리, 법다운 소리, 법답지 않은 소리, 괴로운 소리,
즐거운 소리, 범부의 소리, 성인의 소리, 기쁜 소리,
기쁘지 않은 소리를 들을 것이니라.”

5행 “또 하늘의 소리, 용의 소리, 야차의 소리, 건달바의
소리, 아수라의 소리, 가루라의 소리, 긴나라의 소리,
마후라가의 소리, 불의 소리, 물의 소리, 바람의 소
리, 지옥의 소리, 축생의 소리, 아귀의 소리를 들을
것이니라.”

6행 “또 비구의 소리, 비구니의 소리, 성문의 소리, 벽지
불의 소리, 보살의 소리, 부처님의 소리를 들을 것이
니라.”

7행 “요약하여 말하면, 삼천 대천세계의 가운데 온갖 안
팎에 있는 바의 여러 가지 소리를 비록 아직 천이통을

얻지 못하였다 하여도 부모가 낳아 준 청정하고 항상한 귀로써 모두 다 듣고 알 것이니라. 이와같이 가지가지 소리들을 분별하여도 귀의 근본은 상하지 아니하느니라."

4장

1절 이때 세존께서 이 뜻을 거듭 펴시려고 게송으로 펼쳐서 말씀하셨습니다.

2절 부모가 낳아 준 귀
청정하고 더럽지 않아
이러한 항상한 귀로써
삼천세계의 소리를 들을 것이니라.

3절 코끼리, 말, 수레, 소의 소리
종, 풍경, 소라, 북 소리
거문고, 비파 소리
퉁소, 피리 소리
맑고도 좋은 노랫소리를
들으면서도 집착이 없고
헤아릴 수 없는 여러 사람의 음성들을
모두 다 듣고 능히 이해할 것이니라.

4절 또, 모든 하늘의 소리와
아름다운 노래를 들으며
또 남자의 소리, 여자의 소리와
동자, 동녀의 소리도 들을 것이니라.

5절　산천과 험한 골짜기에서
가릉빈가의 소리와
지저귀고 우는 등의 여러 가지 새들의
모든 그 울음 소리를 들을 것이니라.

6절　지옥중생들의 고통과
가지가지의 고초 받는 소리
아귀가 기갈에 시달리어
음식을 구하고 찾는 소리
여러 아수라들이
큰 바닷가에 살면서
서로를 말하는 때에
큰 음성으로 떠드는 소리를 들을 것이니라.

7절　이와같이 법을 펼쳐서 말하는 자가
이곳에 편안히 머무르면서
멀리서 여러 가지 소리를 들어도
귀의 근본은 손상되지 않느니라.

8절　시방 세계 가운데에서
새와 짐승들 지저귀는 소리를
그 법을 펼쳐서 말하는 사람은
모두 다 들을 것이니라.

9절　그 여러 범천의 위에 있는
광음천과 또 변정천
이에 유정천에 이르기까지

모든 말과 그 음성을
법의 스승은 한자리에 있으면서
모두 다 들을 것이니라.

10절 일체의 비구 대중들과
또 모든 비구니들이
만약 이 경을 읽고 외우고
만약 다른 이에게 펼쳐서 말한다면
법의 스승은 여기에 있으면서
모두 다 들을 것이니라.

11절 또, 여러 보살들이
이 법화경의 법을 읽고 외우며
만약 다른 이에게 펼쳐서 말하여 주거나
편찬하고 그 뜻을 풀이하는
이런 여러 가지 음성을
모두 다 들을 것이니라.

12절 거룩한 모든 부처님,
여러 중생들 교화하기 위하여
대중의 큰 모임 가운데서
미묘한 법을 펼쳐서 말씀하심을
이 법화경을 받아 지니는 자는
모두 다 들을 것이니라.

13절 삼천 대천세계의
안팎에서 나는 모든 소리

아래로는 아비지옥

위로는 유정천까지

그 소리 모두 들어도

귀의 뿌리는 손상되지 않고

그 귀는 총명하므로

모두 다 능히 분별하여 아는 것이니라.

14절 이 법화경을 지닌 자는

비록 천이통을 얻지 못하였어도

다만 부모가 낳아 준 귀의

그 공덕은 이와 같은 것이니라.

5장

1절

1행 "다시 상전진보살이여, 선남자 선여인이 이 경을 받아 지녀 만약 읽거나 만약 외우거나, 만약 풀어 펼쳐서 말하여 주거나 만약 사경하여 쓰면 팔백 가지의 공덕을 성취할 것이니라. 이 청정한 코로 삼천 대천세계의 위와 아래와 안과 밖의 모든 향기를 맡을 것이니라."

2행 "수만나꽃 향기, 사제화 향기, 말리화 향기, 첨복화 향기, 바라라꽃 향기, 적련화 향기, 청연화 향, 백련화 향기, 화수향, 과수향, 전단향, 침수향, 다마라발향, 다가라향과 더불어 천만 가지 화합한 향, 만일 가루향, 환으로 된 향, 바르는 향을 이 법화경을 지니는 자는 이곳에 머무르면서 모두 능히 분별하여 맡을 것이니라."

3행 "또 다시 중생들의 냄새를 분별하여 아나니, 코끼리 냄새, 말 냄새, 소 냄새, 양 냄새, 남자 냄새, 여자 냄새, 동자 냄새, 동녀 냄새와 더불어 풀, 나무, 수풀 냄새와 가까이 있거나, 멀리 있거나 하는 냄새들을 모두 다 맡고 분별하여 착오가 없을 것이니라"

4행 "이 법화경을 지니는 자는 비록 이곳에 머무르면서도 또한 천상의 모든 하늘의 향기를 맡을 것이니라."

5행 "파리질다라나무 향기, 구비타라나무 향기, 더불어서 만다라꽃 향기, 마하만다라꽃 향기 만수사꽃 향기, 마하만수사꽃 향기 전단과 침수의 여러 가지 가루향, 많은 여러 가지 꽃향기, 이와 같은 하늘 향들의 화합하여 나는 향기들을 맡고 알지 못함이 없을 것이니라."

6행 "또, 여러 하늘들의 몸에서 나는 향기를 맡나니, 석제환인의 매우 좋은 궁전에서 오욕락을 즐기면서 희롱할 때의 향기, 묘법당에서 모든 하늘의 도리천들에게 법을 펼쳐서 말할 때의 향기, 여러 동산에서 유희할 때의 향기, 더불어 다른 천상 사람들의 남녀의 몸에서 나는 향기들을 모두 다 멀리서 맡을 것이니라."

7행 "이와같이 하여, 점점 올라가서 범천에 이르고, 유정천에 이르러 여러 하늘의 몸에서 나는 향기를 또한 모두 맡으며, 더불어 모든 하늘들이 사르는 향기를 맡을 것이니라."

"또, 성문의 향기, 벽지불의 향기, 보살의 향기, 모든 부처님 몸의 향기도 또한 모두 다 멀리서 맡고는 그 있는 곳을 알 것이니라."

"비록 이러한 향기들을 맡지마는, 코의 근본은 상하지도 아니하고 그릇되지도 않으며, 만일 분별하여 다른 이에게 펼쳐서 말하려 할 적에 기억과 생각이 잘못됨이 없을 것이니라."

6장

이때 세존께서 이 뜻을 거듭 펴시려고 게송으로 말씀하셨습니다.

이 사람의 코가 청정하여
이 세계의 모든
만일 향기롭거나 만일 구린 냄새들의
가지가지를 모두 다 맡아서 알 것이니라.

수만나향, 사제향
다마라향, 전단향
침수향, 또 계수향
가지가지 꽃과 과일의 향기
그리고 중생들의 향기
남자의 향기, 여자의 향기를
법을 펼쳐서 말하는 자는 멀리서 머무르면서도
향기를 맡아서 그 있는 곳을 알 것이니라.

4절   큰 세력 가진 전륜성왕
　　　　작은 전륜왕과 그의 아들들
　　　　여러 신하와 많은 궁인들을
　　　　향기를 맡아서 그들이 있는 곳을 알 것이니라.

5절   몸에 차고 있는 진귀한 보물과
　　　　또 땅속에 매장된 보물들
　　　　전륜성왕의 귀중한 여인들을
　　　　향기를 맡아서 그 있는 곳을 알 것이니라.

6절   여러 사람들의 몸을 장엄하는 도구들
　　　　의복과 또 영락들
　　　　가지가지 바르는 향들을
　　　　향기를 맡아서 그 몸을 알 것이니라.

7절   모든 하늘들의 움직이고 앉는 일
　　　　유희하고 또 신통 변화하는 일
　　　　이 법화경을 지니는 자는
　　　　향기를 맡아서 모두 다 능히 알 것이니라.

8절   모든 나무의 꽃과 과일
　　　　또 소유의 향기
　　　　법화경을 지니는 자는 여기에 머무르면서
　　　　그것의 있는 곳을 모두 다 알 것이니라.

9절   모든 산, 깊고 험한 곳
　　　　전단 나무꽃이 피어 있고,
　　　　중생들이 그 안에 있는 것을

향기를 맡아서 모두 다 능히 알 것이니라.

10절 철위산과 큰 바다와
땅속에 있는 모든 중생들을
법화경 지니는 자는 향기를 맡고
그들의 있는 곳을 모두 다 알 것이니라.

11절 아수라의 남자와 여자
또 그들의 모든 권속들이
싸우고 유희할 때를
향기를 맡아서 모두 다 능히 알 것이니라.

12절 텅 빈 들과 험하고 좁은 곳
사자, 코끼리, 호랑이와 이리
들소와 물소들의
향기를 맡아서 있는 곳을 알 것이니라.

13절 만약 배 속에 아기를 가진 자가
판별하여 아들인지, 딸인지
생식기가 없는지 또는 사람이 아닌지 몰라도
향기를 맡아서 모두 다 능히 알 것이니라.

14절 향기를 맡는 힘의 까닭으로
그 처음 아기를 임신하였을 적에
성취할 수 있는지, 성취할 수 없는지와
안락하고 복된 아들을 낳을 것인지를 알 것이니라.

15절 향기를 맡는 힘의 까닭으로
남녀의 생각하는 바를 알고

탐욕, 어리석음, 성내는 것과
또한 착한 행실 닦는지를 알 것이니라.

16절 땅속에 깊이 감추어져 있는
금은과 모든 진귀한 보배와
구리 그릇에 담은 것들도
향기를 맡아서 모두 다 능히 알 것이니라.

17절 가지가지 모든 영락의
그 값을 능히 알지 못하는 것들도
향기를 맡고
귀하고 천함과
난 곳과, 또 있는 곳을
모두 다 알 것이니라.

18절 천상에 있는 여러 가지 꽃들
만다라꽃과 만수사꽃과
파리질다 나무들도
향기를 맡아서 모두 다 능히 알 것이니라.

19절 천상의 여러 궁전에
상, 중, 하의 차별과
모든 보배 꽃으로 장엄한 것을
향기를 맡아서 모두 다 능히 알 것이니라.

20절 하늘의 동산과 숲과 훌륭한 궁전
모든 누각과 미묘한 법당
그 가운데서 즐겨 노는 일들을

향기를 맡아서 모두 다 능히 알 것이니라.

21절   모든 하늘들이 만일 법을 듣거나
혹은 오욕락을 누리고 있을 때
왕래하고 앉고 누워 있는 것을
향기를 맡아서 모두 다 능히 알 것이니라.

22절   하늘의 여인이 꽃의 향기로
잘 꾸민 의복을 입고
두루 돌면서 유희하는 것을
향기를 맡아서 모두 다 능히 알 것이니라.

23절   이와같이 점점 올라가
이에 범천에 이르러서
선정에 들고 나는 자들의
향기를 맡아서 모두 다 능히 알 것이니라.

24절   광음천과 변정천
이에 유정천에 이르기까지
처음 나오고 또 물러가서 없어지는 일들을
향기를 맡아서 모두 다 능히 알 것이니라.

25절   많은 비구 대중들이
법다이 항상 정진하여
혹은 앉기도 하고 혹은 거닐기도 하며
또 경전을 읽고 외우고
어떤 이는 나무 아래에서 있고
오로지 고요히 좌선하는 일

법화경을 지니는 자는 향기를 맡고
그 있는 곳을 모두 다 알 것이니라.

26절 보살의 마음이 견고하여
좌선하고 만일 읽고 외우고
혹은 다른 사람에게 법을 펼쳐서 말하는 것을
향기를 맡아서 모두 다 능히 알 것이니라.

27절 여러 곳에 계신 부처님들
모든 이의 공경을 받으며
대중을 어여삐 여겨 법을 펼쳐서 말씀하시는 것을
향기를 맡아서 모두 다 능히 알 것이니라.

28절 중생들이 부처님 앞에서 있을 적에
법화경을 듣고 모두 기뻐하여
법과 같이 수행하는 것을
향기를 맡아서 모두 다 능히 알 것이니라.

29절 비록 보살의 번뇌가 없는 법에서
생긴 코는 얻지 못하였다 하더라도
이 법화경을 가진 자는
먼저 이러한 코의 형상을 얻을 것이니라.

7장

1절

1행 "거듭하여 상정진보살이여, 만약 선남자 선여인이 이
법화경을 받아 지녀 만일 읽거나 만일 외우거나, 만일
풀어 펼쳐서 말하여 주거나 만일 사경하여 쓴다면, 일

천이백 가지 혀의 공덕을 얻을 것이니라.

2행 "만약에 좋거나, 만약에 좋지 않거나, 만약에 맛있거나, 맛이 없거나, 또는 여러 가지 쓰고 떫은 물질이 그의 혀의 근본에 닿더라도 모두 좋은 맛으로 변하여 이루어져서 천상의 감로수 같아서 맛있지 않은 것이 없을 것이니라."

3행 "만일 이러한 혀의 근본로써 대중 가운데서 펼쳐서 말하여 주면 깊고 묘한 음성을 내어, 능히 그들의 마음에 들게 하여 모두 환희하고 기뻐하고 즐거워할 것이니라."

4행 "또, 모든 천자와 천녀와 제석천왕과 모든 하늘의 왕들은, 이 깊고 묘한 음성으로 펼쳐서 말하는 바가 있으면 듣고서 차례와 논리로 하는 것을 모두 다 와서 듣게 될 것이니라."

5행 "또 모든 용과 용녀, 야차와 야차녀, 건달바와 건달바녀, 아수라와 아수라녀, 가루라와 가루라녀, 긴나라와 긴나라녀, 마후라가와 마후라가녀들은, 법을 듣기 위하여 모두 와서 친하고 가까이하여 공경하며 공양할 것이니라."

6행 "또, 비구, 비구니, 우바새, 우바이, 국왕, 왕자, 신하의 권속들과 작은 전륜왕, 큰 전륜왕들의 칠보천자와 안팎 권속들이 그들의 궁전을 타고 함께 와서 법을 들을 것이니라."

"이 보살이 법을 잘 펼쳐서 말하기 때문에 바라문과 거사와 나라 안의 사람들이 그 형상과 목숨이 다할 때까지 모시고 따라다니며 공양할 것이니라."

"또, 모든 성문과 벽지불과 보살과 모든 부처님들이 항상 즐겁게 볼 것이며, 이 사람이 있는 방면에는 모든 부처님들이 모두 그곳을 향하여 법을 펼쳐서 말할 것이니, 모든 부처님의 법을 모두 다 능히 받아 지닐 것이며, 또 능히 깊고 묘한 법의 음성을 일으킬 것이니라."

8장

1절 이때 세존께서 이 뜻을 거듭 펴시려고 게송으로 말씀하셨습니다.

2절 이 사람의 혀의 근본이 깨끗하여
마침내 나쁜 맛을 받지 않고
그 사람이 먹고 씹는 것이
모두 다 감로수로 될 것이니라.

3절 깊고 깨끗하고 미묘한 음성으로
대중들에게 법을 펼쳐서 말할 때
여러 가지 인연과 비유로
중생들의 마음을 인도하여
듣는 사람 모두에게 환희하여
여러 가지 가장 훌륭한 공양을 베풀 것이니라.

4절 여러 하늘과 용과 야차와

그리고 아수라들은
모두 공경하는 마음으로
함께 와서 법을 들을 것이니라.

5절 이 법을 펼쳐서 말하는 사람이
만일 미묘한 음성으로
삼천세계에 두루 채우려고 할 적에
생각하는 대로 곧 능히 이르게 될 것이니라.

6절 큰 전륜성왕, 작은 전륜성왕
또 그의 일천 아들과 권속들은
합장하고 공경하는 마음으로
항상 와서 법을 듣고 받을 것이니라.

7절 모든 하늘과 용과 야차들과
나찰과 비사사들도
또한 환희의 마음으로
항상 즐겁게 와서 공양할 것이니라.

8절 범천왕과 마왕과
자재천과 대자대천
이와 같은 하늘 대중들도
항상 그곳에 모여 올 것이니라.

9절 모든 부처님과 또 제자들은
그 법을 펼쳐서 말하는 음성을 듣고
항상 생각하고 수호하며
때에 따라서 몸을 나타내실 것이니라.

9장

1절

1행 "또 상정진보살이여, 만일 선남자 선여인이 이 법화경을 받아 지니고 만일 읽거나 만일 외우거나, 만일 풀어 펼쳐서 말하여 주거나 만일 사경하여 쓴다면, 팔백 가지의 몸의 공덕을 얻어 청정한 몸을 얻으며 깨끗한 유리와 같아서 중생들이 보기를 좋아할 것이니라."

2행 "그의 몸이 청정하므로 삼천 대천세계의 중생들의 태어나는 때와 죽는 때와 높고 낮고, 잘생기고 못 생기고, 좋은 곳에 태어나고 나쁜 곳에 태어나는 것이 모두 다 그 가운데에 나타날 것이니라."

3행 "또, 철위산과 대 철위산과 미루산과 마하미루산 등 모든 산왕과 또 그 가운데 있는 중생들은 모두 다 그 가운데 나타날 것이니라."

4행 "아래로는 아비지옥에 이르고 위로는 유정천에 이르기까지 있는 바 중생들이 모두 다 그 가운데 나타날 것이니라."

5행 "그리고 성문과 벽지불과 보살과 모든 부처님들의 펼쳐서 말씀한 법이 모두 다 몸 가운데에 그 형상들이 나타날 것이니라."

10장

1절 이때 세존께서 이 뜻을 거듭 펴시려고 게송으로 펼쳐서 말씀하셨습니다.

2절　만약 법화경을 받아 지니는 자는
　　　그의 몸이 매우 청정하여
　　　저 깨끗한 유리와 같아서
　　　중생들이 모두 보고 기뻐할 것이니라.

3절　또, 깨끗하고 밝은 거울에
　　　여러 물건의 형상들이 보이는 것과 같이
　　　보살의 깨끗한 몸에
　　　세상의 모든 것이 다 보일 것이며
　　　오직 혼자서만 명백히 알고
　　　다른 사람은 보지 못할 것이니라.

4절　삼천 대천세계의 가운데
　　　일체의 모든 중생들
　　　하늘과 사람과 아수라
　　　지옥과 아귀와 축생
　　　이와 같은 여러 모습들이
　　　모두 그 몸 가운데 나타날 것이니라.

5절　여러 하늘의 궁전과
　　　유정천에 이르기까지
　　　철위산과 미루산이며
　　　마하미루산들과
　　　여러 큰 바다의 물들이
　　　모두 그 몸 가운데 나타날 것이니라.

6절　모든 부처님과 또 성문과

부처님 제자인 보살들
만일 혼자거나 만일 대중을 거느리고
법을 펼쳐서 말하는 일 모두 다 나타날 것이니라.

7절 비록 번뇌가 없는 법의 성품의
묘한 몸을 얻지는 못하였어도
몸이 항상 청정함으로
일체가 그 가운데 나타날 것이니라.

11장

1절

1행 "거듭하여 상정진보살이여, 만약에 선남자 선여인이 여래가 세상을 떠나신 후에 이 법화경을 받아 지니고 만약 읽거나 만약 외우거나 만약 풀어 펼쳐서 말하여 주거나, 만약 사경하여 쓰거나 하면 일천이백 가지 뜻의 공덕을 얻을 것이니라.

2행 "이 청정한 뜻으로써 한 게송이나 한 구절을 듣고서도 헤아릴 수 없고 끝이 없는 이치를 통달할 것이니라."

3행 "이 이치를 알고는 능히 한 구절, 한 게송 만이라도 펼쳐서 말하되, 한 달이나 넉 달이나 내지 한 해에 이르더라도, 모든 말한 법은 그 뜻을 따라서 모두 더불어 실제의 모습과 서로 어긋나지 아니할 것이니라."

4행 "만약 속세의 경서와 세상을 다스리는 말과 살림하는 사업 등을 말하더라도 모두 바른 법에 순응할 것이니라."

"삼천 대천세계에 있는 여섯 갈래 중생들의 마음으로
행하는 바와 마음으로 동작하는 바와 마음으로 희론
하는 바를 모두 다 알 것이니라."

6행 "비록 번뇌가 다한 지혜는 얻지 못하였더라도 그 뜻의
근본이 이와같이 청정하므로, 이 사람의 사유하고 요
량하고 하는 말들이 모두 부처님의 법과 같아서 진실
하지 않은 것이 없고, 또한 이것이 먼저 부처님의 경
가운데서 말씀하신 바이니라."

12장

1절 이때 세존께서 이 뜻을 거듭 펴시려고 게송으로 말씀
하셨습니다.

2절 이 사람의 뜻은 청정하고
밝고 총명하여 흐리거나 더럽혀지지 않아
이 묘한 뜻의 근본으로
상중하의 법을 다 알 것이니라.

3절 내지 한 게송만 듣고도
헤아릴 수 없는 이치를 통달하여
차례차례 법대로 말씀함과 같이
한 달, 넉 달, 한 해가 될 것이니라.

4절 이 세계 안팎의
일체 모든 중생들과
하늘과 용과 또 사람들과
야차와 귀신들까지

그 여섯 갈래에 있으면서
생각하는 바의 여러 가지를
법화경을 지니는 보답으로
일시에 모두 다 알 것이니라.

5절　　시방의 헤아릴 수 없는 부처님
백 가지 복으로 장엄하시고
중생들에게 말씀하시는 법문
다 듣고 능히 받아 지니고
헤아릴 수 없는 뜻 사유하고
법을 말함도 헤아릴 수 없으나
처음과 끝 잊음도 착오도 없나니
이것은 법화경을 지니는 까닭이니라.

6절　　여러 법의 모양 모두 다 알고
이치를 따라 차례를 알며
이름도 문자도 말씀도 통달하고서
아는 바와 같이 펼쳐서 말할 것이니라.

7절　　이 사람이 말하는 것은
모두 먼저 부처님께서 말씀하신 것이니
이런 법 펼쳐서 말하므로
대중에게 두려울 것이 없을 것이니라.

8절　　법화경을 지니는 자는
뜻의 근본이 만일 이와같이 깨끗하면
비록 번뇌가 없는 것을 얻지는 못하였어도

먼저 이와 같은 모습이 있을 것이니라.

9절   이 사람이 이 법화경을 지니고
편안히 희유한 자리에 머물러 있으면
일체 중생들이
환희하여 사랑하고 공경하게 될 것이니라.

10절   능히 천만 가지의
바르고 아름다운 말로
능히 분별하여 법을 펼쳐서 말하게 되리니
이것은 법화경을 지니는 까닭이니라.

묘법연화경 妙法蓮華經

제6권 第六卷

20 상불경보살품 二十 常不輕菩薩品

1절 이때 부처님께서 득대세보살마하살에게 말씀하셨습니다.

2절

1행 "그대는 이제 마땅히 알아라. 만약 비구, 비구니, 우바새, 우바이로서 법화경을 지니는 자를, 만일 어떤 사람이 나쁜 말로 욕설하거나 비방하면 큰 죄를 받을 것은 앞에서 말한 바와 같느니라.

2행 그 얻은 바의 공덕도 앞에서 말한 것과 같아서, 눈과 귀와 코와 혀와 몸과 뜻이 청정할 것이니라."

3행 "득대세보살이여, 지나간 옛적에 헤아릴 수 없고 끝이 없고 가이 생각으로는 헤아릴 수 없는 아승지겁에 부처님께서 계시었으니, 명호가 위음왕여래이며, 응공, 정변지, 명행족, 선서, 세간해, 무상사, 조어장부, 천인사, 불세존이시고, 겁의 이름은 이쇠이며, 나라의 이름은 대성이었느니라."

4행 "그 위음왕 부처님은 그 세상 가운데에서 천상, 인간과 아수라들을 위하여 법을 말씀하셨느니라."

5행 "성문을 구하는 자에게는 사제의 법을 말씀하시어, 나고 늙고 병들고 죽는 일에서 벗어나 마침내 위없는 해탈에 들게 하시고, 벽지불을 구하는 자를 위해서는 응당 십이 인연법을 말씀하셨느니라.

6행 많은 보살들을 위하여서는 위없이 높고 바른 완전

한 깨달음을 인연하여 응당 여섯 가지 바라밀법을 말씀하시어, 마침내 부처님의 지혜를 이루게 하셨느니라."

7행 "득대세보살이여, 이 위음왕 부처님의 수명은 사십만억 나유타 항하사 겁이고, 정법이 세상에 머무르는 겁의 숫자는 한 남섬부주의 티끌 수와 같고, 상법이 세상에 머무르는 겁의 숫자는 사천하의 티끌 수와 같느니라."

8행 "그 부처님은 중생들을 이익 되게 하신 후에 이 세상을 떠나셨느니라. 정법과 상법이 다 없어진 후에 이 국토에 또 부처님께서 나셨느니라."

9행 "또한 명호가 위음왕여래, 응공, 정변지, 명행족, 선서, 세간해, 무상사, 조어장부, 천인사, 불세존이었느니라. 이와같이 차례로 이만억 부처님께서 나셨는데, 모두 이름이 같았느니라."

10행 "최초의 위음왕여래께서는 이미 세상을 떠나시고 정법이 없어진 후에 상법 동안에 잘나고 뛰어난 체하고 교만한 마음을 가진 비구들이 큰 세력을 가졌느니라."

11행 "이때 한 보살비구가 있었으니, 명호가 상불경보살이라 하였느니라."

12행 "득대세보살이여, 어떠한 인연으로 명호를 상불경이라 하였느냐 하면. 이 비구가 만일 비구이거나 비구

니이거나 우바새이거나 우바이이거나 간에 무릇 보는
바 대로 모두 다 예배하고 찬탄하면서 이렇게 말하였
느니라."

13행 "'나는 그대들을 매우 공경하고 감히 업신여기지 않느
니라. 왜냐하면, 그대들은 모두 다 보살의 도를 행하
여 마땅히 부처를 이룰 것이기 때문이니라.'"

14행 "이 비구는 경전을 전심하여 읽거나 외우지는 아니하
고 다만 예배만을 행하는데, 멀리서 사부대중을 보더
라도 또한 예배하고 찬탄하면서 이와같이 말하였느니
라"

15행 "'나는 그대들을 감히 업신여기지 않느니라, 그대들은
모두 다 마땅히 부처를 이룰 것이기 때문이니라.'"

16행 "사부대중 가운데 성을 잘 내며, 마음이 청정하지 못
한 자가 있다가 악한 말로 욕하고 꾸짖으면서 말하였
느니라."

17행 "'이 무지한 비구야, 어디서 와서, 스스로 나는 그대들
을 업신여기지 않노라 하느냐, 더불어 우리들에게 마
땅히 부처를 이루리라고 수기를 주느냐. 우리들은 이
허망한 수기는 쓸모가 없느니라.'고 하였느니라."

18행 "이와같이 여러 해 동안 항상 욕하고 꾸짖음을 당하여
도 성도 내지 아니하고 항상 이렇게 말하였느니라."

19행 "'그대들은 마땅히 부처를 이룰 것이니라.'고 하였느
니라."

20행 "이렇게 말할 적에 여러 사람들이 혹은 나무로 때리거나 돌을 던지면 피하여 달아나 멀리 떨어진 뒤, 오히려 음성을 높여서 외쳤느니라."

21행 "'나는 그대들을 감히 업신 여기지 않느니라. 그대들은 모두 다 마땅히 부처를 이룰 것이니라.'고 하였느니라."

22행 "항상 이렇게 행하고 말하는 까닭으로, 뛰어난 체하고 교만한 비구, 비구니와 우바새, 우바이들이 호를 지어 상불경이라 하였느니라."

23행 "이 비구가 임종하려 할 때에, 허공 가운데에서 위음왕 부처님이 앞서 말씀하신 법화경 이십천만억 게송을 모두 다 능히 다 받아 지니어, 곧 위와 같이 눈의 청정과 귀와 코와 혀와 몸과 뜻의 청정을 얻었느니라."

24행 "여섯의 근본이 청정해짐을 얻은 후에 다시 수명이 이백만억 나유타의 세월이 늘어나서 널리 여러 사람들을 위하여 이 법화경을 펼쳐서 말씀하셨느니라."

25행 "이때 잘나고 뛰어난 체하고 교만한 사부대중인 비구, 비구니, 우바새, 우바이들로서 이 사람을 천대하여 상불경이라는 별명을 지었던 자들은, 그가 큰 신통의 힘과, 말을 잘하는 변재의 힘과, 매우 착하고 고요한 힘을 얻은 것을 보고 그 말하는 바를 듣고는 모두 믿고 복종하고 따랐느니라."

26행 "이 보살은 거듭하여 천만억 대중들을 교화하여 위 없이 높고 바른 완전한 깨달음에 머무르게 하였느니라."

27행 "목숨을 마친 후에는 이천억 부처님을 만났으니, 모두 다 명호가 일월등명이니라. 그 법 가운데서 이 법화경을 설하였느니라."

28행 "이 인연으로 다시 이천억 부처님을 만났으니, 다 같이 명호가 운자재등왕이었느니라."

29행 "이 여러 부처님 법 가운데서 받아 지니고 읽고 외우고 모든 사부대중들을 위하여 이 법화경을 설한 까닭으로, 항상 눈이 청정하고, 귀, 코, 혀, 몸, 뜻의 모든 근본이 청정함을 얻어 사부대중 가운데서 법을 설하는데 두려운 마음이 없었느니라."

30행 "득대세보살이여, 이 상불경보살마하살은 이와같이 여러 부처님께 공양하고 공경하며 존중하고 찬탄하여 많은 선근을 심었느니라."

31행 "그 후에 다시 천만억 부처님을 만나고 또한 여러 부처님 법 가운데서 이 법화경을 펼쳐서 말하여 공덕이 이루어져 마땅히 부처를 이루게 되었느니라."

32행 "득대세보살이여, 어떻게 생각하느냐. 그때의 상불경보살이 어찌 다른 사람이겠느냐. 곧 나의 몸이니라."

33행 "만약 내가 과거에 이 법화경을 받아 지니고 읽고 외우고 다른 사람을 위하여 설하지 아니하였더라면, 능히 위없이 높고 바른 완전한 깨달음을 속히 얻지 못하였을 것이니라."

34행 "내가 앞서 부처님 계신 데서 이 법화경을 받아 지니고 읽고 외우고 다른 이에게 설하였으므로 위없이 높고 바른 완전한 깨달음을 속히 얻은 것이니라."

35행 "득대세보살이여, 그때의 사부대중인 비구, 비구니, 우바새, 우바이들은 성내는 마음으로 나를 천시한 까닭으로, 이백억겁 동안에 항상 부처님을 만나지도 못하였고, 법을 듣지도 못하였고, 승가를 보지도 못하였으며, 천겁 동안 아비지옥에서 큰 고통을 받았느니라."

36행 "그 죄가 다한 후에 거듭하여 상불경보살의 위없이 높고 바른 완전한 깨달음의 교화를 만났느니라."

37행 "득대세보살이여, 너는 어떻게 생각하느냐. 그때의 사부대중으로서 이 보살을 항상 천시하던 자가 어찌 다른 사람이겠느냐."

38행 "지금 이 회중에 있는 발타바라 등의 오백 보살과 사자월등의 오백 비구니와 사불 등의 오백 우바새이니, 모두 위없이 높고 바른 완전한 깨달음에서 물러남이 없는 자들이니라."

39행 "득대세보살이여, 마땅히 알아라. 이 법화경은 모든 보살마하살들을 크게 이익 되게 하여 능히 위없이 높고 바른 완전한 깨달음에 이르게 하느니라."

40행 “이러한 까닭으로, 모든 보살마하살들은 여래가 세상을 떠나신 후에 항상 이 법화경을 응당히 받아 지니고, 읽고, 외우고, 풀어 펼쳐서 말하여 주거나, 사경하여 쓸 것이니라.”

2장

1절 이때 세존께서 이 뜻을 거듭 펴시려고 게송으로 말씀하셨습니다.

2절 지난 세상에 부처님께서 계셨으니
명호가 위음왕이고
신묘한 지혜가 헤아릴 수 없어
일체 중생들을 이끌어 인도하고
하늘, 사람, 용, 귀신들의
공양을 받으셨느니라.

3절 이 부처님께서 세상을 떠나신 후에
법이 없어지려는 때에
한 보살이 있었으니
명호가 상불경보살이었느니라.

4절 이때에 사부대중들이
법에 생각으로 헤아려 집착되었으므로
상불경보살이
그들이 있는 처소에 갔느니라.

5절 이들에게 말하기를
나는 그대들을 가볍게 여기지 않나니

그대들은 도의 행을 하여서
모두 다 마땅히 부처를 이룰 것이니라.

6절 많은 사람들은 이 말을 듣고
천시하고 비방하고 꾸짖고 매도하였지만
상불경보살은
능히 참아 인내하고 받아 주었느니라.

7절 그 숙세의 죄보를 마친 후에
목숨을 마치려 하는 때에
이 법화경을 얻어 듣고
여섯 감관이 청정함을 얻었느니라.

8절 신통한 힘으로써
수명이 더욱더 길어져서
다시 여러 사람을 위하여
널리 이 법화경을 설하였느니라.

9절 법에 집착하는 대중들이
모두 보살의 교화를 입어
성취하여서
부처님 도에 머무르게 하였느니라.

10절 상불경보살이 목숨을 마친 후에
헤아릴 수 없는 부처님을 만나
이 법화경을 설한 까닭으로
헤아릴 수 없는 복을 얻고
점점 공덕을 갖추어

부처님의 도를 속히 이루었느니라.

11절 그때의 상불경보살은
곧 지금의 나의 몸이며
이때의 사부대중들은
법에 집착되었던 자들이니라.

12절 그대들은 마땅히 부처를 이루리라는
상불경보살의 말을 들은
그 인연으로
헤아릴 수 없는 부처님을 만난 자는
이 회중에 있는 보살들
오백 대중과
또 그 밖에 사부대중인
청신사 청신녀들로서
나의 앞에서
법문을 듣는 자들이니라.

13절 나는 지난 세상에서
이 여러 사람들에게 권하여
이 법화경을 듣고 갖게 하여
가장 으뜸의 법을
열어 보이고 사람들을 가르쳐서
위없는 해탈의 길에 머무르게 하며
세세생생에 이 법화경을
받아 지니게 함이니라.

14절 억억만겁에서부터
가히 헤아릴 수 없을 때까지
이 법화경을
항시 얻어 듣게 할 것이니라.

15절 억억만겁에서부터
가히 헤아릴 수 없을 때까지
많은 부처님 세존이
항시 이 법화경을 펼쳐서 말씀하실 것이니라.

16절 이러한 까닭으로 수행자들은
부처님께서 세상을 떠나신 후에
이와같이 법화경을 듣고는
의혹을 일으키지 말 것이니라.

17절 응당 마땅히 한마음으로
널리 이 법화경을 펼쳐서 말하여
세세생생에 부처님을 만나
속히 부처님의 도를 이루도록 할 것이니라.

묘법연화경 妙法蓮華經

제6권 第六卷

21 여래신력품 二十一 如來神力品

1절 이때 땅속에서 솟아 올라온 일천 세계의 티끌 수 같은
보살마하살들이 모두 부처님 앞에서 한마음으로 합장
하고 존안을 우러러보며 부처님께 말씀을 드렸습니
다.

2절

1행 "세존이시여, 저희들이 부처님께서 세상을 떠나신 후
에 세존의 여러 가지로 나타나는 몸들이 계시는 국토
와 세상을 떠나신 곳에서 마땅히 이 법화경을 널리 펼
쳐서 말하겠습니다."

2행 "그 까닭을 말씀드리자면 저희들도 또한 스스로 진실
하고 청정한 큰 법을 얻어서 받아 지니고, 읽고, 외우
고, 해설하고, 사경하여 써서 공양을 하고자 함입니
다."

3절 이때 세존께서 문수사리보살 등 헤아릴 수 없는 백천
만억의 예전부터 사바세계에 있던 보살마하살들과 또
모든 비구, 비구니, 우바새, 우바이, 하늘, 용, 야차,
건달바, 아수라, 가루라, 긴나라, 마후라가와 사람과
사람 아닌 일체의 대중들 앞에서 큰 신통의 힘을 나타
내셨습니다.

4절 넓고 긴 혀를 내밀어 위로는 범천에 이르게 하고, 모
든 털구멍으로는 헤아릴 수 없고 수없는 빛깔의 광명
을 놓아 모두 다 시방세계에 두루 비추시니, 많은 보

배 나무 아래에 있는 사자좌 위에 앉으셨던 모든 부처님들도 또한 다시 이와같이 넓고 긴 혀를 내밀고 헤아릴 수 없는 광명을 놓으셨습니다.

5절 석가모니 부처님과 또 보배 나무 아래에 계신 모든 부처님들께서도 신통의 힘을 나투신 지 백천년 세월을 채운 후에 혀를 도로 거두시고 한꺼번에 기침하시며 모두 함께 손가락을 튕기시니, 이 두 가지 소리는 시방의 여러 부처님 세계에 두루 이르러 그 땅이 모두 여섯 가지로 진동하였습니다.

6절 그 가운데의 중생들로서 하늘, 용, 야차, 건달바, 아수라, 가루라, 긴나라, 사람, 사람 아닌 이들은 이 부처님의 신통의 힘을 말미암아 모두 이 사바세계의 헤아릴 수 없고 끝이 없는 백천만억 보배 나무 아래 있는 사자좌에 앉으신 많은 부처님들을 보았습니다.

7절 또 석가모니부처님과 다보여래께서 함께 보탑 안의 사자좌에 앉으심을 보았으며, 또 헤아릴 수 없고 끝이 없는 백천만억 보살마하살과 또 모든 사부대중들이 석가모니부처님을 에워싸며 공경하고 있음을 보았습니다.

8절 이러한 것을 보고는 모두 크게 환희하여 일찍이 없던 것을 얻었습니다.

9절 이때에 모든 하늘들이 허공 가운데에서 소리를 높여 외쳤습니다.

1행 "이 헤아릴 수 없고 끝이 없는 백천만억 아승지 세계를 지나가서 국토가 있으니, 이름이 사바세계이고. 이 가운데 부처님께서 계시니, 명호가 석가모니부처님이시라. 지금 모든 보살마하살들을 위하여 대승경을 펼쳐서 말씀하시니, 이름이 묘법연화경이라."

2행 "보살을 가르치는 법이며, 부처님께서 보호하고 생각하시는 것이니라. 너희들은 마땅히 깊은 마음으로 따라서 기뻐할 것이며, 또한 마땅히 석가모니부처님께 예배하고 공양을 하여라."

11절 저 모든 중생들이 허공 가운데에서 나는 소리를 듣고는 합장하고 사바세계를 향하여 이와같이 말하였습니다.

12절 "석가모니 부처님께 귀의합니다. 석가모니 부처님께 귀의합니다. 석가모니 부처님께 귀의합니다."

13절 그리고 가지가지 꽃과 향과 영락과 번기와 일산과 또 몸을 단장하는 기구와 훌륭한 보배와 묘한 물건들을 가지고 모두 함께 멀리서 사바세계에 흩뿌렸습니다.

14절 그 흩뿌린 여러 가지 물건들이 시방에서 오는 것이, 마치 구름이 모임과 같았으며, 변하여 보배 휘장이 되어 여기 계시는 여러 부처님들의 위에 두루 덮이니, 이때 시방 세계가 훤히 트이고 막힘이 없어 마치 한 부처님의 세계와 같았습니다.

15절 이때 부처님께서 상행등보살과 대중들에게 말씀하셨습니다.

16절

1행 "모든 부처님의 신통한 힘은 이와같이 헤아릴 수 없고 끝이 없어, 가히 생각으로는 미루어 헤아릴 수 없나니라."

2행 "만약 내가 이러한 신통의 힘으로써 헤아릴 수 없고 끝이 없는 백천만억 아승지겁 동안, 다음 사람들에게 유촉하기 위하여 이 법화경의 공덕을 펼쳐서 말하더라도 오히려 능히 다할 수가 없느니라."

3행 "요긴한 말을 하자면, 여래의 일체 가지신 법과, 여래의 일체 자재하신 신통의 힘과, 여래의 일체 비밀한 법장과, 여래의 일체 매우 깊은 일들을 모두 이 법화경에서 펴 보이며 드러나게 펼쳐서 말하였느니라."

4행 "이러한 까닭으로 너희들은 여래가 세상을 떠나신 후에 응당 한결같은 마음으로 받아 지니고, 읽고, 외우고, 해설하고 사경하여 써서 가르침과 같이 닦아 행할지니라."

5행 "너희가 있는 국토에서 만약 받아 지니고 읽고 외우고 해설하고 사경하여 써서 말한 것과 같이 닦아 행하는 이라면, 만약 이 법화경이 있는 곳에서 머물러 있거나, 만약 숲이나 동산이거나, 만약 나무 아래이거나, 만일 승방이거나, 만약 거사의 집이거나, 만약 전당이

461

거나, 만약 산골짜기이거나, 넓은 들이거나 간에, 그 가운데 모두 응당 탑을 세우고 공양하여야 할 것이니라."

6행 "왜냐하면 마땅히 알아라. 이곳이 곧 도량이니 모든 부처님들이 다 이곳에서 위없이 높고 바른 완전한 깨달음을 얻고, 모든 부처님들이 이곳에서 법의 수레바퀴를 굴리며, 모든 부처님들이 이곳에서 이 세상에서 벗어남에 드시기 때문이니라."

2장

1절 이때 세존께서 이 뜻을 거듭 펴시려고 게송으로 말씀하셨습니다.

2절 모든 부처님은 세상을 구원하시는 분이시라
큰 신통에 머무르시어
중생들을 기쁘게 하기 위하여
헤아릴 수 없는 신통의 힘을 나타내시는 것이니라.

3절 깊고 넓은 혀는 범천에 이르고
몸에서는 헤아릴 수 없는 광명을 놓으시니
부처님의 도를 구하는 자를 위하여
이렇게 희유한 일을 나타내시는 것이니라.

4절 모든 부처님의 기침 소리와
또 손가락 튀기는 소리가
두루 시방 세계에 들리며
땅이 모두 여섯 가지로 진동하느니라.

5절 부처님께서 세상을 떠나신 후에
    능히 이 법화경을 지님으로써
    여러 부처님께서 모두 환희하시어
    헤아릴 수 없는 신통한 힘을 나타내시는 것이니라.

6절 이 법화경을 부촉하시는 까닭으로
    받아 지니는 자를 찬탄하심이
    헤아릴 수 없는 겁 동안에도
    오히려 능히 다할 수가 없느니라.

7절 이 사람의 공덕이
    끝이 없고 다할 수 없음이
    시방의 허공과 같아
    가히 끝이 없느니라.

8절 능히 이 법화경을 지니는 자는
    곧 이미 나를 본 것이고
    또한 다보부처님을 본 것이고
    또 여러 가지로 나타나는 몸들인 부처님들과
    또 오늘날 내가
    모든 보살들을 교화함도 볼 것이니라.

9절 능히 이 법화경을 지니는 자는
    나와 또 여러 가지로 나타나는 몸들과
    세상을 떠나신 다보부처님을
    일체 모두 다 기쁘게 하는 것이니라.

10절 시방에 현재 계시는 부처님과

아울러 과거와 미래의 모든 부처님을
또한 뵙기도 하고 또한 공양도 하며
또한 기쁨을 얻게도 하는 것이니라.

11절 모든 부처님께서 도량에 앉아
얻으신 바의 비밀한 법을
능히 이 법화경을 지니는 자는
오래지 않아 또한 마땅히 얻을 것이니라.

12절 이 법화경을 지니는 자는
모든 법의 뜻과
이름과 또 말씀들을
다함이 없이 즐겨 펼쳐서 말하여
허공 가운데 바람이
일체 걸림이 없음과 같으니라.

13절 여래가 세상을 떠나신 후에
부처님께서 말씀하신 법화경의
인연과 또 차례를 알고
뜻에 따라 진실되게 펼쳐서 말하면
해와 달의 밝은 빛이
능히 모든 어둠을 없애는 것와 같으니라.

14절 이 사람이 세간에서 행하는 것
능히 중생들의 어둠을 없애주고
헤아릴 수 없는 보살들을 교화하여
끝내는 일승에 머무르게 할 것이니라.

15절　　이러한 까닭으로 지혜 있는 자는
　　　　이러한 공덕과 이익을 듣고
　　　　내가 세상을 떠난 후에도
　　　　응당 이 법화경을 받아 지닌다면
　　　　이 사람이 부처님의 도에 들어가는 것은
　　　　결정코 의심이 없을 것이니라.

묘법연화경 妙法蓮華經

제6권 第六卷

22 촉루품 二十二 囑累品

1절 이때 석가모니부처님께서 법의 자리에서 일어나 큰 신통의 힘을 나타내어, 오른손으로 헤아릴 수 없는 보살마하살들의 정수리를 만지시며 이렇게 말씀하셨습니다.

2절 "내가 헤아릴 수 없는 백천만억 아승지겁에 이 얻기 어려운 위없이 높고 바른 완전한 깨달음의 법을 닦아 익혀서, 이제 너희들에게 부촉하나니, 너희들은 응당 마땅히 한결같은 마음으로 이 법을 오래도록 베풀어서 널리 더욱더 이익 되게 하여라."

3절 이와같이 많은 보살마하살들의 정수리를 세 번 만지시면서 이렇게 말씀하셨습니다.

4절

1행 "나는 헤아릴 수 없는 백천만억 아승지겁 동안에 이 얻기 어려운 위없이 높고 바른 완전한 깨달음의 법을 닦아 익혔느니라. 이제 너희들에게 부촉하노니, 너희들은 마땅히 이 법을 받아 지니고 읽고 외워서 널리 선포하여 일체 중생들로 하여금 널리 듣고 알아서 얻게 하여야 할 것이니라."

2행 "왜냐하면 여래는 큰 자비가 있어, 모든 아끼고 인색함이 없으며, 또한 두려운 바가 없어서 능히 중생들에게 부처님의 지혜와 여래의 지혜와 자연의 지혜를 주노니, 여래는 일체 중생들의 큰 시주이시니. 너희들도 또한 응당히 여래의 법을 따라서 배우되, 아끼거나 인색하지 말아야 하느니라."

3행 "오는 세상에서 만약 선남자 선여인이 여래의 지혜를 믿는 자가 있다면 마땅히 이 법화경을 펼쳐서 말하여 듣고 알게 할 것이니 그 사람으로 하여금 부처님의 지혜를 얻게 함이니라."

4행 "만약 어떤 중생들이 믿어 받아들이지 아니하면, 마땅히 여래의 다른 깊고 묘한 법 가운데에서 보여주고 가르쳐서 이롭고 기쁘게 할 것이니라."

5행 "너희들이 만약 능히 이와같이 하면, 곧 모든 부처님께 은혜를 보답함이 될 것이니라."

5절 이때 여러 보살마하살들은 이러한 부처님의 말씀을 듣고 나서 모두 다 큰 기쁨이 그 몸에 두루 가득하여, 더욱더 공경하여 허리를 굽히고 머리를 숙여 합장하고 부처님을 향하여 함께 말하였습니다.

6절

1행 "세존의 분부대로 마땅히 갖추어 받들어 행할 것이오니, 오직 세존이시여, 원하옵건대 염려하지 마시옵소서."

2행 "세존의 분부대로 마땅히 갖추어 받들어 행할 것이오니, 오직 세존이시여, 원하옵건대 염려하지 마시옵소서."

3행 "세존의 분부대로 마땅히 갖추어 받들어 행할 것이오니, 오직 세존이시여, 원하옵건대 염려하지 마시옵소서."

7절 여러 보살마하살 대중들이 이와같이 세 번을 반복하여서 다 함께 소리를 내어 말하였습니다.

8절 이때 석가모니부처님께서 시방에서 오신 모든 여러 가지로 나타나는 몸들인 부처님들을 각각 본국으로 돌아가게 하시고자 이렇게 말씀하셨습니다.

9절 "모든 부처님들은 각각 편하실 대로 하시고, 다보부처님의 탑도 가히 본래대로 돌아가시옵소서."

10절 이 말씀을 펼쳐서 말씀하실 때 보배나무 아래 사자좌의 자리에 앉아 계시던 시방의 헤아릴 수 없는 여러 가지로 나타나는 몸들의 모든 부처님과 또 다보부처님과, 아울러 상행등보살과, 끝이 없는 아승지의 보살 대중과, 사리불 등의 성문 사부대중과, 그리고 일체 세간의 하늘과, 사람과, 아수라 등이 부처님의 펼쳐서 말씀하신 바를 듣고 모두 다 크게 기뻐하였습니다.

묘법연화경 妙法蓮華經

제6권 第六卷

23 약왕보살본사품 二十三 藥王菩薩本事品

1장

1절 이때 수왕화보살이 부처님께 말씀을 드렸습니다.

2절

1행 "세존이시여, 약왕보살은 어찌하여 사바세계에 다니시나이까."

2행 "세존이시여, 이 약왕보살에게는 얼마만큼의 백천만억 나유타의 행하기 어려운 고행이 있었습니까."

3행 "거룩하십니다, 세존이시여. 원하건대, 간략히 펼쳐서 말씀하여 주옵소서,"

4행 "여러 하늘, 용, 야차, 건달바, 아수라, 가루라, 긴나라, 마후라가, 사람, 사람 아닌 이들과 또 다른 국토에서 온 여러 보살들과 더불어 성문 대중들이 들으면 모두 다 기뻐할 것입니다."

3절 이때 부처님께서 수왕화보살에게 말씀하셨습니다.

4절

1행 "옛날 옛적에 헤아릴 수 없는 항하사겁에 부처님께서 계셨으니, 명호가 일월정명덕여래, 응공, 정변지, 명행족, 선서, 세간해, 무상사, 조어장부, 천인사, 불세존이었느니라."

2행 "그 부처님께 팔십억 큰 보살마하살과 칠십이 항하사 큰 성문들이 있었느니라. 부처님의 수명은 사만 이천 겁이고, 보살의 수명도 그와 같으며, 그 국토에는 여인과 지옥과 아귀와 축생과 아수라들과 더불어 모든 어려움이 없었느니라."

3행 "땅이 반듯하여 손바닥과 같은데 유리로 이뤄졌으며, 보배 나무로 장엄하고 보배 휘장을 위에 덮었으며, 보배 꽃의 번기를 달았는데 보배로 된 병과 향로가 나라 안에 두루 가득하였고, 일곱 가지 보배로 대를 만들고 나무 하나에 대가 하나씩인데 그 나무에서 대까지가 활 한 번 쏘는 거리였느니라."

4행 "여러 보배 나무에는 모든 보살과 성문이 그 아래에 앉았으며, 모든 보배로 된 대 위에는 각각 백억의 많은 하늘들이 있어 하늘의 악기를 울리고 노래하며 부처님을 찬탄하며 공양을 올렸느니라."

5행 "이때 그 부처님은 일체중생희견보살과 더불어 많은 보살들과, 여러 성문대중들을 위하여 법화경을 펼쳐서 말씀하셨느니라."

6행 "이 일체중생희견보살은 고행하기를 좋아하여 일월정명덕 부처님의 법 가운데서 정진하고 거닐면서 한 마음으로 부처 구하기를 만 이천세가 된 후에 일체의 색신을 나타내는 삼매를 얻었느니라."

7행 "이 삼매를 얻고는 마음이 크게 기뻐서 곧 생각을 지어 말하였느니라."

8행 "'내가 일체의 색신을 나타내는 삼매를 얻은 것은 모두 이 법화경을 들어 얻은 것이니, 내가 이제 일월정명덕 부처님과 더불어 법화경에 공양을 올릴 것이니라.'"

9행 "즉시에 삼매에 들어가 허공가운데에서 만타라화와 마하만타라화와 굳고 검은 전단가루가 허공 가운데에 가득하여 구름처럼 내려오고, 또 해차안 전단향을 비처럼 내리니, 이 향은 저울 눈으로 여섯 눈금이지만 값은 사바세계와 맞먹는 것으로, 부처님께 공양하였느니라."

10행 "이렇게 공양을 마치고는 삼매에서 일어나 스스로 생각으로 말하였느니라."

11행 "'내가 비록 신통의 힘으로 부처님께 공양하였으나, 이 몸으로써 공양함만 같지 못하리라.'하였느니라."

12행 "곧 전단향, 훈육향, 두루바향, 필력가향, 침수향, 교향 등을 먹고 또 첨복 등 여러 가지 꽃으로 짠 향유를 몸에 바르고, 만천이백 년을 채운 뒤에 향유로써 몸을 바르고 일월정명덕 부처님 앞에서 하늘의 보배 옷으로 몸을 감고 여러 향유를 부은 다음, 신통의 힘과 서원으로 스스로 몸을 불사르니, 광명이 팔십억 항하사 세계에 두루 비추었느니라."

13행 "그 세계에 계시는 모든 부처님들께서 한꺼번에 찬탄하시며 말씀하셨느니라."

14행 "'착하여라, 착하여라, 선남자여. 이것이 진정한 정진이며, 이것을 이름하여 참으로 법으로써 여래께 공양함이 되느니라."

15행 "만약 꽃과 향과 영락과, 사르는 향, 가루향, 바르는 향과 하늘의 비단 번기와 일산과 더불어 해차안의 전단향 등, 이와 같은 가지가지의 많은 재물들로 공양하는 것으로도 능히 미칠 수 없으며, 가령 나라나 성시나 처자로 보시하는 것으로도 또한 미칠 수가 없느니라."

16행 "선남자여, 이것을 이름하여 제일가는 보시라 하는 것이니, 모든 보시 중에서 가장 존귀하고 가장 으뜸이니, 법으로써 모든 여래께 공양하는 까닭이니라.'"

17행 "이렇게 말씀하시고는 각각 잠잠하였는데, 그 몸이 천이백 세 동안을 탄 뒤에야 그 몸이 다하였느니라."

18행 "일체중생희견보살은 이와같이 법공양을 마치고 목숨이 다한 후에, 다시 일월정명덕 부처님 국토 가운데 정덕왕의 집에 태어나 결가부좌하고 홀연히 화생하였느니라."

2장

1절 곧 그 아버지를 위하여 게송으로 말하였느니라.

2절 대왕이시여, 이제 마땅히 아시옵소서.
제가 저곳에서 거니는 행을 하여
곧 이때에 일체의
모든 몸을 나타내는 삼매를 얻고
부지런히 크게 정진을 행하여
사랑하는 바의 몸을 버려서
세존께 공양을 올린 것은

최상의 지혜를 구하기 위한 것이였습니다.

3장

1절

1행 "이 게송을 펼쳐서 말하여 마치고는 아버지에게 말씀
드렸느니라."

2행 "'일월정명덕 부처님은 지금 현재도 계시옵니다. 제가
앞서 부처님께 공양하고 일체 중생들의 말을 아는 다
라니를 얻었습니다."

3행 "거듭하여 법화경의 팔백천만억 나유타, 견가라, 빈
바라, 아촉파 등의 게송을 들었습니다."

4행 "대왕님이이여, 제가 지금 마땅히 이 부처님께 공양
하러 가려 하옵나이다.'"

5행 "이 말을 마치고는, 곧 일곱 가지 보배로 된 대에 앉
아 칠다라수 높이의 허공에 올라가서 부처님 계신 데
이르러 머리를 조아려 발에 예배하고 열 손가락을 모
았느니라."

4장

1절 그리고 게송으로 부처님을 찬탄하였느니라.

2절 존안이 매우 기묘하시고
광명이 시방을 비추십니다.
제가 지난 과거에 공양하였으며
이제 거듭하여 친견하고 가까이 뵈옵습니다.

1절

1행 “이때 일체중생희견보살은 게송으로 말한 다음, 부처님께 말씀을 드렸느니라.”

2행 “세존이시여, 세존께서는 언제까지 세상에 계시나이까.”

3행 “이때 일월정명덕 부처님께서 일체중생희견보살에게 말씀하셨느니라.”

4행 “선남자여, 내가 이 세상에서 떠나갈 때가 되었고, 세상을 떠날 때에 이르렀느니라. 그대는 가히 평상의 자리를 편안하게 하여라. 내가 이제 오늘 밤에 마땅히 이 세상에서 떠나감에 들 것이니라.”

5행 “또 일체중생희견보살에게 일렀느니라.”

6행 “선남자여, 내가 부처님의 법을 그대에게 부촉하노라. 또 모든 보살 큰 제자들과, 아울러 위없이 높고 바른 완전한 깨달음의 법과, 또한 삼천 대천의 일곱 가지 보배로 된 세계와, 여러 보배 나무와, 보배 대와, 또 시중드는 모든 하늘들을 모두 다 그대에게 맡기노라.”

7행 “내가 세상을 떠난 후에 모든 사리까지도 또한 그대에게 부촉하느니, 마땅히 베풀어 나누어서 널리 공양을 베풀고 응당 수천 개의 탑을 세우도록 할 것이니라.”

8행 “이와같이 일월정명덕 부처님께서 일체중생희견보살

에게 분부하시고, 밤이 늦은 뒤에 이 세상에서 떠나가
시었느니라."

9행 "이때 일체중생희견보살은 부처님께서 세상을 떠나심
을 보고, 비감하고 안타깝고 부처님을 사모함이 더해
곧 해차안의 전단나무를 쌓아 부처님 몸을 공양하여
사르고, 불이 꺼진 후에 사리를 거두어 팔만 사천 보
배 항아리에 담아 팔만 사천 탑을 세우니, 그 높이가
삼천세계보다 높으니라. 찰간으로 장엄하고 많은 번기
와 일산을 드리우며, 보배 풍경을 많이 달았느니라."

10행 "이때 일체중생희견보살은 다시 스스로 생각을 하였
느니라."

11행 "'내가 비록 이렇게 공양하였으나 마음이 가히 흡족하
지 못하나니, 내가 이제 마땅히 다시 사리에 공양을
올리리라.'"

12행 "곧 모든 보살 큰 제자들과 또 하늘, 용, 야차 등 모든
대중에게 말하였느니라."

13행 "'너희들은 마땅히 한마음으로 생각하여라. 내가 이
제 일월정명덕부처님의 사리에 공양을 올리려 하느니
라.'"

14행 "이렇게 말하고 곧 팔만 사천 탑 앞에서 백 가지 복으
로 장엄한 팔을 칠만 이천 년 동안 태우고 이로써 공
양하여, 수많은 성문대중을 구하고 헤아릴 수 없는 아
승지 사람으로 하여금 위없이 높고 바른 완전한 깨달

음을 일으키게 하여 모두 온갖 색신을 나타내는 삼매를 얻어 머무르게 하였느니라."

15행 "이때 모든 보살과 하늘과 사람과 아수라들은 그의 팔이 없어진 것을 보고 근심하고 슬퍼하면서 이렇게 말하였느니라."

16행 "'이 일체중생희견보살은 우리들의 스승이요, 우리를 교화하시는 분이라. 이제 팔을 태워서 몸이 불구가 되었구나.'"

17행 "이때 일체중생희견보살은 대중 가운데서 이와같이 서원을 세웠느니라."

18행 "'내가 두 팔을 버렸으니. 반드시 마땅히 부처님의 금빛 몸을 얻을 것이다. 만약 이 말이 진실하고 허망하지 아니하다면, 나의 두 팔이 다시 전과 같아지리라.'"

19행 "이렇게 서원을 마치자, 저절로 다시 이전과 같아졌느니라. 이것은 이 보살의 복덕과 지혜가 진실로 순수함에 이른 까닭이니라."

20행 "이때를 당하여 삼천 대천세계는 여섯 가지로 진동하고, 하늘에서는 보배의 꽃비를 내려 모든 하늘과 사람들이 일찍이 없었던 것을 얻었느니라."

21행 "부처님께서 수왕화보살에게 말씀하셨느니라."

22행 "'그대는 어떻게 생각하느냐. 일체중생희견보살은 어찌 다른 사람이겠느냐. 지금의 약왕보살이니라. 그 몸을 버려 보시한 일이 이와같이 헤아릴 수 없는 백천만억 나유타 수만큼이니라.'"

23행 "수왕화보살이여, 만약 위없이 높고 바른 완전한 깨달음을 얻으려는 마음을 낸 자는 능히 한 손가락이나 내지 한 발가락을 태워서 부처님 탑에 공양하여라. 나라나 도시나 처자나 또 삼천 대천세계의 토지나 산림이나 하천이나 모든 보물로 공양하는 것보다 더 수승할 것이니라."

24행 "만약 어떤 사람이 일곱 가지 보배로써 삼천 대천세계에 가득히 채워서 부처님과 또 큰 보살들과 벽지불과 아라한에게 공양할지라도, 그 사람의 공덕의 얻은 바는 이 법화경의 하나의 사구게만이라도 받아 지닌 것과 같지 아니하며 그 복덕보다 더욱더 많느니라."

25행 "수왕화보살이여, 비유하면 모든 시내와 개천과 강 등 모든 물 중에서 바다가 제일이 되듯이, 이 법화경도 또한 거듭하여 이와같이 여러 여래가 펼쳐서 말씀하신 경 가운데에서 최고이며 깊고 큰 것이 되느니라."

26행 "또 토산, 흑산, 소철위산, 대철위산과 또 열 개의 보배산 등 모든 산 가운데서 수미산이 제일이듯이, 이 법화경도 또한 거듭하여 이와 같아서 여러 경전 가운데에서 최고이며 으뜸이 되느니라."

27행 "또 많은 별 중에서 달이 최고로 제일이듯이, 이 법화경도 또한 거듭하여 이와 같아서 천만억 여러 가지 모든 경 가운데에서 최고이며 밝게 비추느니라."

28행 "또 해가 능히 모든 어둠을 제거하듯이, 이 법화경도 또한 거듭하여 이와 같아서 능히 일체의 착하지 못한 어둠을 깨뜨리게 되느니라."

29행 "또 모든 작은 왕들 중에서 전륜성왕이 최고로 제일 이듯이, 이 법화경도 또한 거듭하여 이와 같아서 모든 경 가운데에서 최고이며 존귀하느니라."

30행 "또 제석천왕이 삼십삼천 가운데에서 왕이 되듯이, 이 법화경도 또한 거듭하여 이와 같아서 모든 경 가운데에서 왕이 되니라."

31행 "또 대범천왕이 일체 중생들의 아버지이듯이, 이 법화경도 또한 거듭하여 이와 같아서 일체 현인, 성인, 공부하여 가는 자들과 공부를 마친 자들인, 그리고 보살의 마음을 일으킨 자들의 아버지가 되느니라."

32행 "또 일체 범부들 가운데에서 수다원, 사다함, 아나함, 아라한, 벽지불이 제일이듯이, 이 법화경도 또한 거듭하여 이와 같아서 일체 여래가 펼쳐서 말한 것과, 만일 보살이 펼쳐서 말한 것과, 만일 성문이 펼쳐서 말한 것 등, 모든 경들 가운데에서 최고이며 제일이 되느니라."

33행 "능히 이 법화경을 받아 지니는 자도 또한 거듭하여 이와 같아서 일체 중생들 가운데에서 또한 제일이 되느니라."

34행 "일체의 성문, 벽지불 가운데에서 보살이 제일이듯이, 이 법화경도 또한 거듭하여 이와 같아서 모든 경과 법 가운데에서 최고이며 제일이 되느니라."

35행 "부처님께서 모든 법의 왕이 되듯이, 이 법화경도 또한 거듭하여 이와 같아서 모든 경 가운데에서 왕이 되느니라."

36행 "수왕화 보살이여, 이 법화경이 능히 일체 중생들을 구원하게 될 것이며, 이 법화경은 능히 일체 중생들로 하여금 모든 괴로움에서 벗어나게 하며, 이 법화경은 능히 일체 중생들을 크게 이익 되게 하여 그 원하는 것들을 충만하게 할 것이니라."

37행 "마치 청량한 연못이 능히 일체의 모든 목마른 자들을 만족되게 함과 같이, 추운 자가 불을 얻음과 같이, 헐벗은 자가 옷을 얻음과 같이, 장사꾼이 물건의 임자를 만남과 같이, 아들이 어머니를 만남과 같이, 물 건너는 이가 배를 만남과 같이, 병난 자가 의사를 만남과 같이, 어두울 적에 등불을 얻음과 같이, 가난한 이가 보물을 얻음과 같이, 백성들이 현명한 왕을 만나는 것과 같이, 무역하는 자들이 바다를 만나는 것과 같이, 횃불이 어둠을 없앰과 같이, 이 법화경도 또한 거듭하여 이와 같아서 능히 중생들로 하여금 일체의 괴로움과, 일체 병고의 고통에서 벗어나게 하고, 능히 일체의 태어나고 죽음의 속박으로부터 벗어나게 하여 줄 것이니라.”

38행 “만약 어떤 사람이 이 법화경을 얻어 듣고, 만일 스스로 사경하거나, 만일 사람을 시켜 사경하게 하면, 그 얻는 공덕이 부처님의 지혜로 그 수효를 계산하여도 그 끝을 다할 수가 없는 것이니라.”

39행 “만약 이 법화경을 써서 꽃, 향, 영락, 사르는 향, 가루향, 바르는 향, 번기, 일산, 의복과, 가지가지 등불인 우유등, 기름등, 여러 향유등, 첨복기름등, 수만나 기름등, 바라라기름등, 바라사가기름등, 나바마리기름등으로 공양하면, 얻는 바의 공덕이 헤아릴 수 없을 것이니라.”

40행 “수왕화보살이여, 만일 어떤 사람이 이 약왕보살본사 품을 듣는 자는 또한 헤아릴 수 없고 끝이 없는 공덕을 얻을 것이며, 만일 여인이 이 약왕보살본사품을 듣고 능히 받아 지니면, 이 여인의 몸을 다한 후에는 다시는 받지 아니할 것이니라.”

41행 “만약 여래가 세상을 떠나신 후에 후 오백 년 가운데 만약 어떤 여인이 이 법화경을 듣고 펼쳐서 말한 대로 수행하면, 여기서 목숨을 마치고는 곧 극락세계의 아 미타 부처님이 큰 보살 대중들에게 둘러싸인 곳에 가서 연꽃 속에 있는 보좌 위에 태어나게 되며, 다시는 탐욕의 괴로움도 받지 아니하고, 또한 거듭하여 성냄과 어리석음의 괴로움도 받지 아니하고, 또한 거듭하여 교만과 질투 등의 여러 가지 나쁜 괴로움도 받지 않을 것이니라."

42행 "보살의 신통과 일어남이 없는 법의 자리를 얻어 눈의 뿌리가 청정하게 될 것이니라. 이 청정한 눈의 뿌리로 칠백만 이천억 나유타 향하사 등의 많은 부처님과 여래를 뵙게 될 것이니라."

43행 "이때 많은 부처님들이 멀리서 함께 칭찬하였느니라."

44행 "'착하여라, 착하여라, 선남자여. 그대는 능히 석가모니부처님 법 가운데에서 받아 지니고 읽고 외우고 사유하며, 다른 이에게 펼쳐서 말하면, 얻는 바의 복덕이 헤아릴 수 없고 끝이 없어, 불도 능히 태우지 못하고 물도 능히 빠뜨리지 못하느니라.'"

45행 "그대의 공덕은 일천 부처님께서 함께 말씀하여도 능히 다하지 못하리라."

46행 "그대는 지금 이미 능히 모든 마구니 도적을 깨뜨리고 생사의 군대를 다 무너뜨리고 모든 나머지 원수와 적들을 모두 다 꺾어서 소멸시켰느니라.'"

47행 "'선남자여, 백천의 여러 부처님들은 신통의 힘으로 함께 그대를 수호하며, 일체 세간의 하늘, 사람들 중에서 그대와 같은 자가 없느니라. 오직 여래를 제외하고는 그 많은 성문이나 벽지불이나, 또 보살의 지혜와 선정도 그대와 더불어 대등할 자가 없느니라.'"

48행 "수왕화보살이여, 이 보살은 이와 같은 공덕과 지혜의 힘을 성취하였느니라."

49행 "만약 어떤 사람이 이 약왕보살본사품을 듣고 능히 따라 기뻐하고 찬탄하는 자라면, 이 사람은 이 세상에 있으면서 입에서 항상 청련화의 향기가 나고, 몸에서는 털구멍으로 항상 우두전단 향기가 날 것이며, 얻는 바의 공덕은 위에서 펼쳐서 말함과 같으리라."

50행 "이러한 까닭으로 수왕화보살이여, 이 약왕보살본사품을 그대에게 부촉하노라. 내가 세상을 떠난 뒤 후 오백 년 동안에 널리 사바세계에 잘 흐르게 베포하여 끊어지지 않게 할 것이니라. 나쁜 마군과 마의 백성과 여러 하늘, 용, 야차, 구반다들이 그 틈을 얻지 못하게 하여야 할 것이니라."

51행 "수왕화보살이여, 너는 마땅히 이 신통의 힘으로써 이 법화경을 지켜고 보호하여라. 왜냐하면, 이 법화경은 곧 이 사바세계 염부제 사람들의 병에 좋은 약이 되기 때문이니라. 만약 병이 있는 사람이 이 법화경을 얻어 들으면, 병이 곧 소멸하여 늙지도 않고 죽지도 않을 것이니라."

52행 "수왕화보살이여, 그대가 만약 이 법화경을 받아 지니는 자를 보거든, 마땅히 청련화에 가루향을 가득 담아 그 위에 흩어 공양할 것이며, 흩뿌리고는 이러한 생각을 하여라."

53행 "'이 사람은 멀지 않아서 반드시 길상초를 깔고 도량에 앉아서 모든 마군들을 부술 것이며, 마땅히 법 소라를 불고 큰 법고를 쳐서 일체 중생들을 태어나고 늙고 병들고 죽는 바다에서 해탈하게 할 것이니라.'"

54행 "이러한 까닭으로 부처님의 도를 구하는 자는 이 법화경을 받아 지니는 자를 보고 응당 마땅히 이와같이 공경하는 마음을 일으켜야 하느니라."

2절 이 약왕보살본사품을 펼쳐서 말씀하실 때에 팔만 사천 보살들은 일체 중생들의 말을 다 알아듣는 다라니를 얻었습니다.

3절 다보여래가 보탑 가운데에서 수왕화보살을 찬탄하며 말하였습니다.

4절 "착하고, 착하여라, 수왕화보살이여. 너는 가히 생각으로 헤아리기 어려운 공덕을 성취하여, 이에 능히 석가모니 부처님께 이러한 일을 물어서 헤아릴 수 없는 일체 중생들을 더욱더 이익 되게 하였느니라."

묘법연화경 妙法蓮華經

제7권 第七卷

24 묘음보살품 二十四 妙音菩薩品

1절 이때 석가모니 부처님께서 큰 사람의 모습으로 정수리에서 육계 광명을 놓으시고, 또 미간 백호에서도 광명을 놓아 동쪽 일백팔만억 나유타 항하사 등의 모든 부처님의 세계를 두루 비추었습니다.

2절 이러한 많은 세계를 지나가서 또 세계가 있으니, 이름이 정광장엄이었습니다. 그 세계에 부처님께서 계시니, 명호가 정화수왕지여래, 응공, 정변지, 명행족, 선서, 세간해, 무상사, 조어장부, 천인사, 불·세존이었습니다.

3절 헤아릴 수 없고 끝이 없는 보살 대중들에게 둘러싸여 공경을 받으면서 법을 펼쳐서 말씀하시었으며, 석가모니 부처님의 백호의 광명이 그 국토를 두루 비추었습니다.

4절 이때 일체정광장엄 세계에 한 보살이 있으니 명호가 묘음보살이었습니다. 오래 전부터 많은 덕의 근본을 심었으며, 헤아릴 수 없는 백천만억 모든 부처님께 공양하고 친하고 가까이하면서 매우 깊은 지혜를 모두 다 성취하였습니다.

5절 묘당상삼매, 법화삼매, 정덕삼매, 수왕희삼매, 무연삼매, 지인삼매, 해일체중생언어삼매, 집일체공덕삼매, 청정삼매, 신통유희삼매, 혜구삼매, 장엄왕삼매, 정광명삼매, 정장삼매, 불공삼매, 일선삼매, 이와 같은 백천만억 항하사 등의 모든 큰 삼매를 얻었습니다.

6절 석가모니 부처님의 광명이 그의 몸을 비추자, 곧 정화수왕지 부처님께 말씀을 드렸습니다.

7절 "세존이시여, 제가 마땅히 사바세계에 가서 석가모니부처님께 예배하고 공양을 올리며, 친견하여 가까이하고 또 문수사리법왕자보살, 약왕보살, 용시보살, 수왕화보살, 상행의보살, 장엄왕보살, 약상보살 등을 만나보고자 하옵니다."

8절 이때 정화수왕지 부처님께서 묘음보살에세 말씀하셨습니다.

9절

1행 "그대는 저 국토를 가벼이 보거나, 하열하다는 생각을 일으키지 말아야 하느니라. 선남자여, 저 사바세계는 높고 낮고 하여 평탄하지 못하고, 흙과, 돌과, 많은 산과 더러운 것들이 가득하느니라."

2행 "부처님의 몸은 아주 왜소하고 작으며, 여러 보살들의 그 형상도 또한 작으니라",

3행 "그대의 몸은 사만 이천 유순이며, 나의 몸은 육백팔십만 유순이니라. 그대의 몸은 제일로 단정하여 백천만 복덕으로 광명이 매우 뛰어나느니라. 이러한 까닭으로 너는 그곳에 가서 그 국토를 가벼이 여기지 말고, 만약 부처님과 보살과 더불어 국토에 대하여 하열하다는 생각을 일으키지 말아야 하느니라."

10절　묘음보살이 그 부처님께 말씀을 드렸습니다.

11절　"세존이시여, 제가 지금 사바세계에 가려는 것은 모두 다 여래의 힘이오며, 여래의 신통으로 유희함이오며, 여래의 공덕과 지혜로 장엄한 것이옵니다."

12절　이에 묘음보살은 자리에서 일어나지도 아니하고 몸을 움직이지도 아니한 채, 삼매에 들어 삼매의 힘으로, 기사굴산에 설법하는 사자좌에서 멀지 않은 곳에 팔만 사천의 보배 연화를 변화하여 만들었으니, 염부단금으로 줄기를, 백은으로 잎을, 금강으로 꽃술을, 견숙가 보배가 꽃받침으로 되었습니다.

13절　이때 문수사리법왕자보살이 이 연꽃을 보고 부처님께 말씀을 드렸습니다.

14절　"세존이시여, 어떠한 인연으로 이 상서로움이 나타나는 것이옵니까. 수많은 천만 연화가 염부단금으로 줄기가 되고, 백은으로 잎이 되고, 금강으로 꽃술이 되고, 견숙가보배로 꽃받침이 되었습니까."

15절　이때 석가모니부처님이 문수사리보살에게 말씀하셨습니다.

16절　"이는 묘음보살마하살이 정화수왕지부처님의 국토에서 팔만 사천 보살들에게 둘러싸여 이 사바세계에 와서 나에게 공양하고 친견하며 가까이하여 예배하려는 것이며, 또한 공양하고 법화경을 듣고자 하는 것이니라."

17절 문수사리보살이 부처님께 말씀을 드렸습니다.

18절 "세존이시여, 이 보살이 어떠한 선근을 심었으며, 어떠한 공덕을 닦았기에 능히 이러한 큰 신통력이 있으며, 어떠한 삼매를 행하나이까. 원하옵건대 저희들에게 이 삼매의 이름을 말씀하여 주옵소서. 저희들도 또한 부지런히 닦고 행하여 이 삼매의 행으로 이에 능히 이 보살의 몸매의 크고 작음과, 위의를 가서 보려 하옵니다. 오직 원하옵건대 세존께서 신통의 힘으로 그 보살의 오는 것을 저희들이 볼 수 있게 하여 주시옵소서."

19절 이때 석가모니부처님께서 문수사리보살에게 말씀하셨습니다.

20절 "오래 전에 세상을 떠나신 다보여래께서 마땅히 너희들을 위하여 그 모습을 나타나게 하시리라."

21절 이때 다보부처님께서 그 보살에게 말씀하셨습니다.

22절 "선남자여, 오너라. 문수사리법왕자보살이 그대의 몸을 보고자 하노라."

23절 이때 묘음보살은 그 국토에서 **빠져나와서** 팔만 사천 보살들과 더불어 함께 왔습니다. 지나오는 모든 국토들이 여섯 가지로 진동하고, 모두 다 일곱 가지 보물들로 이루어진 연꽃의 비가 내리며, 백천 가지 하늘의 악기가 두드리지 않아도 저절로 울리었습니다.

24절 이 보살의 눈은 넓고 큰 청련화와 같으며, 그 얼굴의 단정한 것이 백천만 개의 달을 화합한 것보다도 더 훌륭하며, 거듭하여 그 몸은 황금빛인데 헤아릴 수 없는 백천 공덕으로 장엄하였고, 위덕이 매우 훌륭하고 광명이 찬란하게 비추어 여러 가지의 모습을 구족한 것이 나라연의 견고한 몸과 같았습니다.

25절 일곱 가지의 보배들로 이루어진 대에 들어가 허공으로 올라가. 일곱 다라수 떠서 모든 보살 대중의 공경을 받으며 둘러싸여 와서, 이 사바세계의 기사굴산에 이르러서는 일곱 가지 보물들로 이루어진 대에서 내려와 값이 백천 만금이나 가는 영락을 가지고, 석가모니 부처님 계신 데 이르러 머리를 조아려 발에 예배하고 영락을 받들어 올리면서 부처님께 말씀을 드렸습니다.

26절

1행 "세존이시여, 정화수왕지 부처님께서 세존께 문안하셨습니다. '조그만 병도 없으시고, 조그만 번거러움도 없으시며, 기거하시기 편안하시고, 안락하게 생활하십니까. 사대가 조화롭고, 화평하십니까. 세상일이 가히 참으실만 하십니까. 중생들은 제도하기 쉬우십니까. 탐욕과 성냄과 어리석음과 질투하고 인색하고 교만이 많지는 아니합니까.'"

2행 "'부모에게 불효하고, 사문을 공경하지 아니하고, 삿된 소견과 착하지 않은 마음을 가지거나, 다섯 가지

정욕에 탐착하지는 않습니까. 세존이시여, 중생들이 능히 모든 마군의 원수를 잘 항복받나이까. 오래 전에 세상을 떠나신 다보여래께서는 일곱 가지 보배들로 이루어진 탑 가운데에 계시면서 법을 들으러 오십니까.'"

27절 또 다보여래께 문안하였습니다.

28절

1행 "편안하시고 번거로움이 없으시며, 참으실만 하시며 오래 머무시나이까."

2행 "세존이시여, 제가 지금 다보부처님 몸을 뵈오려 하오니, 오직 원하건대 세존께서 저로 하여금 뵈옵게 하여 주옵소서."

29절 이때 석가모니부처님께서 다보부처님께 말씀하시었습니다.

30절 "이 묘음보살이 만나 뵈옵고자 하나이다."

31절 이때 다보부처님께서 묘음보살에게 말씀하셨습니다.

32절 "착하고, 착하도다. 그대는 능히 석가모니부처님께 공양을 올리고 또 법화경을 듣고 아울러 문수사리보살 등을 보기 위하여 여기에 왔구나."

33절 이때 화덕보살이 부처님께 말씀을 드렸습니다.

34절 "세존이시여, 이 묘음보살이 어떠한 선근을 심고 어떠한 공덕을 닦았기에, 이러한 신통의 힘이 있습니까."

부처님께서 화덕보살에게 말씀하셨습니다.

36절

1행 "지난 세상에 부처님께서 계시었으니 명호가 운뢰음왕다타아가도, 아라하, 삼먁삼불타이시고, 국토의 이름은 현일체세간이며, 겁의 이름은 희견이었느니라."

2행 "묘음보살은 일만 이천 년 동안을 십만 가지 악기로 연주하여 운뢰음왕부처님께 공양하고, 아울러 일곱 가지 보배들로 이루어진 팔만 사천 개의 발우를 받들어 올렸느니라. 이와 같은 인연과 과보로 지금 정화수왕지 부처님 국토에 태어나서 이러한 신통의 힘이 있는 것이니라."

3행 "화덕이여, 너는 어떻게 생각하느냐. 이때 운뢰음왕부처님께서 계신 곳에서 묘음보살로서 악기로 연주하여 공양하고 보배 발우를 받든 자가 어찌 다른 사람이겠느냐. 지금의 이 묘음보살마하살이니라."

4행 "화덕이여, 이 묘음보살은 이미 일찍이 헤아릴 수 없는 많은 부처님들께 공양하고 친하고 가까이 모시므로 오래도록 덕의 근본을 심었고, 또 항하사 등의 백천만억 나유타 부처님들을 만났느니라."

5행 "화덕이여, 그대는 단지 묘음보살의 그 몸이 여기에 있는 줄로만 보지만, 이 보살은 가지가지의 몸을 나타내어 여러 곳에서 모든 중생들을 위하여 이 법화경을 펼쳐서 말하느니라."

"혹은 범천왕의 형상으로 나타나고, 혹은 제석천왕의
형상으로 나타나고, 혹은 자재천의 형상으로 나타나
고, 혹은 대자재천의 형상으로 나타나고, 혹은 하늘의
대장군의 형상으로 나타나고, 혹은 비사문천왕의 형
상으로 나타나느니라."

"혹은 전륜성왕의 형상으로 나타나고, 혹은 여러 작
은 왕의 형상으로 나타나고, 혹은 장자의 형상으로 나
타나고, 혹은 거사의 형상으로 나타나고, 혹은 재상의
형상으로 나타나고, 혹은 바라문의 형상으로 나타나
느니라."

"혹은 비구, 비구니의 형상으로 나타나고, 혹은 우바
새, 우바이의 형상으로 나타나며, 혹은 장자와 거사
부인의 형상으로 나타나고, 혹은 공무원 부인의 형상
으로 나타나고, 혹은 바라문의 부인 형상으로 나타나
느니라."

"혹은 동남동녀의 형상으로 나타나며, 혹은 하늘, 용,
야차, 건달바, 아수라, 가루라, 긴나라, 마후라가, 사
람, 사람 아닌 이들의 형상으로도 나타나서 이 법화경
을 펼쳐서 말하느니라."

"모든 지옥과 아귀와 축생과 더불어 여러 어려운 곳에
서도 모두 능히 구제하며, 내지 임금의 후궁에서는 여
자의 형상으로 변화하여 이 법화경을 펼쳐서 말하느
니라."

11행 "화덕이여, 이 묘음보살은 능히 사바세계의 모든 중생들을 구호하는 자이니라."

12행 "이 묘음보살은 이와 같은 가지가지로 변화하는 몸을 나타내어 이 사바세계에 있어 모든 중생들을 위하여 이 법화경을 펼쳐서 말하지마는, 그 신통한 변화와 지혜는 조금도 손실되거나 감소하지 않느니라."

13행 "이 보살이 약간의 지혜로써 사바세계를 밝게 비추어 일체 중생들로 하여금 각각 알만한 것을 얻게 하며, 시방의 항하사 세계 가운데에서도 또한 거듭하여 이와 같느니라."

14행 "만일 응당 성문의 형상으로 제도할 자에게는 성문의 형상을 타나내어 이를 위하여 법을 펼쳐서 말하고, 벽지불의 형상으로 제도할 자에게는 벽지불의 형상을 나타내어 이를 위하여 법을 펼쳐서 말하고, 응당 보살의 형상으로 제도할 자에게는 보살의 형상을 나타내어 이를 위하여 법을 펼쳐서 말하고, 응당 부처의 형상으로 제도할 자에게는 곧 부처님의 형상으로 나타내어 이를 위하여 법을 펼쳐서 말하느니라."

15행 "이와같이 가지가지로 응당 제도할 자를 따라서 이를 위하여 형상을 나타내며, 내지 응당 세상을 떠나는 것으로써 제도할 자에게는 세상을 떠나는 것으로 나타내여 보여 주느니라."

16행 "화덕이여, 묘음보살마하살이 큰 신통력과 지혜의 힘을 성취한 그 일이 이와 같느니라.”

37절 이때 화덕보살이 부처님께 말씀을 드렸습니다.

38절

1행 “세존이시여, 이 묘음보살은 선근을 깊이 심었나이다.”

2행 “세존이시여, 이 보살이 어떠한 삼매에 머물렀기에, 능히 이와같이 있는 바에 따라 변화하여 나타나서 중생들을 제도하여 해탈시키나이까.”

39절 부처님께서 화덕보살에게 말씀하셨습니다.

40절 “선남자여, 그 삼매의 이름은 일체 형상의 모습을 나타내는 것이라 하나니 묘음보살은 이 삼매 가운데에 머물러서 능히 이와같이 헤아릴 수 없는 중생들을 크게 이익 되게 하느니라.”

41절 이 묘음보살품을 펼쳐서 말씀 하실 때에, 더불어 묘음보살과 함께 왔던 팔만 사천 사람들은 모두 다 일체 형상의 모습을 나타내는 삼매를 얻었고, 이 사바세계의 헤아릴 수 없는 보살들도 또한 이 삼매와 더불어 다라니를 얻었습니다.

42절 이때 묘음보살마하살은 석가모니부처님과 더불어 다보 부처님탑에 공양함을 마치고 본국으로 돌아갔는데, 지나가는 모든 국토들이 여섯 가지로 진동하였고, 보배 연꽃이 비 내리듯 하였으며, 백천만억 가지가지의 악기가 연주되어 울려 퍼졌습니다.

43절 본국으로 돌아가서는 더불어 팔만 사천 보살들에게 둘러싸여 정화숙왕지 부처님 처소에 이르러 부처님께 말씀을 드렸습니다.

44절

1행 "세존이시여, 제가 사바세계에 가서 중생들을 크게 이익 되게 하고, 석가모니 부처님과 더불어 다보 부처님 탑을 뵈옵고 예배하고 공양을 하였습니다."

2행 "또한 문수사리법왕자보살을 보았사오며, 겸하여 약왕보살과 득근정진력보살과 용시보살들을 보았고, 또한 이 팔만 사천 보살들로 하여금 일체 형상의 모습을 나타내는 삼매를 얻게 하였습니다."

45절 이 묘음보살내왕품을 펼쳐서 말할 때, 사만 이천의 천자들이 일어남이 없는 법의 자리를 얻었고, 화덕보살은 법화삼매를 얻었습니다.

묘법연화경 妙法蓮華經

제7권 第七卷

25 관세음보살보문품 二十五 觀世音菩薩普門品

1장

1절 이때 무진의보살이 곧 자리에서 일어나 오른쪽 어깨를 드러내고 부처님을 향하여 합장하고 이렇게 말하였습니다.

2절 "세존이시여, 관세음보살은 어떠한 인연으로 관세음이라 이름하나이까."

3절 부처님께서 무진의보살에게 말씀하셨습니다.

4절

1행 "선남자여, 만약 헤아릴 수 없는 백천만억 중생들이 모든 괴로움을 받을 적에, 이 관세음보살의 명호를 듣고 한마음으로 관세음보살의 명호를 부르면, 즉시 그 음성을 관하고 모두 다 해탈을 얻게 될 것이니라."

2행 "만약 이 관세음보살의 명호를 지니는 자는 설령 큰 불에 들어가도 불이 능히 태우지 못하나니, 이 보살의 위엄과 신통한 힘인 까닭이며. 만약 큰물에 떠내려가더라도 그 명호를 일컬으면 곧 얕은 곳에 닿게 되느니라."

3행 "만약 백천만억 중생들이 금, 은, 유리, 자거, 마노, 산호, 호박, 진주 등의 보배를 구하려고, 큰 바다에 들어갔다가 가사 폭풍을 만나 그 배가 나찰들의 귀신 나라에 표류하여 도착하였을 적에, 그 가운데 만약 한 사람만이라도 관세음보살의 명호를 부르는 자가 있으면 여러 사람들이 모두 나찰로 인한 어려움에서 벗어

남을 얻게 될 것이니. 이러한 인연으로 관세음보살이
라 이름하느니라."

4행 "만약 거듭하여 어떤 사람이 마땅히 피해를 당하게 되
었더라도 관세음보살의 명호를 부르는 자라면 저들이
가졌던 칼과 몽둥이가 갑자기 조각조각 끊어져서 벗
어남을 얻을 것이니라."

5행 "만약 삼천 대천세계에 가득한 야차와 나찰들이 와서
사람을 괴롭히려 하다가도, 그 사람이 관세음보살의
명호를 칭송하는 것을 들으면 이 모든 악한 귀신들은
능히 흉악한 눈으로 보지도 못하겠거늘 하물며 거듭
하여 해할 수 있겠느냐."

6행 "설령 거듭하여 어떤 사람이 만일 죄가 있거나 만일
죄가 없거나 간에 수갑과 고랑과 칼과 사슬이 그의 몸
을 속박하였을 적에 관세음보살의 명호를 칭송하면,
모두 다 부서지고 끊어져서 곧 벗어남을 얻게 될 것이
니라."

7행 "만약 삼천 대천세계에 도적이 가득 찼을 적에, 어떤
상인의 우두머리가 귀중한 보물을 가진 많은 상인들
을 데리고 험난한 길을 지나갈 적에, 그 가운데서 한
사람이 소리높여 말하였느니라.

8행 "'여러 선남자들이여, 무서워하지 말고, 그대들은 응
당 마땅히 한마음으로 관세음보살의 명호를 칭송하여
라. 이 보살은 능히 중생들의 두려움을 없애주나니,

그대들이 만일 그 명호를 칭송한다면 이 원수인 도적들의 난을 마땅히 벗어나게 될 것이니라.'하였느니라."

9행 "여러 상인들이 이 말을 듣고 함께 소리를 내어 '나무 관세음보살'을 부르면, 그 명호를 부른 연고로 곧 벗어나게 될 것이니라."

10행 "무진의여, 관세음보살마하살의 위엄과 신통한 힘이 높고 큰 것이 이와 같으니라."

11행 "만약 어떤 중생들이 음욕이 많더라도, 항상 관세음보살을 생각하고 공경하면 곧 음욕에서 벗어남을 얻게 될 것이니라."

12행 "만약 성내는 마음이 많더라도, 항상 관세음보살을 생각하고 공경하면, 곧 성내는 마음에서 벗어남을 얻게 될 것이니라."

13행 "만약 어리석은 마음이 많더라도 항상 관세음보살을 생각하고 공경하면, 곧 어리석음에서 벗어남을 얻게 될 것이니라."

14행 "무진의여, 관세음보살은 이와 같은 큰 위엄과 신통한 힘이 있으므로 더욱더 이익 되게 하는 바가 많으니라. 그러하므로 중생들은 항상 응당히 마음으로 생각할 것이니라."

15행 "만약 어떤 여인이 설령 아들을 낳기 위하여 관세음보살께 예배하고 공양을 올리면, 곧 복덕이 많고 지혜 있는 아들을 낳게 되며, 설령 딸을 낳기를 원한다면, 곧 단정하고 잘생긴 모습이 있고, 그리고 전세에 덕의 근본을 심었으므로 모든 사람이 사랑하고 공경하는 딸을 낳을 것이니라."

16행 "무진의여, 관세음보살은 이와 같은 힘이 있으므로, 만일 중생들이 관세음보살을 공경하고 예배하면 복이 헛되거나 줄어들지 않으리니, 이러한 까닭으로 중생들은 모두 다 응당 관세음보살의 명호를 받아 지녀야 할 것이니라."

17행 "무진의여, 만약 어떤 사람이 육십이억 항하사 보살의 명호를 받아 지니고, 거듭하여 몸이 다하도록 음식과 의복과 침구와 의약으로 공양을 올린다면, 그대는 어떻게 생각하느냐. 이 선남자 선여인의 공덕이 얼마나 많겠느냐."

5절 무진의 보살이 말하였습니다.

6절 "매우 많겠습니다. 세존이시여."

7절 부처님께서 말씀하셨습니다.

8절

1행 "만약 거듭하여 어떤 사람이 관세음보살의 명호를 받아 지니고 내지 한때만이라도 예배하고 아울러 공양을 올린다면, 이 두 사람의 복이 같으며 다름이 없어서 백천만억겁에 이르러도 가히 다하지 아니할 것이니라,"

2행 "무진의여, 관세음보살의 명호를 받아 지니면, 이와 같이 헤아릴 수 없고 끝이 없는 복덕과 이익을 얻을 것이니라."

9절 무진의보살이 부처님께 말씀을 드렸습니다.

10절 "세존이시여, 관세음보살은 어떻게 이 사바세계에 다니시며, 어떻게 중생들을 위하여 법을 펼쳐서 말하며, 방편의 힘으로 하시는 그 일은 어떠한 것입니까."

11절 부처님께서 무진의 보살에게 말씀하셨습니다.

12절

1행 "선남자여, 만약 어떤 국토의 중생으로서, 응당 부처의 형상으로서 제도할 자에게는, 관세음보살은 곧 부처의 형상으로 나타내어 이들을 위하여 법을 펼쳐서 말하느니라."

2행 "응당 벽지불의 형상으로 제도할 자에게는 곧 벽지불의 형상을 나타내어 이들을 위하여 법을 펼쳐서 말하느니라."

3행 "응당 성문의 형상으로 제도할 자에게는 곧 성문의 형상을 나타내어 이들을 위하여 법을 펼쳐서 말하느니라."

4행 "응당 범천의 형상으로 제도할 자에게는 곧 범천의 형상을 나타내어 이들을 위하여 법을 펼쳐서 말하느니라."

5행 "응당 제석천의 형상으로 제도할 자에게는 곧 제석천의 형상을 나타내어 이들을 위하여 법을 펼쳐서 말하느니라.”

6행 “응당 자재천의 형상으로 제도할 자에게는 곧 자재천의 형상을 나타내어 이들을 위하여 법을 펼쳐서 말하느니라.”

7행 “응당 대자재천의 형상으로 제도할 자에게는 곧 대자재천의 형상을 나타내어 이들을 위하여 법을 설하느니라.”

8행 “응당 하늘 대장군의 형상으로 제도할 자에게는 곧 하늘 대장군의 형상을 나타내어 이들을 위하여 법을 펼쳐서 말하느니라.”

9행 “응당 비사문의 형상으로 제도할 자에게는 곧 비사문의 형상을 나타내어 이들을 위하여 법을 펼쳐서 말하느니라.”

10행 “응당 작은 왕의 형상으로 제도할 자에게는 곧 작은 왕의 형상을 나타내어 이들을 위하여 법을 펼쳐서 말하느니라.”

11행 “응당 장자의 형상으로 제도할 자에게는 곧 장자의 형상을 나타내어 이들을 위하여 법을 펼쳐서 말하느니라.”

12행 “응당 거사의 형상으로 제도할 자에게는 곧 거사의 형상을 나타내어 이들을 위하여 법을 펼쳐서 말하느니라.”

13행 "응당 재상의 형상으로 제도할 자에게는 곧 재상의 형상을 나타내어 이들을 위하여 법을 펼쳐서 말하느니라."

14행 "응당 바라문의 형상으로 제도할 자에게는 곧 바라문의 형상을 나타내어 이들을 위하여 법을 펼쳐서 말하느니라."

15행 "응당 비구, 비구니, 우바새, 우바이의 형상으로 제도할 자에게는 비구, 비구니, 우바새, 우바이의 형상을 나타내어 이들을 위하여 법을 펼쳐서 말하느니라."

16행 "응당 장자, 거사, 재상, 바라문 부인의 형상으로 제도할 자에게는 곧 부인들의 형상을 나타내어 이들을 위하여 법을 펼쳐서 말하느니라."

17행 "응당 동남동녀의 형상으로 제도할 자에게는 곧 동남동녀의 형상을 나타내어 이들을 위하여 법을 펼쳐서 말하느니라."

18행 "응당 하늘, 용, 야차, 건달바, 아수라, 가루라, 긴나라, 마후라가, 사람, 사람 아닌 이들의 형상으로 제도할 자에게는 곧 모두의 그 형상을 나타내어 이들을 위하여 법을 펼쳐서 말하느니라."

19행 "응당 집금강신으로 제도할 자에게는 곧 집금강신을 나타내어 이들을 위하여 법을 펼쳐서 말하느니라."

20행 "무진의여, 이 관세음보살은 이와 같은 공덕을 성취하고, 가지가지 형상으로 여러 국토에 다니면서 중생들을 제도하여 해탈하게 하느니라.”

21행 “이러한 연고로 그대들은 응당 마땅히 한결같은 마음으로 관세음보살께 공양하여야 하느니라.”

22행 “이 관세음보살마하살은 무섭거나 두렵거나 급한 환난 가운데에서 능히 두려움이 없게 하나니, 그러므로 이 사바세계에서 모두 그를 이름하여 두려움이 없게 하여 주는 분이라 하는 것이니라.“

13절 무진의보살이 부처님께 말하였습니다.

14절 “세존이시여, 제가 지금 마땅히 관세음보살님께 공양을 올리고자 하옵니다.”하고

15절 곧 목에 장식하였던, 많은 보배 구슬의 영락 등 값이 백천금이나 되는 것들을 풀어서 드리면서 이렇게 말하였습니다.

16절 “어지신 분이시여, 이 법답게 보시하는 진귀한 보배의 영락을 받아 주옵소서.”

17절 이때 관세음보살은 굳이 이것을 받지 않으려 하거늘, 무진의가 거듭하여 관세음보살께 말하였습니다.

18절 “어지신 분이시여, 우리들을 가엾게 여기시어 드리는 이 영락을 받아 주시옵소서.”

19절 이때 부처님께서 관세음보살에게 말씀하셨습니다.

20절 “마땅히 이 무진의보살과 또 사부대중과 하늘, 용, 야차, 건달바, 아수라, 가루라, 긴나라, 마후라가, 사람, 사람 아닌 이들을 가엾게 여겨서 이 영락을 받을 것이

니라.”

21절 즉시 관세음보살이 사부대중과 하늘, 용, 사람, 사람 아닌 이들을 가엾게 여기므로 그 영락들을 받아 두 몫으로 나누어, 한 몫은 석가모니 부처님께 받들어 올리고, 한 몫은 다보 부처님 탑에 받들어 올렸습니다.

22절 “무진의여, 관세음보살에게는 이와같이 자유자재한 신통의 힘이 있어서 사바세계에 노니는 것이니라.”

2장

1절 이때 무진의보살이 게송으로 말씀하셨습니다.

2절 묘한 상호를 갖추신 세존이시여,
제가 지금 저 일을 거듭 여쭈옵니다.
부처님 제자는 어떠한 인연으로
관세음보살이라 이르나이까.

3장

1절 묘한 상호 갖추신 세존께서는 게송으로 무진의에게 대답하셨습니다.

2절 그대는 잘 들어라. 관세음의 행이
모든 장소에서 잘 응함이라.
큰 서원은 바다와 같이 깊어
여러 겁 동안에도 가히 헤아릴 수 없는
많은 천억 부처님을 모셔 받들며
청정한 큰 서원을 세웠느니라.

3절 내가 너를 위하여 간략하게 펼쳐서 말하리니,

그 명호를 듣고 또 형상을 보아
마음에 생각하고 헛되게 보내지 아니하면
능히 모든 있는 괴로움을 소멸할 것이니라.

4절 가령 어떤 이가 해치려는 생각을 품고
큰 불구덩이에 밀어서 떨어뜨려도
저 관세음의 거룩한 힘을 생각하면
불구덩이 연못으로 변하게 될 것이니라.

5절 혹은 큰 바다에 빠져서 떠내려갈 때,
용과 고기, 여러 귀신들의 난을 만나도
저 관세음의 거룩한 힘을 생각하면
사나운 물결도 능히 빠뜨리지 못할 것이니라.

6절 혹은 수미산 봉우리에 서 있을 적에
어떤 이가 밀어서 떨어뜨려도
저 관세음의 거룩한 힘을 생각하면
해와 같이 허공에 머무르게 될 것이니라.

7절 혹은 흉악한 사람에게 쫓겨 가다가
금강산에서 떨어져 굴러내려도
저 관세음의 거룩한 힘을 생각하면
능히 털 하나도 손상되지 않을 것이니라.

8절 혹은 원수인 도적에게 둘러싸여서
제각기 칼을 들고 해하려 하여도
저 관세음의 거룩한 힘을 생각하면
모두 다 곧 자비한 마음을 일으키게 될 것이니라.

9절 혹은 국법에 걸려들어서
사형을 당하여 죽게 되더라도
저 관세음의 거룩한 힘을 생각하면
칼날이 조각조각 꺾이고 부서질 것이니라.

10절 혹은 옥중에 갇혀서 큰 칼을 쓰고
손발에 쇠고랑, 쇠사슬을 채웠더라도
저 관세음의 거룩한 힘을 생각하면
저절로 풀어져서 벗어남을 얻을 것이니라.

11절 방자한 저주와 여러 독한 약으로
몸을 해치고자 하는 자는
저 관세음의 거룩한 힘을 생각하면
도리어 그 사람을 해하게 될 것이니라.

12절 혹은 흉악한 나찰이나
독한 용이나 여러 가지 귀신을 만나더라도
저 관세음의 거룩한 힘을 생각하면
이때 모두 감히 해하지 못하게 될 것이니라.

13절 만약 악독한 짐승들에 둘러싸여서
험상한 이와 발톱 위협받아도
저 관세음의 거룩한 힘을 생각하면
그것들은 먼 곳으로 사라지게 될 것이니라.

14절 도마뱀, 살무사, 또 독사, 전갈이
독기를 불꽃처럼 내뿜더라도
저 관세음의 거룩한 힘을 생각하면

소리 듣고 스스로 회피하여 가게 될 것이니라.

15절 구름과, 천둥과, 번개,
우박과 폭우와 큰비가 퍼붓더라도
저 관세음의 거룩한 힘을 생각하면
응당 삽시간에 흩어져 걷히게 될 것이니라.

16절 중생들이 피곤함과 재앙을 입어
헤아릴 수 없는 괴로움이 몸을 핍박하더라도
관세음의 기묘한 지혜의 힘이
능히 세간의 괴로움에서 구해 주게 될 것이니라.

17절 묘한 신통의 힘 모두 갖추고
널리 지혜의 방편을 닦아서
시방의 모든 세계 어디서든지
몸을 나투지 아니한 곳이 없느니라.

18절 가지가지 험하고 여러 나쁜 갈래인
지옥과 아귀와 축생 등과
태어나고, 늙고, 병들고, 죽는 고통을
점차 모두 다 없애 버리게 될 것이니라.

19절 진실로 보고, 청정하게 보고
넓고 큰 지혜로 보고
슬픔으로 보고, 사랑으로 보는
언제나 원하옵고 항상 우러러 볼 것이니라.

20절 때없이 청정한 광명인 지혜로
해와 같이 모든 어둠을 부수고

능히 풍재와 화재들을 굴복시켜
널리 세상을 밝게 비출 것이니라.

21절 자비를 몸으로 하는 계는 우뢰와 같고
인자하온 마음은 묘한 큰 구름 같아서
감로 같은 법비를 뿌려서
번뇌의 더운 불꽃을 소멸시킬 것이니라.

22절 다투고 송사하는 관청에서나
무섭고 겁이 나는 전쟁터에서나
저 관세음의 거룩한 힘을 생각하면
원수의 무리들을 모두 물리쳐서 흩어버릴 것이니라.

23절 묘한 관세음의 음성
청정한 음성, 바다의 파도 같은 음성
세간의 소리를 뛰어 넘으니
이러므로 모름지기 항상 생각하여야 할 것이니라.

24절 생각생각 의심을 일으키지 말라.
관세음의 거룩한 성자가
온갖 고뇌와 죽을 액난 가운데서
능히 의지처가 되느니라.

25절 온갖 공덕을 모두 갖추어
자비의 눈으로 중생들을 보며
쌓여 바다처럼 헤아릴 수 없으니
이런고로 응당히 예경하고 존중하여야 할 것이니라.

4장

1절 이때에 지지보살이 곧 자리에서 일어나 부처님 앞에 나아가 말씀을 드렸습니다.

2절 "세존이시여, 만약 어떤 중생들이 이 관세음보살보문품의 자재한 업과 널리 펴보이고 나타내는 신통한 힘을 듣는 자는 마땅히 이 사람의 공덕이 적지 않음을 알겠습니다."

3절 부처님께서 이 보문품을 펼쳐서 말씀하실 때 대중 가운데 팔만 사천의 중생들이 모두 다 위없이 높고 바른 완전한 깨달음의 마음을 일으켰습니다.

묘법연화경 妙法蓮華經

제7권 第七卷

26 다라니품 二十六 陀羅尼品

1장

1절 이때 약왕보살이 곧 자리에서 일어나 오른쪽 어깨를 드러내고 부처님을 향하여 합장을 하고 말씀을 드렸습니다.

2절 "세존이시여, 만약 어떤 선남자 선여인이 능히 법화경을 받아 지니는 자가 만일 읽고 외우고 이치에 통달하거나 만일 법화경을 여러 권 사경하여 쓴다면, 그 얼마나 많은 복을 얻겠습니까."

3절 부처님께서 약왕보살에게 말씀하셨습니다.

4절 "만약 선남자 선여인이 팔백만억 나유타 항하사 등과 같이 많은 부처님에게 공양한다면 너는 어떻게 생각하느냐. 그의 얻는 복덕이 많다 하겠느냐."

5절 "매우 많겠습니다, 세존이시여."

6절 부처님께서 말씀하셨습니다.

7절 "만일 선남자 선여인이 능히 이 법화경에서 내지 하나의 사구게만이라도 받아 지녀서, 읽고 외우고 뜻을 해설하여 가르침과 같이 수행한다면 그 공덕은 매우 많느니라."

2장

1절 이때 약왕보살이 부처님께 말씀을 드렸습니다.

2절 "세존이시여, 제가 이제 마땅히 법을 펼쳐서 말하는 자에게는 다라니의 신묘한 주문을 주어 수호하게 하겠습니다."

3절 곧 주문을 말하였습니다.

4절 "안니 만니 마네 마마네 지례 자리뎨 샤마 샤리다위 선뎨 목뎨 목다리 사리 아위사리 상리 사리 사예 아 사예 아기니 선뎨 샤리 다라니 아로가바사파자빅사니 네비뎨 아변다라네리뎨 아단다바례수디 구구례 모구 례 아라례 바라례 수가차 아삼마삼리 붓다바기리질뎨 달마바리차뎨 싱가녈구사네 바사바사수지 만다라 만 다라사야다 우루다 우루다교사략 악사라 악사야다야 아바로 아마야나다야 사바하."

5절 "세존이시여, 이 다라니 신묘한 주문은 육십이억 항 하사의 모든 부처님들이 펼쳐서 말씀하신 것이오며, 만약 이 법의 스승을 침노하고 훼손하는 자는 곧 많은 부처님을 침노하고 훼손하게 되는 것입니다."

6절 이때 석가모니 부처님께서 약왕보살을 칭찬하셨습니 다.

7절 "착하고, 착하여라, 약왕이여. 그대가 이 법을 펼쳐서 말하는 스승을 가엾이 여기고 옹호하기 위하여 이 다 라니를 펼쳐서 말하니, 모든 중생들을 이익 되게 함이 더욱더 많을 것이니라."

3장

1절 이때 용시보살이 부처님께 말씀드렸습니다.

2절 "세존이시여, 저도 또한 이 법화경을 읽고 독송하고 받아 지니는 자를 옹호하기 위하여 다라니를 펼쳐서 말하겠나이다. 만일 이 법을 펼쳐서 말하는 스승이 이 다라니를 얻으면 만약 야차나 만약 나찰이나, 만약 부단나나, 만약 길자나, 만약 구반다나, 만약 아귀 등이 그의 부족한 것을 찾으려 하여도 능히 찾을 수가 없을 것입니다.”

3절 곧 부처님 앞에서 신묘한 주문을 말하였습니다.

4절 “자례 마하자례 우지 목지 아례 아라바제 열례제 열례다바제 이디니 위디니 지디니 열례지니 열리지바디 사바하.”

5절 “세존이시여, 이 다라니는 신묘한 주문으로써 항하사 등과 같은 많은 부처님들의 펼쳐서 말씀하신 바이며, 또한 모두 따라서 기뻐하는 것이니, 만일 이 법을 펼쳐서 말하는 스승을 침노하고 훼손하는 이는 곧 여러 부처님들을 침노하고 훼손함이 되는 것이옵니다.”

4장

1절 이때 세상을 보호하는 비사문천왕이 부처님께 말씀을 드렸습니다.

2절 “세존이시여, 저도 또한 중생들을 가엾이 여기며 이 법을 펼쳐서 말하는 스승을 옹호하기 위하여 이 다라니를 펼쳐서 말하겠습니다.”

3절 곧 신묘한 주문을 펼쳐서 말하였습니다.

4절 “아리 나리 노나리 아나로 나리 구나리 사바하”

5절 “세존이시여, 이 신묘한 주문으로써 법을 펼쳐서 말

하는 스승을 옹호하고, 저도 또한 스스로 이 법화경을
지니는 이를 옹호하여 백 유순 안에는 모든 재앙과 근
심 걱정이 없게 하겠습니다."

5장

1절 이때 지국천왕이 이 모임 가운데 있다가, 더불어 천만
억 나유타 건달바 대중들의 공경을 받으며 둘러싸여
서 부처님이 계신 앞으로 나아가서 합장하고 부처님
께 말하였습니다.

2절 "세존이시여, 저도 또한 다라니의 신묘한 주문으로써
법화경을 지니는 자를 옹호하겠습니다."

3절 곧 신묘한 주문을 펼쳐서 말하였습니다.

4절 "아가네 가네 구리 건다리 전타리 마등기 상구리 부루
사니 알저 사바하."

5절 "세존이시여, 이 다라니의 신묘한 주문은 사십이억
모든 부처님께서 설하신 바이며, 만약에 어떤 이가 이
법을 펼쳐서 말하는 스승을 침노하고 훼손하는 사람
이 있을 것 같으면 곧 모든 부처님을 침노하고 훼손하
는 것이 되는 것이옵니다."

6장

1절 이때 나찰녀들이 있었으니, 첫 번째의 이름은 남바이
고, 두 번째의 이름은 비남바이고, 세 번째의 이름은
곡치이고, 네 번째의 이름은 화치이고, 다섯 번째의
이름은 흑치이고, 여섯 번째의 이름은 다발이고, 일곱

번째의 이름은 무염족이고, 여덟 번째의 이름은 지영
락이고, 아홉 번째의 이름은 고제이고, 열 번째의 이
름은 탈일체중생정기라 하였습니다.

2절 이 열 명의 나찰녀가 귀신 어머니와 아울러 그 아들과
또 권속들과 함께 부처님 처소에 나아가서 함께 소리
내어 부처님께 말씀을 드렸습니다.

3절 "세존이시여, 우리들도 또한 법화경을 수지하고 독송
하고자 하는 자를 옹호해서 그의 재앙과 근심 걱정을
없애주고. 만약 법을 펼쳐서 말하는 스승의 허물을 찾
아서 꾸짖으려는 자가 있으면, 그로 하여금 찾아내지
못하도록 하겠습니다."

4절 곧 부처님 앞에서 신묘한 주문을 펼쳐서 말하였습니다.

5절 이제리 이제민 이제리 아제리 이제리 니리 니리 니리
니리 니리 루혜 루혜 루혜 루혜 다혜 다혜 다혜 도혜
로혜 사바하

6절 "차라리 나의 머리 위에 오를지언정 이 법을 펼쳐서
말하는 스승을 괴롭히지 못하게 할 것이니, 만약 야
차, 나찰, 아귀, 부단나, 길자, 비다라, 건타, 오마륵
가, 아발마라, 야차길자, 사람길자 등이거나, 만약 열
병이, 하루, 이틀, 사흘, 나흘, 내지 칠일이거나, 항상
있는 열병이거나, 만약 사내 형상, 여자 형상, 동자의
형상, 동녀의 형상들이 내지 꿈속에서라도 또한 거듭
하여 괴롭히지 못하게 하겠습니다."

7장

1절 곧 부처님 앞에서 게송으로 펼쳐서 말하였습니다.

2절 만약 나의 주문에 따르지 아니하고

법을 펼쳐서 말하는 자를 괴롭히면

머리를 일곱 조각으로 부수어

아리나무 가지와 같이 되게 하겠습니다.

3절 부모 죽인 죄와도 같아서

또한 기름을 짜는 것과 같은 벌을 받을 것이며

저울과 말을 속인 사람과

제바달다가 승가를 파괴한 죄와 같으니

법을 펼쳐서 말하는 스승을 범한 자는

마땅히 이와 같은 재앙을 받을 것이니라.

8장

1절 모든 나찰녀가 이 게송을 펼쳐서 말하고는 부처님께 말씀드렸습니다.

2절 "세존이시여, 저희들도 또한 마땅히 이 법화경을 몸으로 스스로 받아 지니고 읽고 외우고 닦아 행하는 이를 옹호하여, 편안함을 얻고, 모든 근심 걱정을 여의며, 많은 독약이 소멸되게 하겠습니다."

3절 부처님께서 여러 나찰녀들에게 말씀하셨습니다.

4절 "착하고, 착하여라. 너희들이 다만 능히 법화경의 이름만 받아 지니는 자를 옹호하여도 복을 가히 헤아릴 수가 없느니라."

5절   "하물며 구족하게 받아 지니며 경전에 공양하기를 꽃, 향, 영락, 가루향, 바르는 향, 사르는 향, 번개, 일산과 악기로 연주하고, 가지가지 등을 켜는데, 우유등, 기름등, 여러 향유등, 소마나꽃 기름등, 첨복화기름등, 바사가꽃기름등, 우발라꽃기름등 이와 같은 백천가지로 공양하는 자를 호위하고 보호함이야 말할 것이 있겠느냐."

6절   "고제여, 너희들과 또 권속들은 응당 마땅히 이와 같은 법을 펼쳐서 말하는 스승을 잘 호위하고 보호하여야 할 것이니라."

7절   이 다라니품을 펼쳐서 말씀하실 때, 육만 팔천의 사람들이 일어남이 없는 법의 자리를 얻었습니다.

묘법연화경 妙法蓮華經

제7권 第七卷

27 묘장엄왕본사품 二十七 妙莊嚴王本事品

이때 부처님께서 여러 대중들에게 말씀하셨습니다.

1행 "지나간 옛적에 헤아릴 수 없고 끝이 없는 가히 생각으로는 헤아리기 어려운 아승지겁 전에 부처님께서 계시었으니, 명호가 운뢰음숙왕화지다타아가도아라하삼먁삼불타이시고, 국토의 이름은 광명장엄이고, 겁의 이름은 희견이었느니라."

2행 "그 부처님의 법 가운데 왕이 있으니 이름이 묘장엄이고, 그 왕의 부인 이름은 정덕이며, 두 아들이 있었으니, 하나는 정장이며, 다른 하나는 정안이었느니라."

3행 "이 두 아들이 큰 신통의 힘과 복덕과 지혜가 있고, 오래전부터 보살이 행하는 도를 닦았느니라."

4행 "이른바 보시바라밀, 지계바라밀, 인욕바라밀, 정진바라밀, 선정바라밀, 지혜바라밀, 방편바라밀과 자비희사와 내지 삼십칠 조도품의 법을 모두 다 명료하게 통달하였느니라."

5행 "또, 보살의 정삼매와 일성수삼매와 정광삼매와 정색삼매와 정조명삼매와 장장엄삼매와 대위덕장삼매를 얻었는데, 이런 삼매도 또한 모두 다 통달하였느니라."

6행 "이때 그 부처님께서 묘장엄왕을 인도하고자 또 중생들을 가엾이 생각하므로 이 법화경을 펼쳐서 말씀하셨느니라."

7행 "이때 정장, 정안 두 아들이 그 어머니에게 가서 열 손가락과 손바닥을 합하고 말씀을 드렸느니라."

8행 "'원하건대 어머니시여, 운뢰음숙왕화지 부처님 계신 데 가십시오. 저희들이 또한 마땅히 모시고 가까이 가서 공양하고 예배드리겠나이다. 그 까닭이 무엇인가 하면 이 부처님은 일체 천상, 인간, 대중들 가운데서 법화경을 펼쳐서 말씀하시오니, 마땅히 응당 듣고 받아 지니기를 바라옵니다.'"

9행 "어머니가 아들에게 말하였느니라."

10행 "'너의 아버지는 잘못된 도를 믿고 바라문의 법에 깊이 빠져 있으니, 너희들은 응당 아버지에게 가서 여쭙고 더불어 함께 가도록 하여라.'"

11행 "정장과 정안이 열 손가락을 합하고 어머니에게 말씀 드렸느니라."

12행 "'저희들은 이 법왕의 아들인데, 이 삿된 소견의 집에 태어났습니까.'하고 한탄하였느니라."

13행 "어머니가 아들에게 말하였느니라."

14행 "'너희들은 마땅히 너희 아버지를 가엾게 생각하여 신통 변화를 보여라. 만일 보게 된다면 마음이 반드시 맑고 깨끗해져서 혹여 듣고 우리와 함께 부처님 계신 곳에 가실 것이니라.'"

15행 "이에 두 아들은 그 아버지를 생각하여 허공으로 일곱 다라수쯤 올라가서 여러 가지 신통 변화를 나타내었나니, 허공 가운데에서 가고, 머무르고, 앉고, 눕고, 몸 위에서 물을 뿜기도하고, 몸 아래에서 불을 뿜기도 하고, 몸 아래에서 물을 뿜기도 하고, 몸 위에서 불을 뿜기도 하였느니라."

16행 "혹은 큰 몸을 나타내서 허공 가운데 가득하기도 하고, 또 거듭하여 작은 몸을 나타내기도 하고, 작은 몸을 다시 큰 몸으로 나타내기도 하며, 공중에서 없어져서 홀연히 땅 위에 있기도 하고, 땅속에 들어가기를 물과 같이 하고, 물 위를 다니기를 땅과 같이 하며, 이와같이 가지가지 신통 변화를 나타내서 그 아버지 왕으로 하여금 마음이 깨끗해져 믿고 이해하게 하였느니라."

17행 "이때 아버지는 아들들의 신통한 힘이 이와 같음을 보고, 마음이 크게 기뻐서 일찍이 있지 않음을 얻고는 합장하고 아들들을 향하여 말하였느니라."

18행 "'너희들의 스승은 누구이며 누구의 제자이더냐.'"

19행 "두 아들이 말하였느니라."

20행 "'대왕님이시여, 저 운뢰음숙왕화지부처님께서 지금 일곱 가지 보배로 된 보리수 아래 있는 법의 자리 위에 앉으셔서 일체 세간의 천상, 인간 대중들에게 널리 법화경을 펼쳐서 말씀하시니, 이분이 저희들의 스승이옵고 저희들은 그분의 제자들이옵니다.'"

21행 "아버지가 아들들에게 말하였느니라."

22행 "'나도 이제 또한 너희들의 스승을 뵈옵고자 하니 가히 함께 가보자.'"

23행 "이에 두 아들들이 허공 가운데에서 내려와 그 어머니 앞에 가서 합장하고 말씀드렸느니라."

24행 "'부왕께서 지금 믿고 알아서 마땅히 위없이 높고 바른 완전한 깨달음의 마음을 일으켰습니다.'"

25행 "'저희들은 아버지를 위하여 부처님 일을 지었사오니, 원하건대 어머니께서는 청을 들어 주어서 저 부처님 계신 곳에 가서 출가하여 도를 닦도록 허락하여 주옵소서.'"

2장

1절 이때 두 아들들이 그 뜻을 거듭하여 펴고자 게송으로 어머니에게 말씀드렸느니라.

2절 원하건대 어머니시여, 저희들을 놓아 주셔서
출가하여 사문이 되게 하여 주옵소서.
모든 부처님을 만나기는 매우 어려운 일
저희들은 부처님을 따라 배우고자 하옵니다.

3절 우담발라꽃을 만나기 어려움과 같이
부처님을 만나기는 더욱더 어렵고
모든 어려움을 벗어나기도 또한 어려우니
간절히 청하건대
저희들의 출가를 허락하여 주옵소서.

1행 "어머니는 곧 일러 말하였느니라."

2행 "'너희들의 출가를 허락하느니라, 그 까닭이 무엇인가 하면 부처님을 만나기가 어려운 까닭이니라.'"

3행 "이에, 두 아들들은 부모님에게 말씀을 드렸느니라."

4행 "'거룩하십니다, 부모님이시여. 원하옵건대, 이제 운뢰음숙왕화지 부처님 계신 곳에 가셔서 친견하고 가까이 가셔서 공양을 올리시옵소서. 그 까닭이 무엇인가 하면 부처님을 만나기가 어려움이 우담발라꽃을 만나는 것과 같사오며, 또 애꾸눈 거북이가 떠다니는 나무의 구멍을 만남과 같기 때문입니다.'"

5행 "'저희들은 전생의 복이 지극히 두터워서 금생에 부처님 법을 만났습니다."

6행 "이러한 까닭으로 부모님께서 마땅히 저희들의 청을 들어 주셔서 출가함을 허락하여 주시옵소서."

7행 "그 까닭이 무엇인가 하면 모든 부처님을 만나기 어렵고, 그때를 또한 만나기 매우 어려운 일입니다.'"

8행 "그때 묘장엄왕의 후궁인 팔만 사천 사람이 모두 다 감당하여 맡아 이 법화경을 받아 지니었고, 정안보살은 법화삼매를 이미 오래 통달하였느니라."

9행 "정장보살은 이미 헤아릴 수 없는 백천만억겁 전에 모든 나쁜 갈래에서 벗어나는 삼매를 통달하여 일체 중생들로 하여금 모든 나쁜 갈래에서 벗어나게 한 까닭으로, 그 아버지 왕의 부인은 여러 부처님 모임에서 삼매를 얻어서 능히 여러 부처님의 비밀한 법장을 알았느니라."

10행 "두 아들이 이와 같은 방편의 힘으로 그 아버지를 잘 교화하여 마음으로 하여금 믿고 이해하게 하여 부처님 법을 좋아하게 하였느니라. 이에 묘장엄왕이 여러 신하와 권속들과 함께, 더불어 정덕부인은 후궁의 시녀들과 함께, 그 두 왕자와 더불어 사만 이천 사람과 함께, 일시에 부처님께서 계신 곳에 가서 머리를 조아려 발에 예배하고 부처님을 세번 돌고 물러가서 한쪽에 물러나 있었느니라."

11행 "이때 그 부처님께서 왕을 위하여 법을 펼쳐서 말씀하시어 보여 주시고, 가르쳐 주시고, 이익 되게 하여 주시고, 기쁘게 하여 주시니, 왕이 크게 기뻐하였느니라."

12행 "이때 묘장엄왕과 또 그 부인이 목에 꾸몄던 백천냥 값이 가는 진주 영락을 풀어서 부처님 위에 흩뿌리니, 허공 가운데에서 네 기둥의 보배의 대로 화하였고, 대 안에는 큰 보배 마루가 있어 백천만 가지 하늘 옷을 깔았는데, 그 위에 부처님께서 결가부좌를 하고 앉으셔서 큰 광명을 놓았느니라."

13행 "이때 묘장엄왕은 이렇게 생각하였느니라."

14행 "'부처님의 몸은 희유하시어 단정하고, 엄숙하고, 뛰어나고, 특별하여서, 제일 미묘한 형상을 성취하시었도다.'"

15행 "이때 운뢰음수왕화지 부처님께서 사부대중에게 말씀하셨느니라."

16행 "'너희는 이 묘장엄왕이 내 앞에 합장하고 서 있는 것을 보느냐. 이 왕이 나의 법 가운데에서 비구가 되어 부지런히 정진하여 부처님의 도를 돕는 법을 수행하고 익혀서 마땅히 부처님 이룸을 얻을 것이니라.'"

17행 "이름은 사라수왕이며 국토의 이름은 대광이고, 겁의 이름은 대고왕이니라. 그 사라수왕 부처님은 헤아릴 수 없는 보살 대중과 또 헤아릴 수 없는 성문이 있으며, 그 국토는 평평하고 반듯하니, 공덕이 이와 같느니라."

18행 "그 왕이 즉시 나라의 일을 아우에게 맡기고, 더불어 부인과 두 아들과 아울러 여러 권속들과 함께 부처님 법에 출가하여 도를 닦았느니라."

19행 "왕이 출가한 다음 팔만 사천 년 동안에 항상 부지런히 정진하여 묘법연화경을 수행하여서, 이후에 일체의 깨끗한 공덕을 장엄하는 삼매를 얻고는 곧 허공으로 일곱 다라수를 올라가서 부처님께 말씀을 드렸느니라."

20행 "'세존이시여, 저의 두 아들들이 부처님 일을 지어서 신통 변화로 저의 삿된 마음을 돌이켜서 부처님 법 가운데에 편안히 머무름을 얻게 하여 세존을 뵈옵는 것을 얻게 되었나이다.'"

21행 "'이 두 아들들은 저의 선지식이온데, 전생의 선근을 일으켜 저를 더욱더 이익 되게 하려고 저의 집에 와서 태어났습니다.'"

22행 "이때 운뢰음숙왕화지 부처님이 묘장엄왕에게 말씀하셨느니라."

23행 "'이와 같고 이와 같구나, 너의 말한 바와 같느니라. 선남자 선여인이 선한 씨앗을 심은 연고로 세세생생 선지식을 만나느니라. 그 선지식은 능히 부처님 일을 행하여 보여 주고, 가르쳐 주고, 이익 되게 하여 주고, 기쁘게 하여 주어서, 위없이 높고 바른 완전한 깨달음에 들어가게 하느니라.'"

23행 "'대왕이여, 마땅히 알아라. 선지식은 큰 인연이니, 이른바 교화하고 지도하여 부처님을 뵈옵게 하고 위없이 높고 바른 완전한 깨달음의 마음을 일으키게 하느니라.'"

24행 대왕이여, 그대는 이 두 아들을 보는가.
"'이 두 아들들은 이미 육십오백천만억 나유타 항하사의 많은 부처님께 공양을 올리고 친견하고 가까이하여 공경하였으며, 여러 부처님에게서 법화경을 받아 지니고, 삿된 소견 가진 중생들을 가엾이 여겨 바른 견해에 머무르게 하였느니라.'"

25행 "묘장엄왕이 곧 허공 가운데에서 내려와 부처님께 말씀드렸느니라."

26행 "'세존이시여, 여래께서는 매우 희유하신 분이십니다. 공덕과 지혜로 말미암아 머리 위 정수리에서 광명이 환히 빛나시고, 그 눈은 길고 넓고 검푸른 빛이시고, 미간의 백호의 모양은 마노 같은 달과같이 희고, 치아는 희고 가지런하고 정밀하며 항상 광명이 있고, 입술은 붉은색으로 아름다워 빈바의 열매와 같습니다.'"

27행 "이때 묘장엄왕은 부처님의 이와 같은 헤아릴 수 없는 백천만억 공덕을 찬탄하고는 여래의 앞에서 일심으로 합장하고 다시 부처님께 말씀드렸느니라."

28행 "'세존이시여, 일찍이 없었던 일이옵니다. 여래의 법은 가히 생각으로는 헤아릴 수 없이 미묘한 공덕을 구족하게 성취하였으므로, 그 가르침과 계율에 따라 행하는 바는 편안하고 기쁘고 좋은 일입니다. 제가 오늘부터 다시는 마음을 따라 행하지 않겠사오며, 삿된 소견과, 교만함과, 성내는 등의 모든 나쁜 마음을 일으키지 않겠습니다.'"

29행 "이와같이 말하고 부처님께 예를 올리고 떠나 갔느니라."

2절 부처님께서 대중에게 말씀하셨습니다.

1행 "어떻게 생각하느냐. 묘장엄왕은 다른 사람이 아니라 지금의 화덕보살이고, 그 정덕 부인은 지금 이 앞에 있는 광조장엄상보살이며. 묘장엄왕과 또 모든 권속들을 가엾이 여기어서 저가운데 태어난 것이니라. 그 두 아들은 지금의 약왕보살과 약상보살이니라."

2행 "이 약왕보살과 약상보살이 이와 같은 모든 큰 공덕을 성취하고는 헤아릴 수 없는 백천만억의 많은 부처님 계신 곳에서, 많은 덕의 근본을 심었고 가히 생각으로는 헤아릴 수가 없는 많은 선근과 공덕을 성취하였느니라. 만일 어떤 사람이 이 두 보살의 명호를 아는 자가 있거나, 일체 세간의 모든 하늘과 사람들도 또한 마땅히 예배하야야 할 것이니라."

4절 부처님께서 이 묘장엄왕본사품을 펼쳐서 말씀하실 때, 팔만 사천 사람이 번뇌와 때를 멀리 벗어나고 여러 법 가운데서 법의 눈이 깨끗함을 얻었습니다.

27 묘장엄왕본사품 二十七 妙莊嚴王本事品

묘법연화경 妙法蓮華經

제7권 第七卷

28 보현보살권발품 二十八 普賢菩薩勸發品

1절 이때 보현보살이 자재한 신통의 힘과, 위덕과, 소문난 이름으로써, 헤아릴 수 없고 끝이 없으며, 가히 일컬을 수 없는 수의 큰 보살들과 동방으로부터 더불어 오는데, 지나오는 국토가 모두 다 진동하고 보배 연꽃을 비처럼 내리며, 헤아릴 수 없는 백천만억의 가지가지 악기와 노랫소리가 울려 퍼졌습니다.

2절 또 더불어 헤아릴 수 없는 많은 하늘, 용, 야차, 건달바, 아수라, 가루라, 긴나라, 마후라가, 사람, 사람 아닌 자들이 대중들에게 둘러싸여 각각 위덕과 신통의 힘을 나타내면서 사바세계의 기사굴산 가운데에 이르렀습니다. 석가모니 부처님께 머리를 조아려 예배하고, 오른쪽으로 일곱 바퀴를 돌고, 부처님께 말씀을 드렸습니다.

3절

1행 "세존이시여, 저는 보위덕상왕부처님 나라에서, 멀리 이 사바세계에서 법화경을 펼쳐서 말씀하심을 듣고, 헤아릴 수 없고 끝이 없는 백천만억 많은 보살 대중들과 함께 와서 들음을 받으려 왔습니다."

2행 "오직 원하건대 세존이시여, 마땅하게 펼쳐서 말씀하여 주옵소서. 만약 선남자 선여인이 여래가 세상을 떠나신 후에 어떻게 하여야 능히 이 법화경을 얻을 수 있겠습니까."

2장

1절 부처님께서 보현보살에게 말씀하셨습니다.

2절

1행 "만약 선남자 선여인이 네 가지 법을 성취하면, 여래가 세상을 떠난 후에도 마땅히 이 법화경을 만나고 얻을 것이니라."

2행 "첫째는 모든 부처님께서 생각하고 보호함이 있어야 하며, 둘째는 모든 덕의 근본을 심어야 하며, 셋째는 부처 이룸이 결정된 쌓임에 들어가야 하며, 넷째는 일체 중생들을 구호하려는 마음을 일으켜야하느니라."

3행 "선남자 선여인이 이와 같은 네 가지 법을 성취하면 여래가 세상을 떠난 후에도 반드시 이 법화경을 만나고 얻게 될 것이니라."

3장

1절 이때 보현보살이 부처님께 말씀을 드렸습니다.

2절

1행 "세존이시여, 후 오백세가 흐리고 나쁜 세상에서 이 법화경을 받아 지니는 자가 있으면, 제가 마땅히 수호하여 그 재앙과 근심을 제거하여 주고 편안함을 얻게 하여 주며, 누구도 단점을 찾아내어 해치려는 자가 있더라도 찾지 못하게 하겠습니다."

2행 "만약 마구니, 마구니의 아들, 마구니의 딸, 마구니의 백성, 마구니에 잡힌 자, 야차, 나찰, 구반다, 비사자,

길자, 부단나, 위타라 등의 모든 사람을 괴롭게 하려
는 자들의 모든 기회를 얻지 못하게 하겠습니다."

3행 "이 사람이 혹은 다니거나, 혹은 섰거나 이 법화경을
읽고 외우면 제가 이때에 어금니 여섯 가진 흰 코끼리
를 타고 더불어 큰보살들과 함께 그의 처소에 가서
저절로 몸을 나타내어 공양하고 수호하여 그 마음을
편안하게 위로할 것이며, 또한 법화경을 공양하기 위
하는 까닭입니다."

4행 "이 사람이 만일 앉아서 이 법화경을 생각할 때에 이
때에 제가 거듭하여 흰 코끼리 왕을 타고 그 앞에 나
타날 것입니다."

5행 "그 사람이 만약 법화경의 한 구절, 한 게송을 잊은
바 있으면, 제가 마땅히 가르쳐 주어 더불어서 함께
읽고 외워서 속히 통달하게 하겠습니다."

6행 "이때에 법화경을 받아 지니고 외우는 자가 나의 몸을
보는 것을 얻음으로 매우 크게 기뻐하고 더욱더 정진
하며, 나를 본 인연으로 곧 삼매와 또 다라니를 얻을
것입니다."

7행 "이름이 선다라니, 백천만억 선다라니, 법음방편 선
다라니 등의 이와 같은 다라니들을 얻을 것입니다."

8행 "세존이시여, 만약 오는 세상의 후 오백세의 흐리고
나쁜 세상에서 비구, 비구니, 우바새, 우바이들로서,
구하는 자이거나, 받아 지니는 자이거나, 읽고 외우는

자 이거나, 사경하여 쓰는 자 이거나하여 이 법화경을 닦아 익히려면, 이십일일 동안 응당 한결같은 마음으로 정진하여야 할 것입니다."

^{9행} "이십일일을 마치면 제가 마땅히 어금니 여섯 가진 흰 코끼리를 타고 더불어 헤아릴 수 없는 보살들에게 둘러싸인 바가 되어, 일체 중생들이 보기 좋아하는 몸으로 그 사람의 앞에 나타나서 법을 펼쳐서 말씀하여 보여 주고, 가르쳐 주고, 이익 되게 하여 기쁘게 하여 줄 것입니다."

^{10행} "또한 거듭하여 그 다라니의 신묘한 주문을 주겠습니다."

^{11행} "다라니를 얻고 보여줌으로써 사람 아닌 것들이 능히 파손시키지 못하게 하며, 또한 여인들로 인한 유혹의 어지러움도 받지 아니하게 하고, 저의 몸으로 또한 저절로 항상 이 사람을 수호하겠습니다."

^{12행} "오직 원하옵건대, 세존이시여 청하옵나니 저에게 이 다라니의 신묘한 주문을 펼쳐서 말하도록 허락하여 주옵소서."

4장

^{1절} 곧 부처님 앞에서 신묘한 주문을 펼쳐서 말하였습니다.

^{2절} 아단디 단다바디 단다바데 단다구사례 단다수다례 수다례 수다라바디 붓다파선녜 살바다라니아바다니 살

바바사아바다니 수아바다니 싱가바리사니 싱가녈가
다니 아승지 싱가파가디 제례아타싱가도략아라제바
라제 살바싱가디삼마지가란디 살바달마수바리찰례
살바살타루다교사략아루가디 신아비기리디뎨 사바
하.

5장

1절

1행 "세존이시여, 만약 어떠한 보살이든지 이 다라니를
얻어 들은 자는 보현의 신통한 힘인 줄을 마땅히 알아
야 할 것입니다."

2행 "만약 법화경이 사바세계에 유행할 적에 받아 지니는
자가 있다면 마땅히 모두 보현의 위덕과 신통한 힘인
줄을 생각하여야 할 것입니다."

3행 "만약 받아 지니고, 읽고, 외우고, 바르게 기억하고,
그 뜻을 취하여 해설하고, 가르침 대로 수행하는 자
가 있으면, 마땅히 알 것이니, 이 사람은 보현의 행을
행하여, 헤아릴 수 없고 끝이 없는 많은 부처님 처소
에서 깊이 선근을 심었으며, 모든 여래께서 손으로 그
머리를 만져 주심이 된 것입니다."

4행 "만약 다만 사경하여 쓰기만 하여도, 이 사람은 목숨
을 마치고 마땅히 도리천상에 태어날 것이며. 이때 팔
만 사천 하늘의 여인들이 여러 가지 악기와 음악을 울
리며 와서 맞이할 것이며. 이 사람은 곧 일곱 가지 보

배로 된 관을 쓰고 채녀들 속에서 호사하며 즐길 것인데. 어찌·하물며 받아 지니고, 읽고, 외우고, 바르게 기억하고, 그 뜻을 해설하고, 취하여 가르침 대로 수행함이겠습니까."

5행 "만약 어떤 사람이 받아 지니고 읽고 외우고 그 뜻을 취하여 해설하면, 이 사람은 목숨이 마칠 때에 일천 부처님께서 손을 내밀어 주어 두렵지도 않을 것이며, 악한 길로 떨어지지도 아니하고, 곧 도솔천 위의 미륵보살님이 계신 곳으로 갈 것입니다."

6행 "미륵보살은 서른두 가지의 훌륭한 몸매를 갖추고 큰 보살들에게 함께 둘러싸여 백천만억 천녀들과 권속들이 있는 그 가운데 태어날 것입니다."

7행 "이와 같은 공덕과 이익이 있으므로 이러한 까닭으로 지혜 있는 자는 응당 마땅히 한마음으로 스스로 사경하여 쓰거나 혹은 다른 사람으로 하여금 사경하여 쓰게 하며, 받아 지니고, 읽고, 외우고, 바르게 기억하고, 가르침 대로 수행하여야 할 것입니다."

8행 "세존이시여, 저는 이제 신통의 힘으로 이 법화경을 수호하오며, 여래가 세상을 떠나신 후에도 사바세계에 널리 유포하여 끊어지지 않게 하겠습니다."

6장

1절 이때 석가모니 부처님께서 찬탄하시고 말씀하셨습니다.

1행 "착하고, 착하도다, 보현이여. 그대는 능히 이 법화경을 보호하고 도와서 많은 중생들로 하여금 안락하고 이익 되게 할 것이니라.

2행 그대는 이미 생각으로는 헤아리기 어려운 공덕과 깊고 큰 자비를 성취하였느니라."

3행 "오래 전부터 위없이 높고 바른 완전한 깨달음의 마음을 일으켰으며, 능히 이렇게 신통한 서원을 세워 이 법화경을 수호하나니. 나도 마땅히 신통한 힘으로써 능히 보현보살의 명호를 받아 지니는 자를 수호할 것이니라."

4행 "보현이여, 만약 이 법화경을 받아 지니고, 읽고, 외우고, 바르게 기억하여, 닦아 익히고 사경하여 쓰는 이가 있을 것이니라."

5행 "마땅히 알아라. 이러한 사람은 곧 석가모니 부처님을 만나 뵙고 부처님의 입으로부터 이 법화경을 듣는 것과 같으니라."

6행 "마땅히 알아라. 이러한 사람은 석가모니 부처님께 공양함과 같느니라."

7행 "마땅히 알아라. 이러한 사람은 석가모니 부처님이 훌륭하다고 찬탄함과 같으니라."

8행 "마땅히 알아라. 이러한 사람은 석가모니 부처님께서 손으로 그 머리를 만지는 것과 같으니라."

"마땅히 알아라. 이러한 사람은 석가모니 부처님이 옷으로 덮어 줌과 같느니라."

"이와 같은 사람은 다시는 세간의 욕락을 탐하지 않으며, 외도의 경서와 손수 쓴 글씨를 좋아하지 않으며, 또한 거듭하여 그러한 사람을 친하거나 가까이하지 아니할 것이며. 또는 백정이나 혹은 돼지, 양, 닭, 개를 기르는 이나, 혹은 사냥꾼이나, 혹은 여색을 매춘하는 모든 나쁜 자들을 친하고 가까이하지 아니하리라."

"이러한 사람은 마음이 순수하고 정직하며, 바른 기억이 있고, 복덕의 힘이 있느니라."

"이러한 사람은 탐욕과 분노와 어리섞음의 시달림을 받지도 아니하고, 또한 질투를 하거나, 자기를 자랑하고 남을 업신여기거나, 사심이 있어 오만하거나, 잘난 체하거나 교만한 마음의 번뇌도 없으며, 이러한 사람은 욕심이 적고 만족함을 알아서 능히 보현의 행을 닦을 것이니라."

"보현이여, 만약 여래가 세상을 떠나신 뒤 후 오백세에 만약 어떤 사람이 법화경을 받아 지니고 읽고 외우는 이를 본다면, 응당히 이렇게 생각을 하여라."

"'이 사람은 오래지 않아 마땅히 도량에 나아가서 모든 마구니의 무리들을 깨뜨리고 위없이 높고 바른 완전한 깨달음을 얻어 법의 수레바퀴를 굴리고 법의 북을 치며, 법의 소라를 불고 법의 비를 내리며. 마땅히 하늘과 인간의 대중들 가운데서 사자좌에 앉을 것이리라.'"

15행 "보현이여, 만약 후세에 이 법화경을 받아 지니고 읽고 외우는 이 사람은 거듭하여 의복이나 침구나 음식이나 살림하는 물품을 탐하거나 집착하지 않을 것이며, 원하는 바가 헛되지 아니하고, 또한 이 세상에서 그 복의 보답을 얻을 것이니라."

16행 "만약 어떤 사람이 가볍게 여기며 훼방하고 사람의 귀에 대고 말하기를 '너는 미친 사람이라, 부질없이 이런 행을 하는 것이냐? 마침내 얻는 바가 없으리라.'고 하면, 이와 같은 죄보로 마땅히 날 적마다 눈이 없게 될 것이니라."

17행 "만약 공양하고 찬탄하는 자가 있으면 마땅히 이 세상에서 좋은 과보가 나타남을 얻을 것이니라."

18행 "만약 이 법화경을 받아 지니는 자를 보고 그의 허물을 드러내면, 혹은 사실이거나, 혹은 사실이 아니거나 간에 이 사람은 이 세상에서 하얀 문둥병을 얻을 것이니라."

19행 "만일 경멸하고 비웃으면 마땅히 세세생생에 이가 성글고 빠지고, 입술이 추악하고, 코가 납작하고, 손발이 비뚤어지고, 눈은 사팔뜨기가 되고, 몸은 더러운 냄새가 나고, 나쁜 부스럼에 피고름 흐르고, 배에는 물이 차게 되고, 숨이 가쁘며 여러 가지 나쁜 중병에 걸릴 것이니라."

20행 "이와 같은 까닭으로 보현이여, 만약 이 법화경을 받아 지니는 자를 보거든 마땅히 일어나 멀리 나가서 영접하기를, 마땅히 부처님을 공경하는 것과 같이 할 것이니라."

7장

1절 이 보현보살권발품을 펼쳐서 말씀하실 때, 항하사와 같이 헤아릴 수 없고 끝이 없는 보살들은 백천만억의 점차 공을 꿰뚫어 보는 지혜를 얻고, 삼천 대천세계의 티끌 수 같은 많은 보살들은 보현의 도를 구족하였습니다.

2절 부처님께서 이 법화경을 펼쳐서 말씀하실 때, 보현보살 등 많은 보살과, 사리불 등 많은 성문과, 그리고 많은 하늘과 용과 사람과 사람 아닌 이 등의 일체 큰 법회의 대중들이 모두 다 크게 환희하여 부처님 말씀을 받아 지니고 예배하고 물러갔습니다.

묘법연화경

편역 編譯	정왜 스님

펴낸곳	도서출판 도반
펴낸이	김광호
편집	김광호, 이상미, 최명숙
대표전화	031-983-1285
이메일	dobanbooks@naver.com
홈페이지	http://dobanbooks.co.kr
주소	경기도 김포시 고촌읍 신곡리 1168